드럼 마스터 고급편

DRUM

아 름 다 운 음 악 아 름 다 운 인 생
아름출판사

저자 박철우

동의대학교 예술대학 음악과 졸업
경희대학교 아트.퓨전대학원 석사과정 수료
중부대학교 석사
(현)예술종합 콘서바토리, 산업문화대학원 출강
(현)Jazz Band 박철우 Trio, 웅산 Project로 활동 中
(전)부산예술 문화대학 실용음악과, 동아방송대학 영상음악과,
     서울재즈 아카데미 드럼과, 동의대학교 예술대학 음악과,
     추계예술대 실용음악과, 청운대학교 실용음악과, 한국예술종합학교 출강
(전)Rock Band 아마게돈, 미스테리
(전)Jazz Band S.T.E.P.S, WAVE 에서 활동

(활동 사항)

울진 재즈페스티발 참가 (1.2.3.회)
홍콩 말레이지아 Carl"s Sunrise Jazz Festival 참가
핀란드 Pori Jazz Festival 참가
자라섬 재즈페스티발 1회, 3회 참가
2005 Korea Drum Festival 1회 참가
이정식 재즈 밴드 활동
부산 팝스 & 퍼커스 타악기 앙상블과 협연
Tama Superstar와 함께하는 박철우 Drumclinic 제1회 개최
Scott Henderson과 협연
일본 Shimonoseki Big Wing Music Festival 참가
LG Arts Center 연주
서울 재즈 페스티발 2008 참가
세종문화회관 연주
EBS SPACE 공감 출연
워커힐호텔 디너쇼
임페리얼 팰리스 디너쇼
부산 United Korean Orchestra와 협연
대구 시향과 협연
서울 세종윈드오케스트라와 협연
부산시향과 협연
예술의 전당 콘서트홀 연주

E-mail : pcwoo19@hanmail.net

(저서)

PARK CHUL WOO DRUM MASTER
(DRUM MASTER) (SNARE DRUM) & (DRUM SET) 총3권 출판
TAMA DRUM ENDORSE .
TAMA SIGNATURE (PARK CHUL WOO) SNARE DRUM
TAMA SIGNATURE (PARK CHUL WOO) STICK

(앨범)

1990년 그룹 Armageddon 앨범 발매
1993년 그룹 Mystery 앨범 발매
1994년 DUK PROJECT 앨범 발매(세션)
2000년 그룹 S.T.E.P.S
2001년 그룹 WAVE 2집
2002년 그룹 WAVE 3집
2002년 그룹 WAVE 4집
2003년 그룹 WAVE Live
2004년 Hard & Heavy 옴니버스 앨범 참가
2005년 웅산 Project 2집 앨범 발매
2005년 Bassist Mowg 2집 세션
2007년 웅산 Project 3집 앨범 발매
2007년 SAZA'S GROOVE 1집 앨범 세션
2008년 웅산 Project 4집 앨범 발매
2008년 민경인 1집 앨범 발매
2009년 가수 Hoona 1집 앨범 세션
2009년 윈터플레이 2집 앨범 세션
2009년 웅산 Project 5집 앨범 발매
2010년 BRAVO! JAZZ LIFE 앨범 참여
2011년 웅산 Project 6집 앨범 발매

- DRUMS : TAMA STARCLASSIC MAPLE
- BASS DRUM : 20"+ 17"
- TOM TOMS (HYPER – DRIVE) 8" + 6" . 10" + 6.5" . 12" + 7"
- FLOOR TOMS 14" + 12" . 16" + 14"
- SNARE DRUM : PARK CHUL WOO SIGNATURE MODEL

- TAMA HARDWARE
- TAMA SPEED COBRA TWIN PEDAL
- TAMA (PARK CHUL WOO) SIGNATURE STICK
- DRUM HEAD : EVANS G1 & G2 COATED . B.D (Eq 4 batter)

- CYMBAL SET-UP (AMEDIA GALATA SERIES)
  RIDE 22"
  H.H 14"
  CRASH 16" & 18"
  SPLASH 10" & 12"
  CHINESE 18"

- RECORDING
  LOGIC PRO 9
  FOCUSRITE (LIQUID SAFFIRE 56)
  SHURE MIC

Introduction

 이 교재의 특징은 드러머들이 꼭 갖추어야 할 기본적인 테크닉에서부터 고난위도 테크닉으로 발전시키는데 그 목적을 두고 있습니다.
 기초보다는 테크닉 위주의 내용으로 이루어져 있습니다.

 테크닉이 음악에서 전부는 아니지만 그 테크닉을 자유자재로 소화할 수 있다면 더 넓고 폭넓은 음악을 표현할 수 있을 것입니다.

 시간과의 싸움이며 한계를 극복하는 과정에서 많은 걸 느낌과 동시에 얼마나 값진 도전이었던가를 느끼게 합니다.

 지금 시작하는 드러머들이 보기에는 내용이 어려우므로 충분한 기본을 연마하고 향상시킨후에 이 교재를 보시면 많은 도움이 되리라 생각합니다.

 * 박철우 마스터 교재(드럼 마스터 · 스네어 드럼 · 드럼 세트)를 먼저 공부하신 후 이 교재를 보시면 어떤 내용을 담았는지 이해를 하고 공부하는데 도움이 됩니다. *

저자　박 철 우

Contents

드럼 악보 읽기

Toms
8"   10"   12"   13"   14"   16"

Bass Drum & Snare Drums
베이스 드럼   스네어 드럼   고스트 노트   버즈 롤   크로스 스틱   탐 림 클릭
B.D(Kick)   S.D   Ghost Note   Buzz Roll   Cross-Stick   Tom Rim Click

Cymbals
클로즈 하이햇   오픈 하이햇   하프 오픈 하이햇   라이드   라이드
Closed H.H   Open H.H   Half Open H.H   Ride(R)   Ride(L)

라이드 벨   리모트 하이햇   크래쉬 심벌   스플래쉬   차이나
Ride Bell   Rimote H.H   Crash Cym.   Splash   China

클로즈 풋 하이햇   오픈 풋 하이햇   하프 오픈 하이햇   카우벨
Closed Foot H.H   Open Foot H.H   Half Open H.H   Cowbell

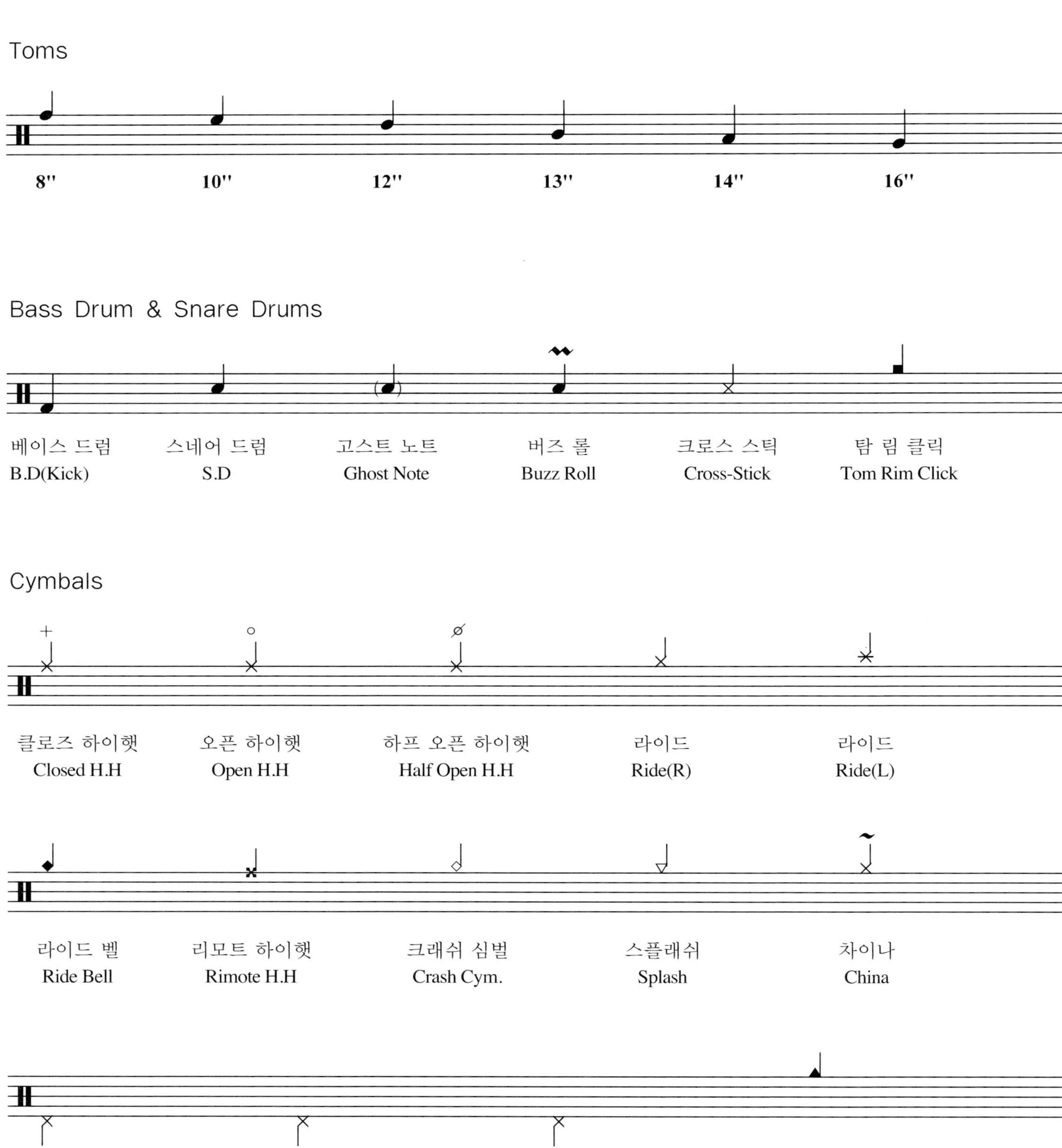

줄임표와 나타냄표

기호	이름	뜻
cresc. (<)	크레셴도(crescendo)	점점 세게
decresc. (>)	데크레셴도(decrescendo)	점점 여리게
pp	피아니시모	매우 여리게
p	피아노	여리게
mp	메조피아노	조금 여리게
mf	메조포르테	조금 세게
f	포르테	세게
ff	포르티시모	아주 세게
dolce	돌체	부드럽게
legato	레가토	음을 이어서 부드럽게
a tempo	아 템포	원래의 빠르기로
dim.	디미누엔도(diminuendo)	점점 여리게
rit.	리타르단도(ritardando)	점점 느리게
rall.	랄렌탄도(rallentando)	점점 느리게
accel.	아첼레란도(accelerando)	점점 빠르게
sf or ***sfz***	스포르찬도(sforzando)	갑자기 강한 악센트로
>	악센트(accent)	그 음만 세게
—	테누토(tenuto)	그 음을 충분히 지속한다.
D.C. al Fine	다카포 알 피네(Da capo al Fine)	처음으로 돌아가 Fine에서 끝난다.

쓰기	연주하기	쓰기	연주하기

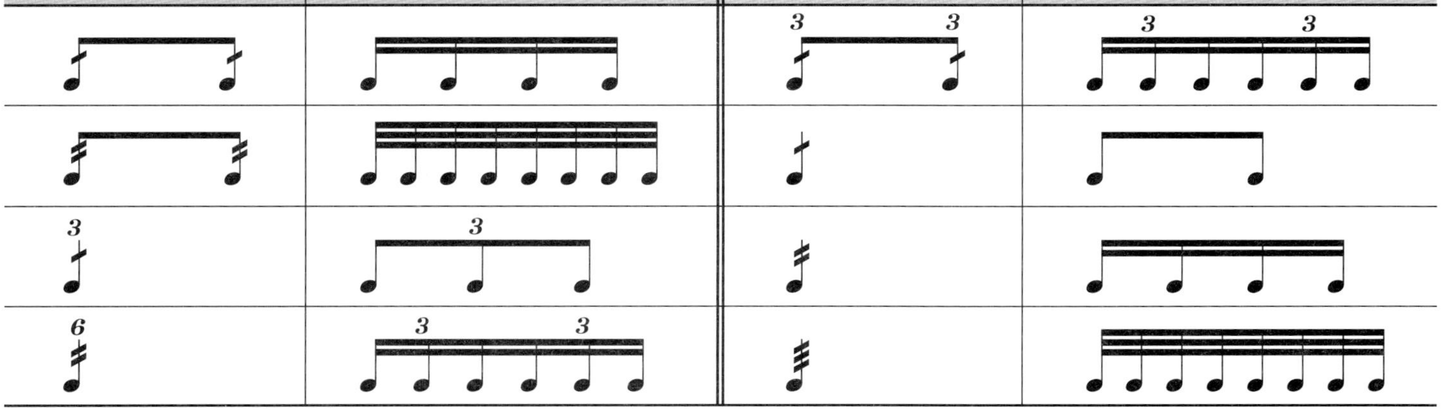

잇단음표의 구성(박과 연음의 관계)

4박 6연음 (2박 3연음)

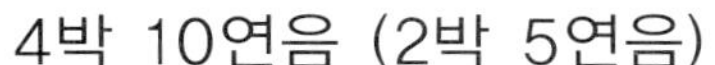

4박 10연음 (2박 5연음)

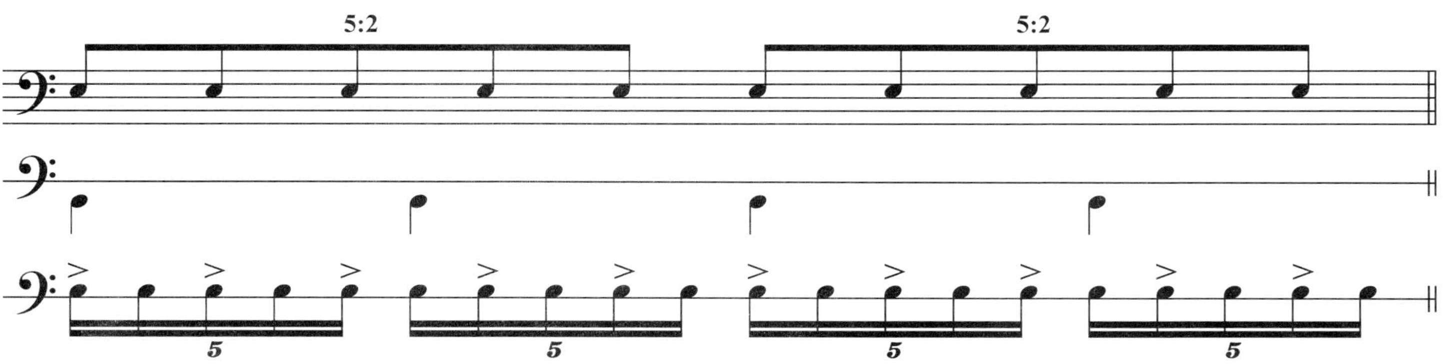

4박 14연음 (2박 7연음)

4박 18연음 (2박 9연음)

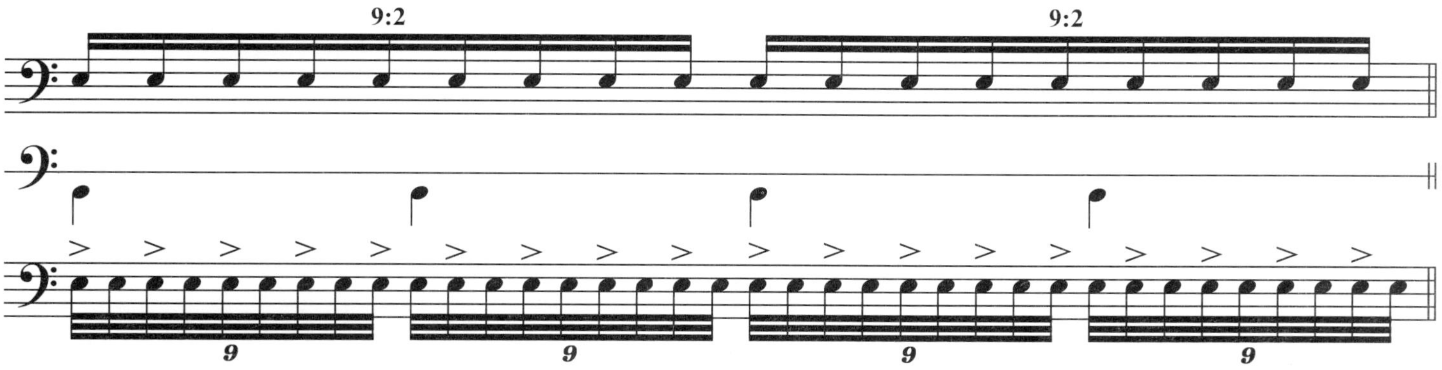

4박 22연음 (2박 11연음)

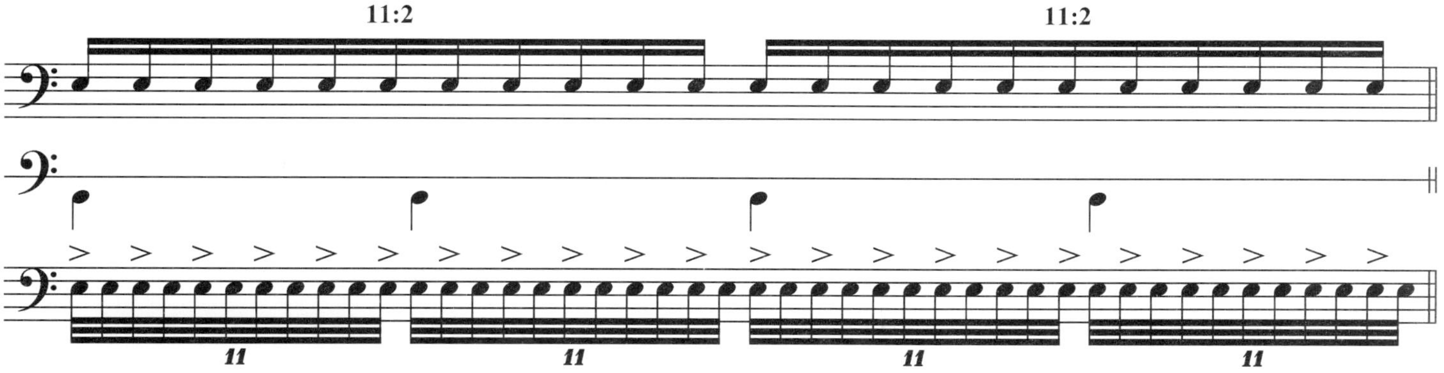

4박 26연음 (2박 13연음)

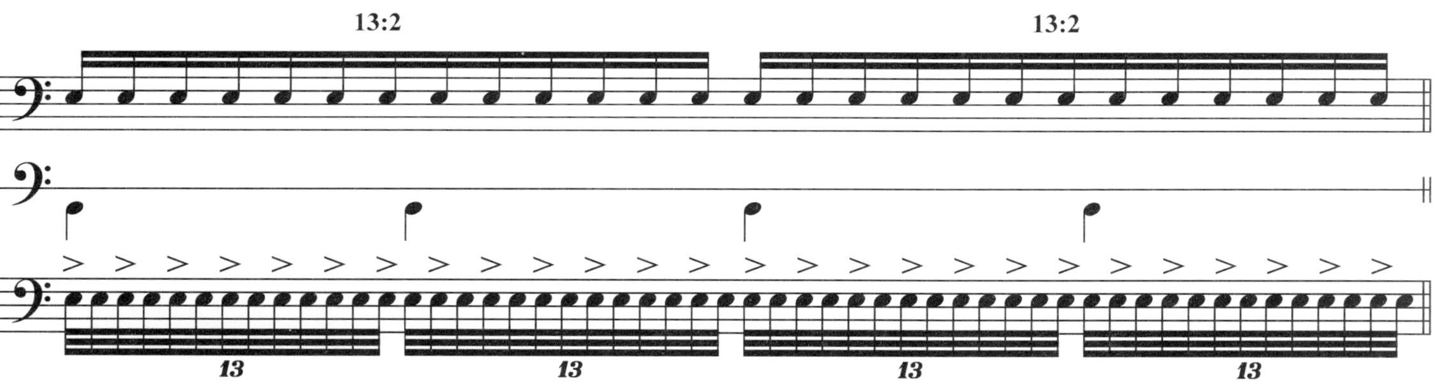

4박 30연음 (2박 15연음)

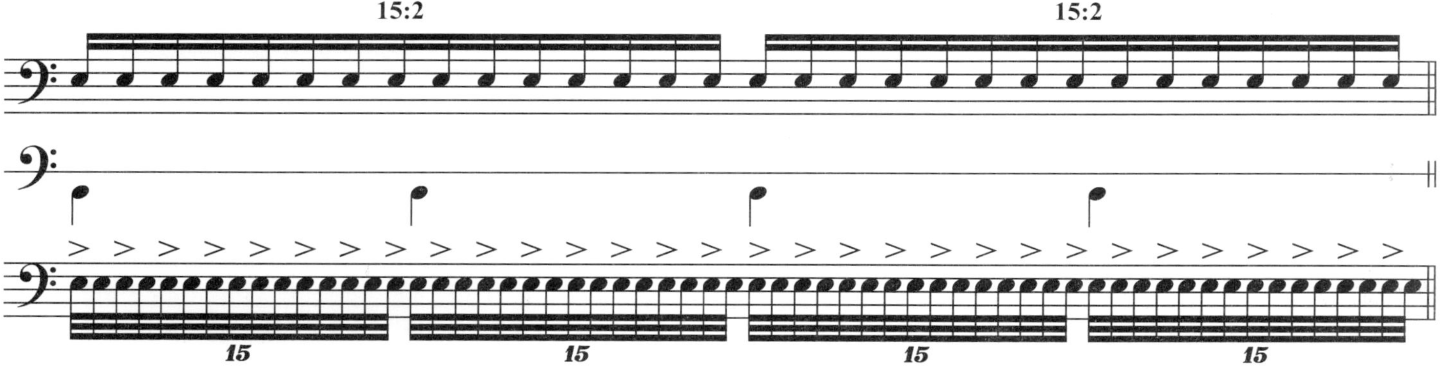

16분음표 컴비네이션 1

나올 수 있는 모든 경우의 수를 만들어서 연습하는 내용입니다.
4개의 리듬을 서로 바꿔가며 나올 수 있는 모든 경우의 수를 만들어 봅시다.

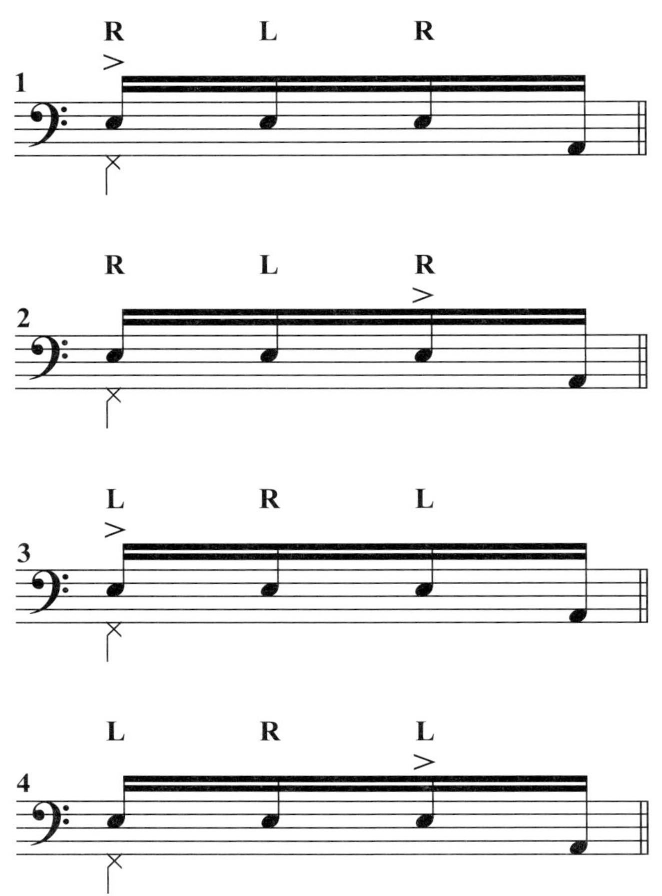

(예 1) **1 1 1 1 . 3 3 3 3**

(예 2) **1 2 3 4 . 4 3 2 1**

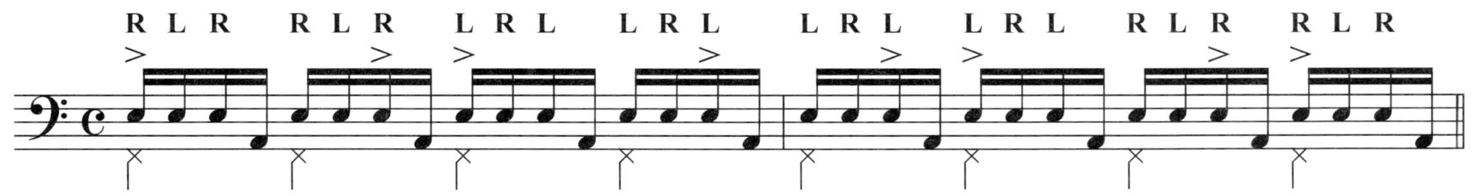

베이직 리듬

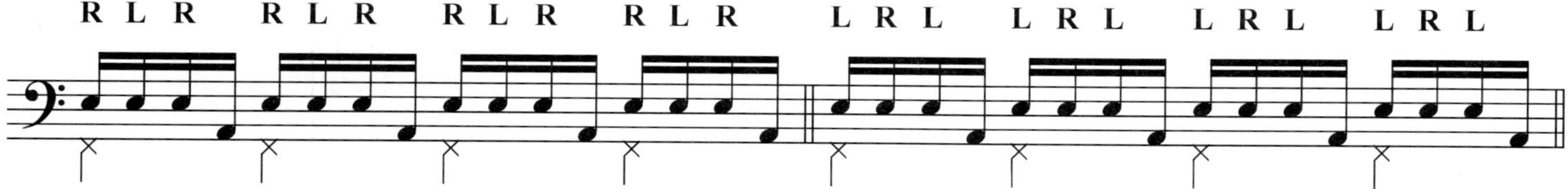

패턴 1 (스네어 드럼 · 베이스 드럼 · 레프트 풋 하이햇)

CD1

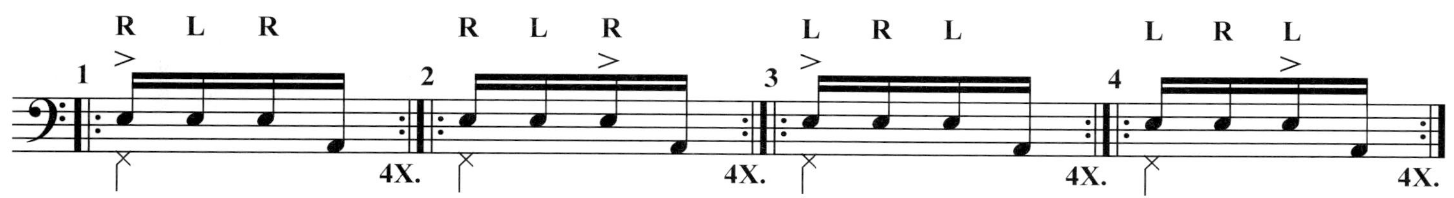

1111.3333
1133.3311
1313.3131
1331.3113

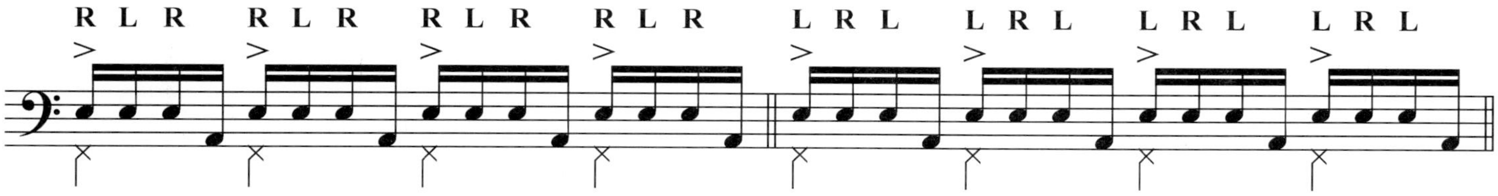

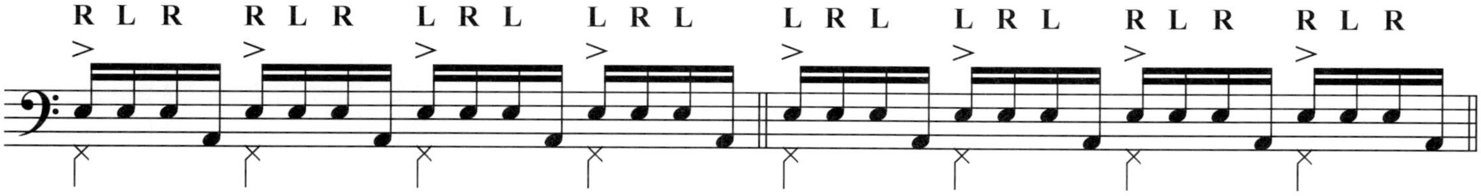

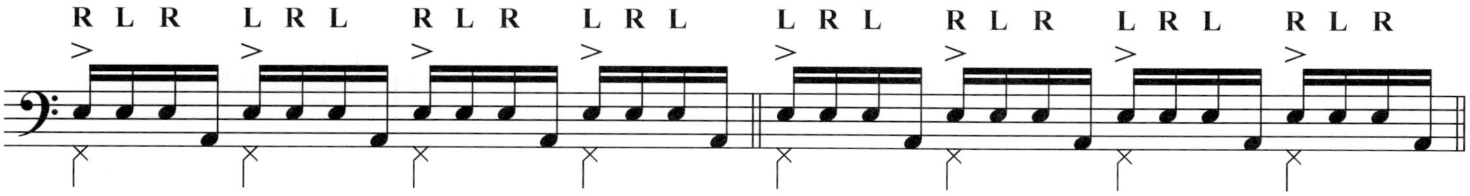

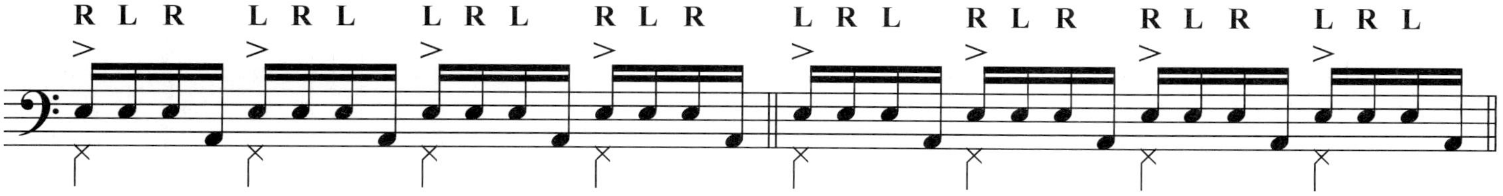

2 2 2 2 . 4 4 4 4
2 2 4 4 . 4 4 2 2
2 4 2 4 . 4 2 4 2
2 4 4 2 . 4 2 2 4

1 1 2 2 . 2 2 1 1
1 2 1 2 . 2 1 2 1
1 2 2 1 . 2 1 1 2

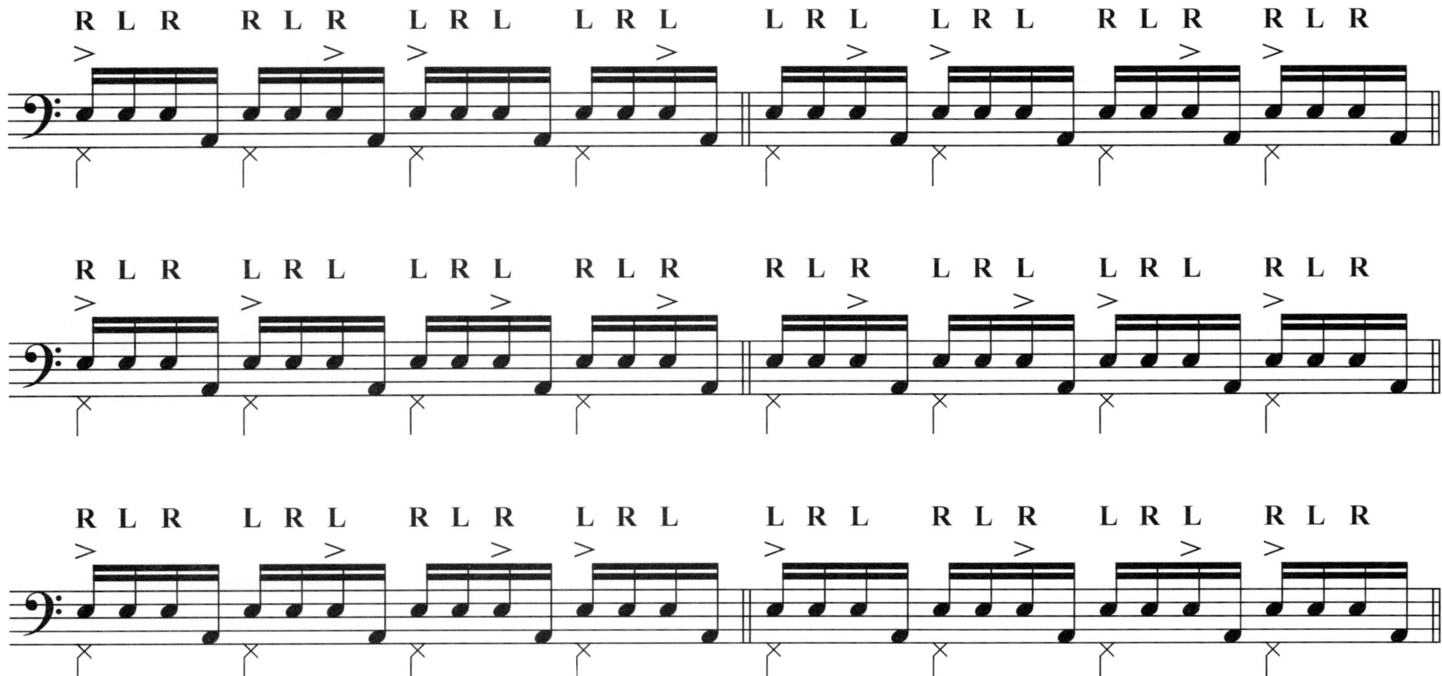

3344.4433
3434.4343
3443.4334

1234.4321
1342.2431
1423.3241

1 2 4 3 . 3 4 2 1
1 3 2 4 . 4 2 3 1
1 4 3 2 . 2 3 4 1

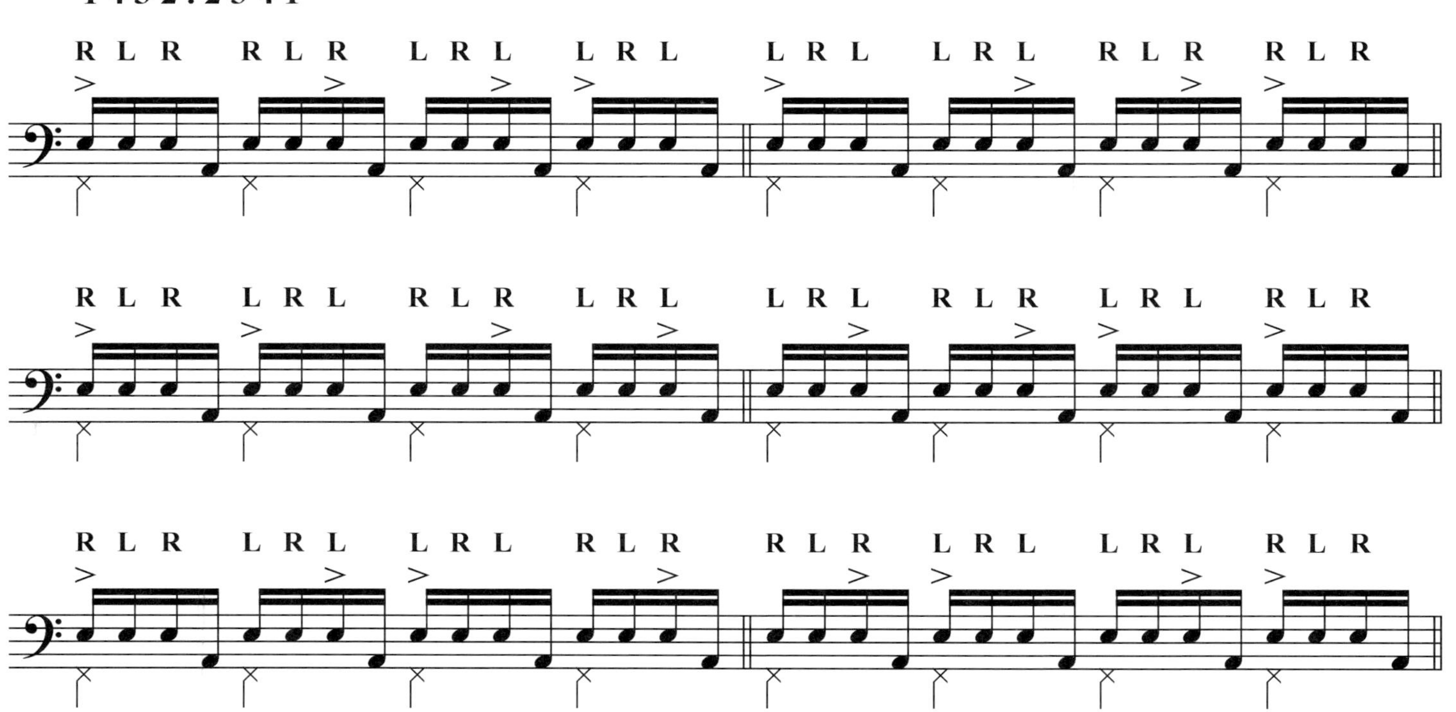

2 1 3 4 . 4 3 1 2
2 3 4 1 . 1 4 3 2
2 4 1 3 . 3 1 4 2

2 1 4 3 . 3 4 1 2
2 3 1 4 . 4 1 3 2
2 4 3 1 . 1 3 4 2

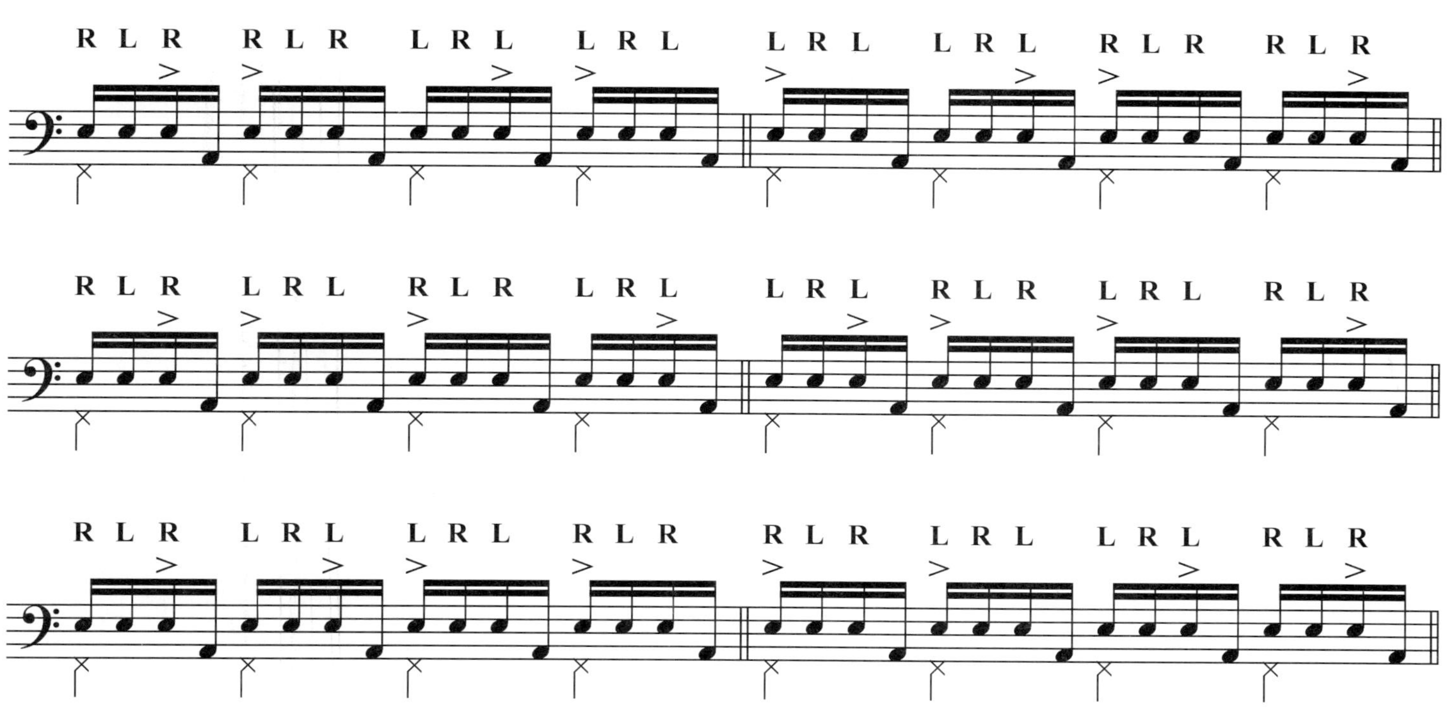

3 4 1 2 . 2 1 4 3
3 1 2 4 . 4 2 1 3
3 2 4 1 . 1 4 2 3

3 4 2 1 . 1 2 4 3
3 1 4 2 . 2 4 1 3
3 2 1 4 . 4 1 2 3

4 1 2 3 . 3 2 1 4
4 2 3 1 . 1 3 2 4
4 3 1 2 . 2 1 3 4

4 1 3 2 . 2 3 1 4
4 2 1 3 . 3 1 2 4
4 3 2 1 . 1 2 3 4

L R L   R L R   L R L   R L R   R L R   L R L   R L R   L R L
L R L   R L R   R L R   L R L   L R L   R L R   R L R   L R L
L R L   L R L   R L R   R L R   R L R   R L R   L R L   L R L

1 2 2 1 . 2 1 1 2
1 3 3 1 . 3 1 1 3
1 4 4 1 . 4 1 1 4

R L R   R L R   R L R   R L R   R L R   R L R   R L R   R L R
R L R   L R L   L R L   R L R   L R L   R L R   R L R   L R L
R L R   L R L   L R L   R L R   L R L   R L R   R L R   L R L

2 3 3 2 . 3 2 2 3
2 4 4 2 . 4 2 2 4

3 4 4 3 . 4 3 3 4

팁

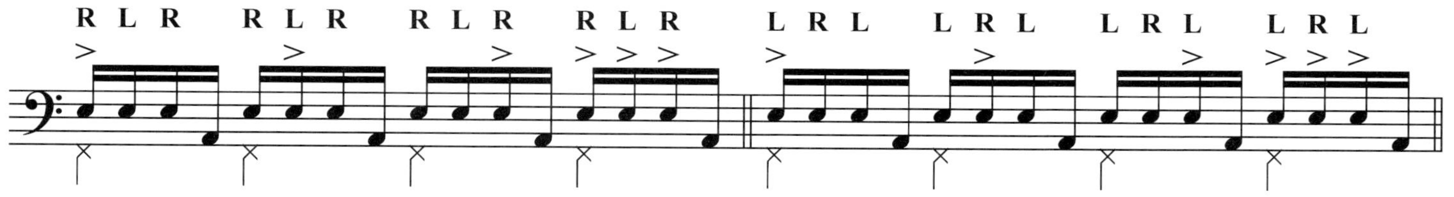

패턴 2 (스네어 드럼 · 베이스 드럼 · 탐탐 · 레프트 풋 하이햇)

CD2

1111.3333
1133.3311
1313.3131
1331.3113

2222.4444
2244.4422
2424.4242
2442.4224

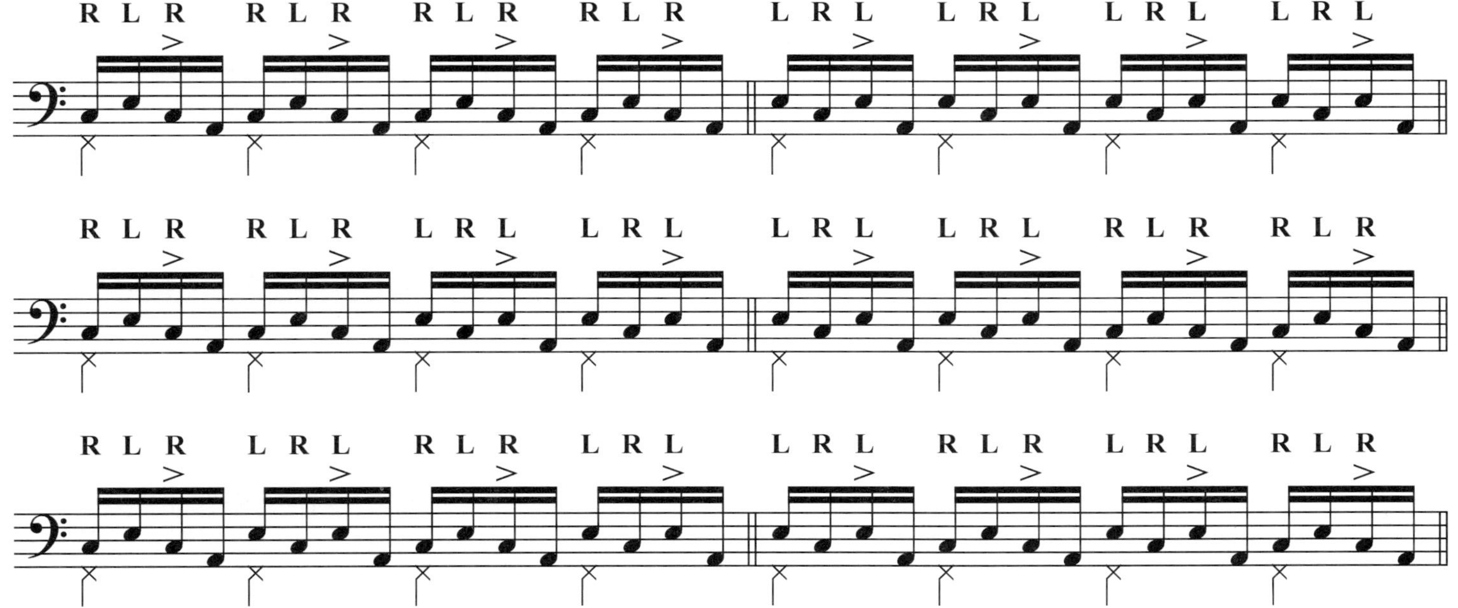

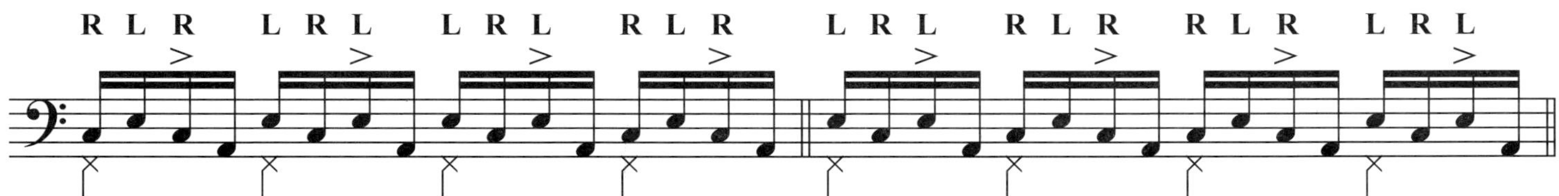

1 1 2 2 . 2 2 1 1
1 2 1 2 . 2 1 2 1
1 2 2 1 . 2 1 1 2

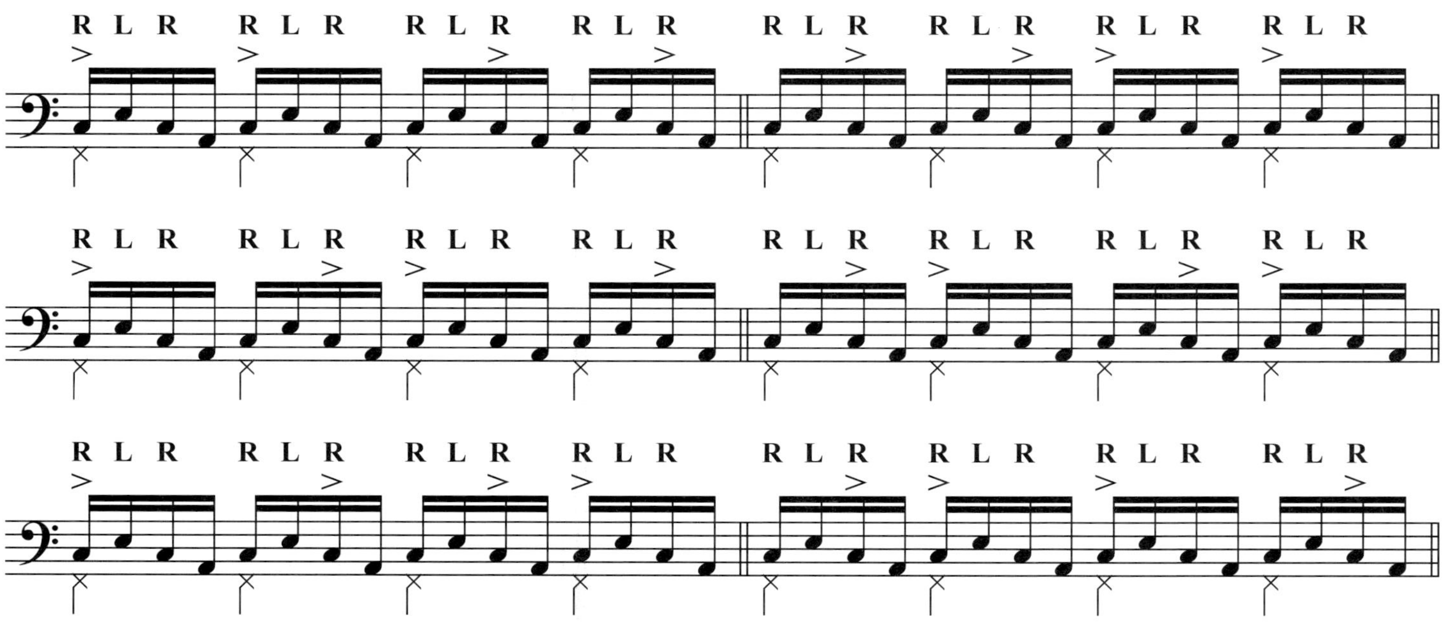

3 3 4 4 . 4 4 3 3
3 4 3 4 . 4 3 4 3
3 4 4 3 . 4 3 3 4

패턴 3 (스네어 드럼 · 베이스 드럼 · 탐탐 · 레프트 풋 하이햇)

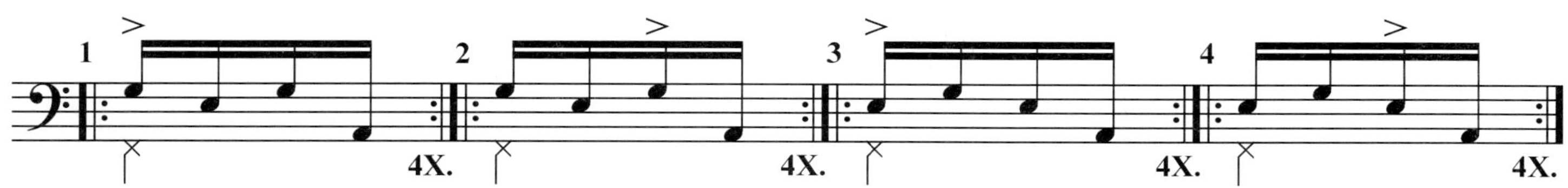

패턴 2와 3은 탐탐과의 컴비네이션이므로 탐의 울림을 잘 컨트롤 하여야 합니다.
악센트가 있을 때와 없을 때의 소리를 잘 구분하여 연습하세요.

1111.3333
1133.3311
1313.3131
1331.3113

2222.4444
2244.4422
2424.4242
2442.4224

L R L   L R L   L R L   L R L   L R L   L R L   L R L   L R L
L R L   L R L   L R L   L R L   L R L   L R L   L R L   L R L
L R L   L R L   L R L   L R L   L R L   L R L   L R L   L R L
L R L   L R L   L R L   L R L   L R L   L R L   L R L   L R L

1122.2211
1212.2121
1221.2112

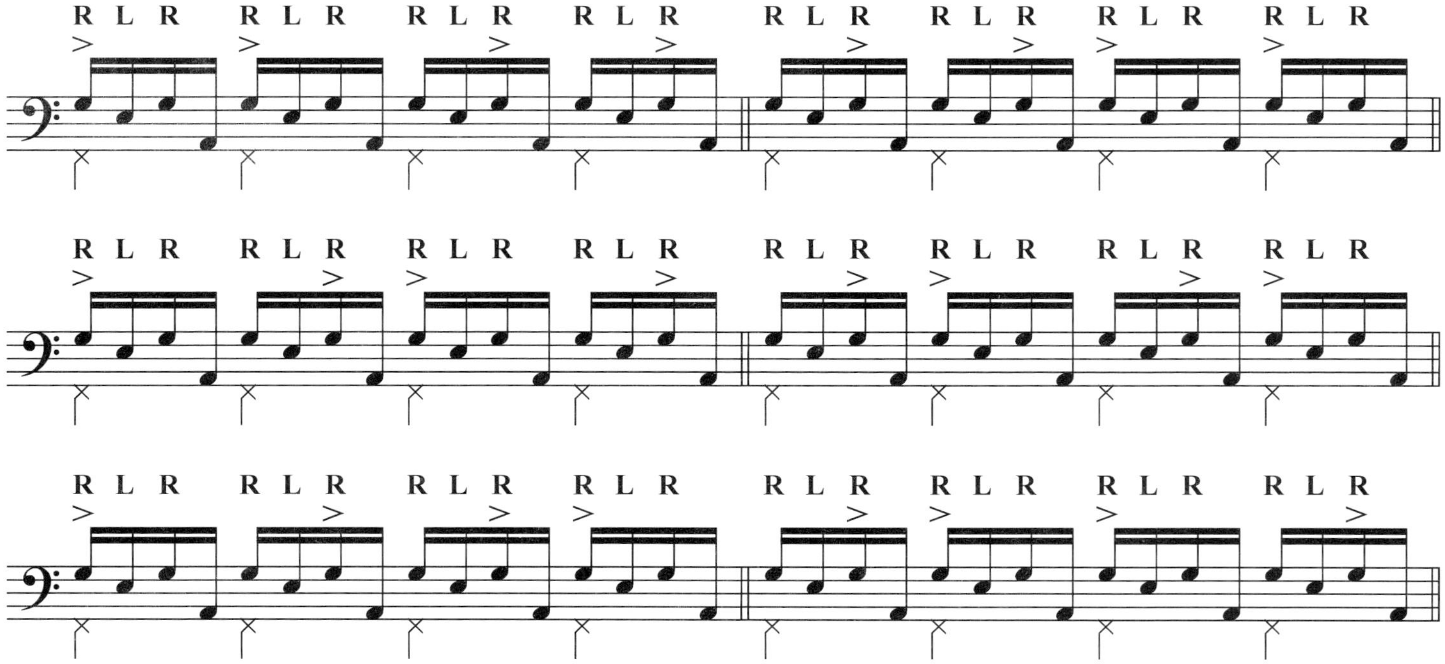

R L R   R L R   R L R   R L R   R L R   R L R   R L R   R L R
R L R   R L R   R L R   R L R   R L R   R L R   R L R   R L R
R L R   R L R   R L R   R L R   R L R   R L R   R L R   R L R

3 3 4 4 . 4 4 3 3
3 4 3 4 . 4 3 4 3
3 4 4 3 . 4 3 3 4

L R L   L R L   L R L   L R L   L R L   L R L   L R L   L R L
L R L   L R L   L R L   L R L   L R L   L R L   L R L   L R L
L R L   L R L   L R L   L R L   L R L   L R L   L R L   L R L

팁

R L R   R L R   R L R   R L R   L R L   L R L   L R L   L R L
R L R   R L R   R L R   R L R   L R L   L R L   L R L   L R L
R L R   R L R   L R L   L R L   R L R   R L R   L R L   L R L

16분음표 컴비네이션 2

베이직 리듬

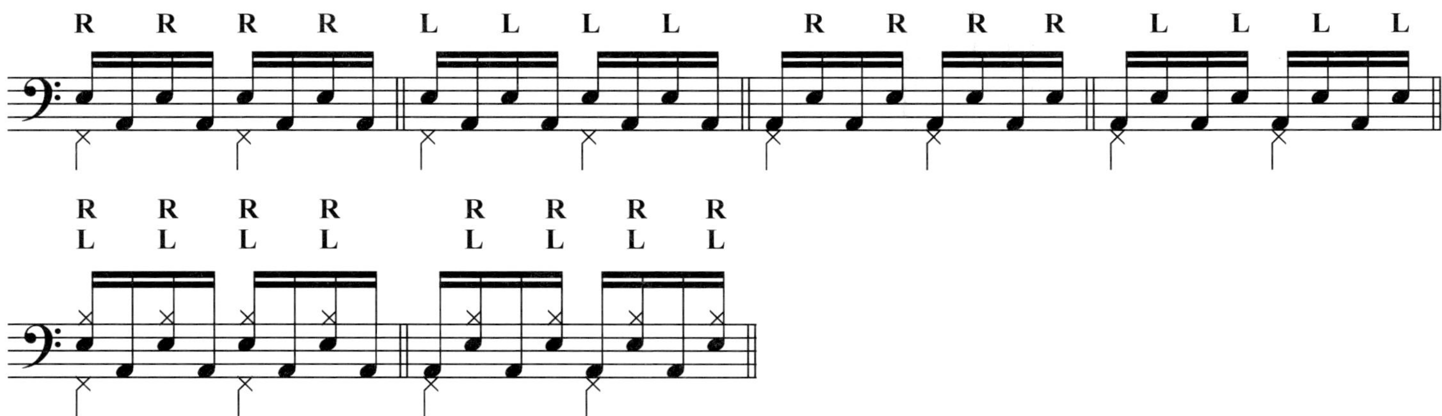

패턴 4 (스네어 드럼 · 베이스 드럼 · 탐탐 · 레프트 풋 하이햇)

CD4

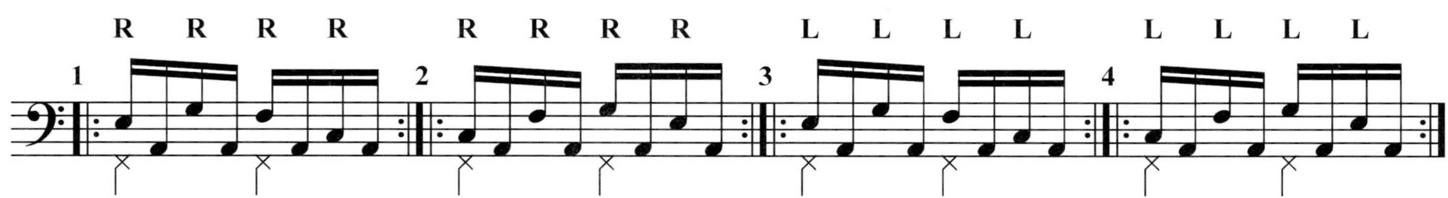

1 1 3 3
3 3 1 1
1 3 1 3

(번호에 2마디씩 모두 4마디로 보면 됩니다.)

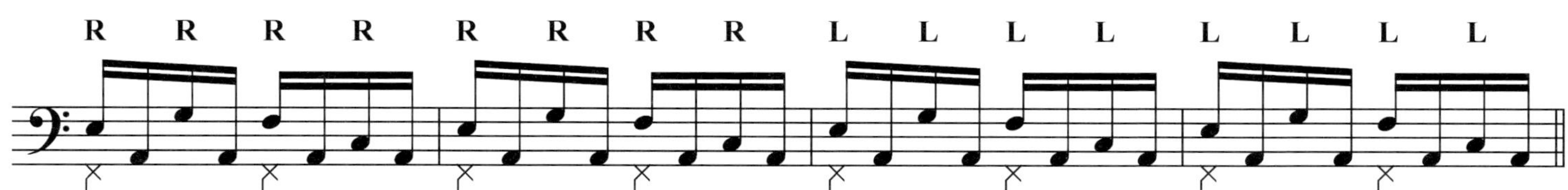

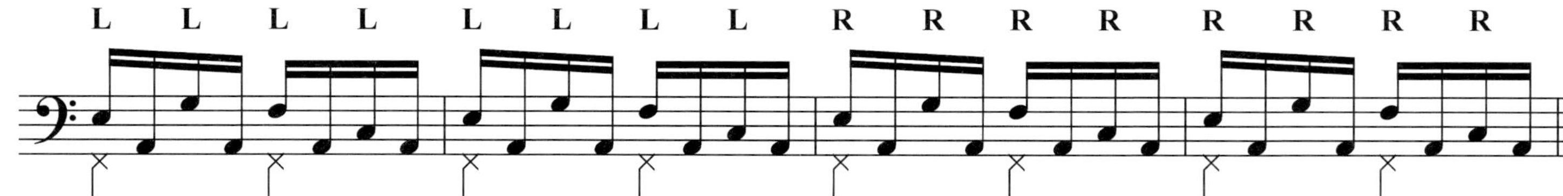

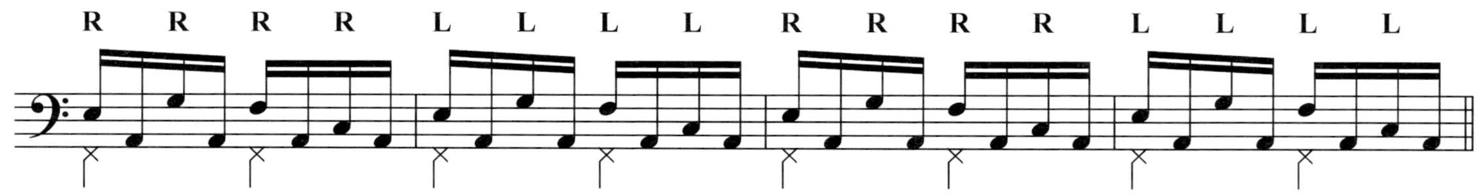

3 1 3 1
1 3 3 1
3 1 1 3

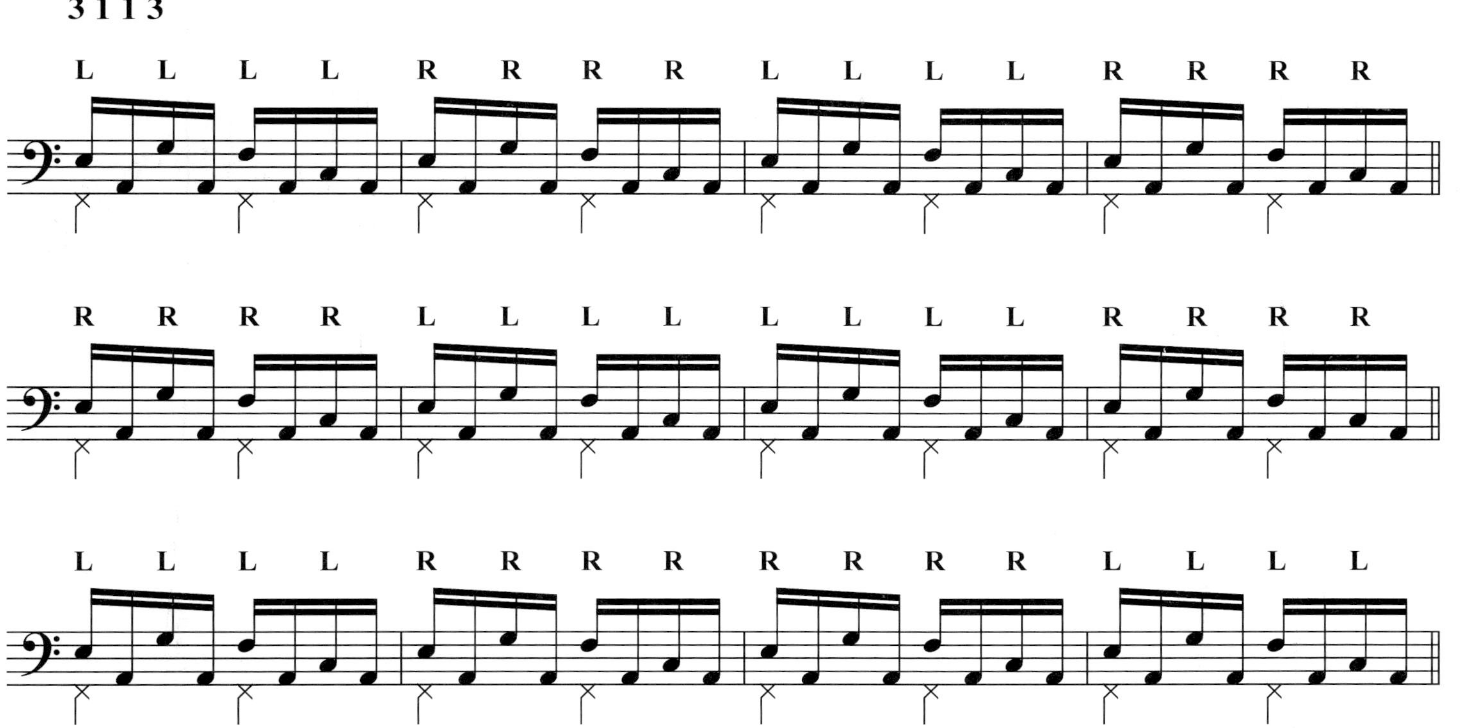

2 2 4 4
4 4 2 2
2 4 2 4

4 2 4 2
2 4 4 2
4 2 2 4

1 1 2 2
2 2 1 1
1 2 1 2

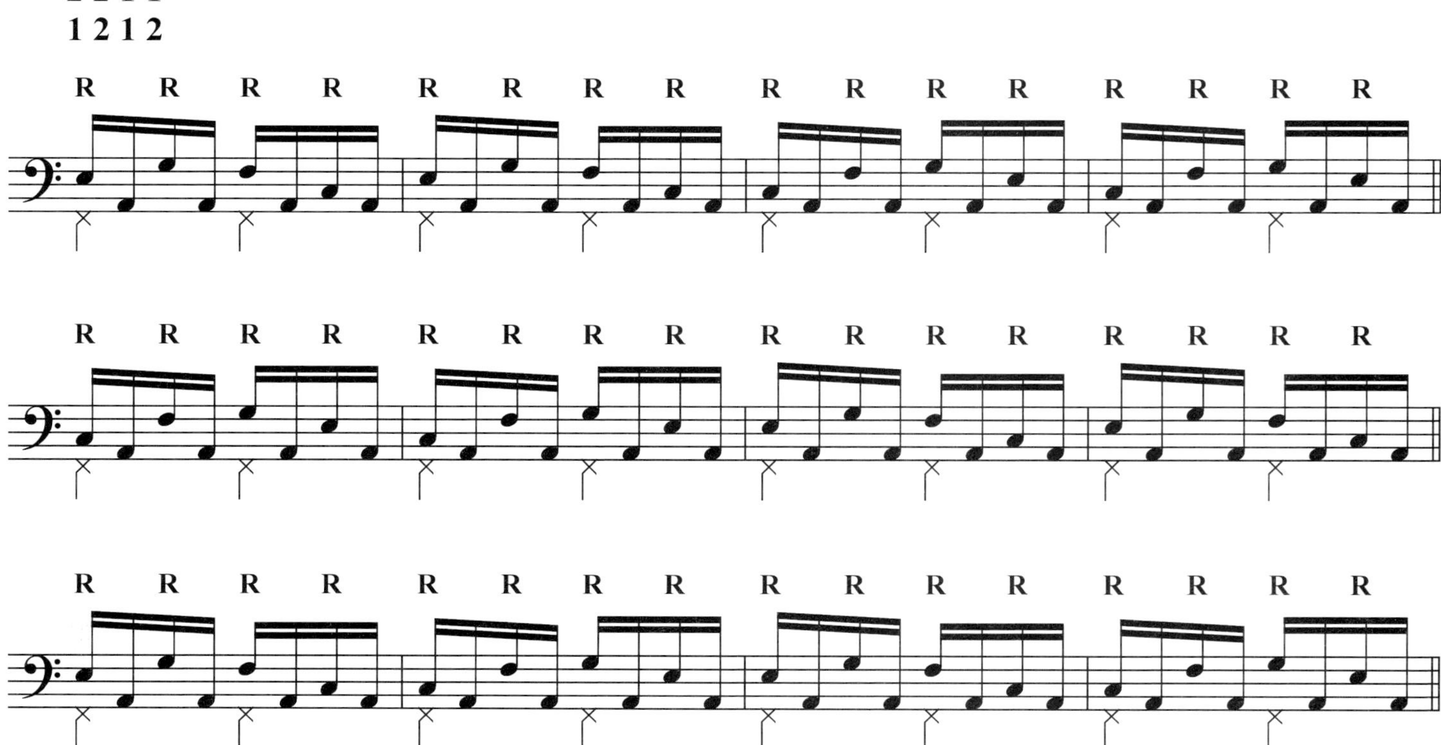

2 1 2 1
1 2 2 1
2 1 1 2 
R R R R R R R R R R R R R R R R
R R R R R R R R R R R R R R R R
R R R R R R R R R R R R R R R R
3 3 4 4
4 4 3 3
3 4 3 4
L L L L L L L L L L L L L L L L
L L L L L L L L L L L L L L L L
L L L L L L L L L L L L L L L L

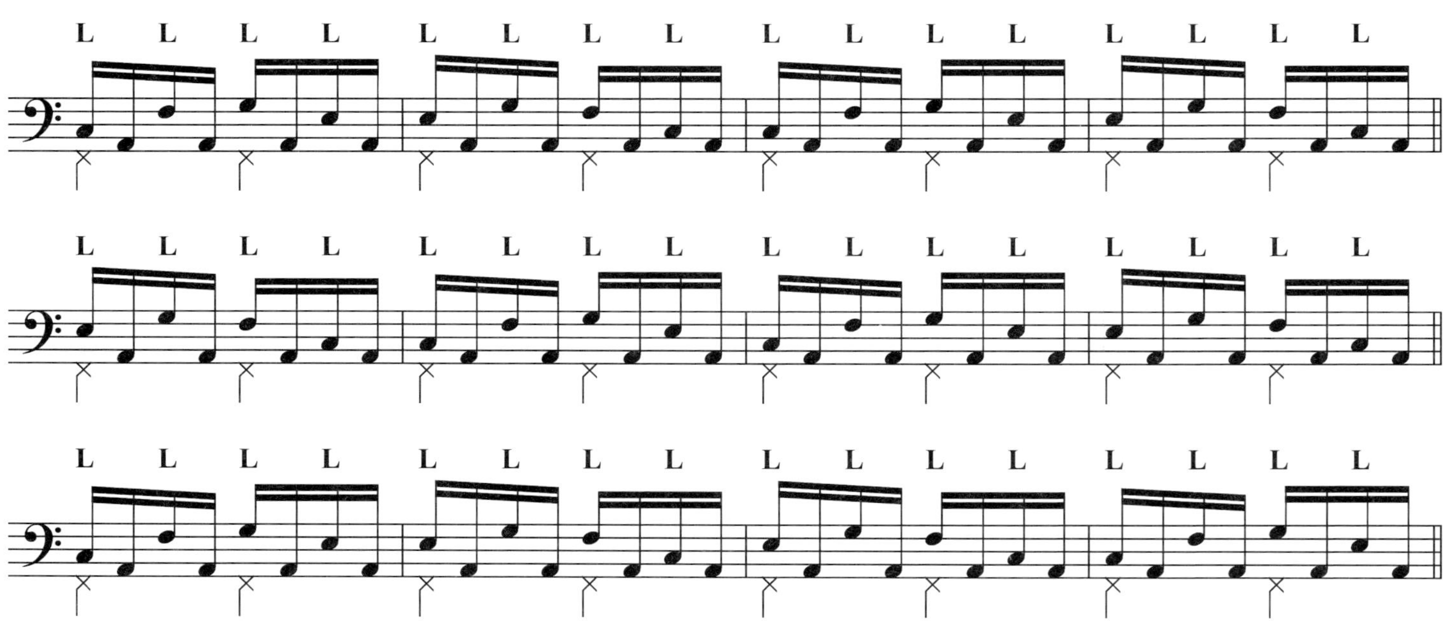

패턴 5 (스네어 드럼 · 베이스 드럼 · 탐탐 · 레프트 풋 하이햇)

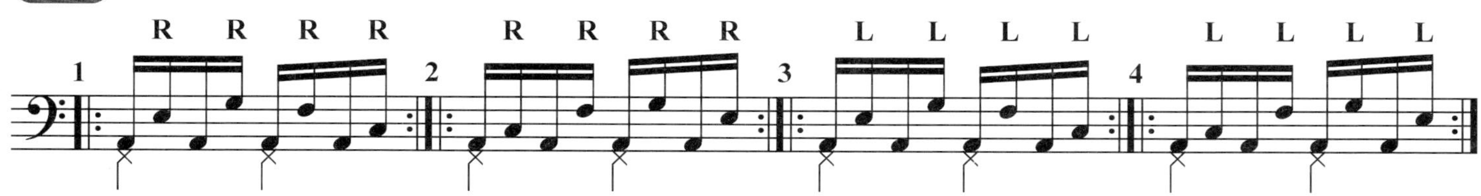

3 1 3 1
1 3 3 1
3 1 1 3

2 2 4 4
4 4 2 2
2 4 2 4

4 2 4 2
2 4 4 2
4 2 2 4

1 1 2 2
2 2 1 1
1 2 1 2

2 1 2 1
1 2 2 1
2 1 1 2

3 3 4 4
4 4 3 3
3 4 3 4

패턴 6 (스네어 드럼 · 베이스 드럼 · 탐탐 · 라이드 심벌 · 레프트 풋 하이햇)

패턴 6의 연습시 주의할 사항은 라이드 심벌과 연주시 스네어나 탐탐의 소리입니다.
정확히 중앙을 타점하지 않으면 불필요한 잡음이 생깁니다. 이점을 유의해서 연습하세요.
16분음표의 간격을 유지하는 것도 중요합니다.

CD6

1 1 3 3
3 3 1 1
1 3 1 3

R R R R R R R R R R R R R R R R
L L L L L L L L L L L L L L L L

R R R R R R R R R R R R R R R R
L L L L L L L L L L L L L L L

R R R R R R R R R R R R R R R R
L L L L L L L L L L L L L L L L

3 1 3 1
1 3 3 1
3 1 1 3

R R R R R R R R R R R R R R R R
L L L L L L L L L L L L L L L L

R R R R R R R R R R R R R R R R
L L L L L L L L L L L L L L L L

R R R R R R R R R R R R R R R R
L L L L L L L L L L L L L L L L

2 2 4 4
4 4 2 2
2 4 2 4

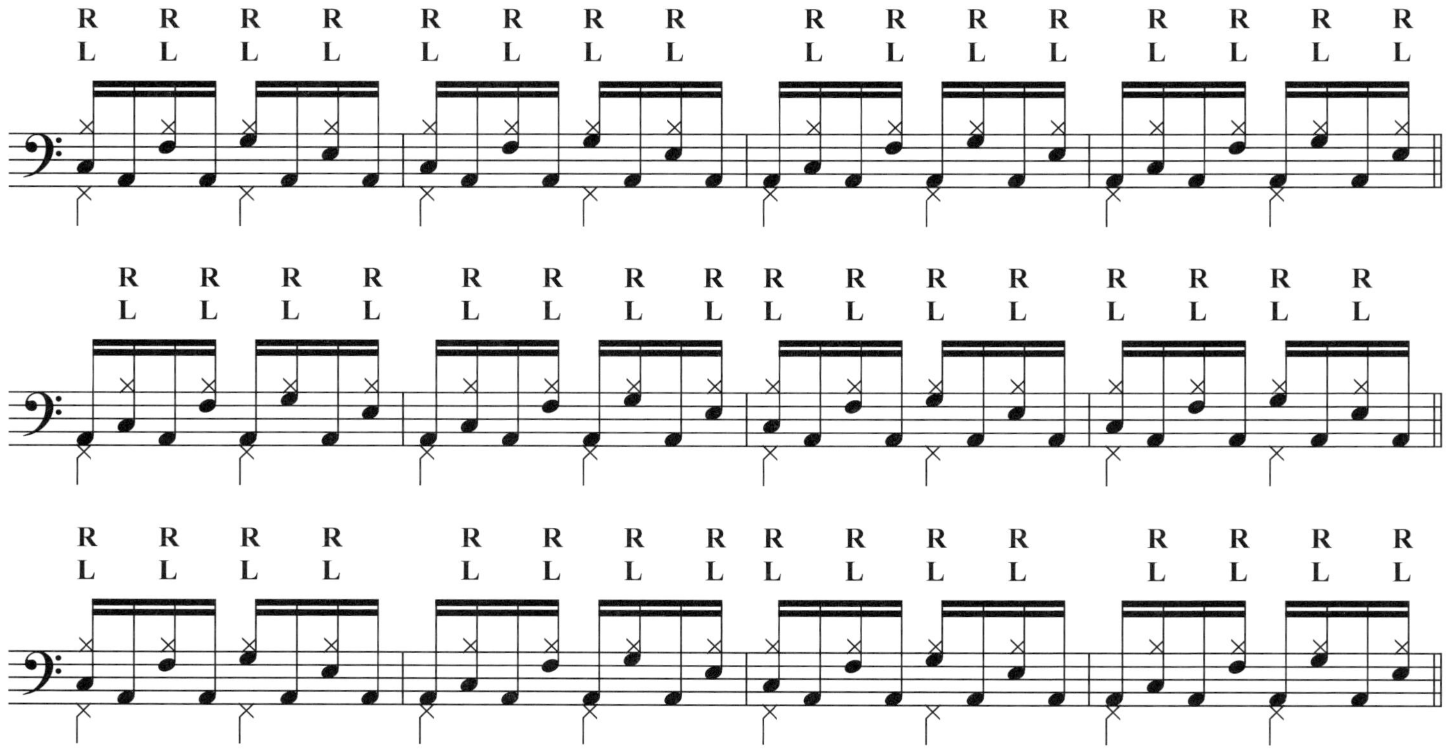

4 2 4 2
2 4 4 2
4 2 2 4

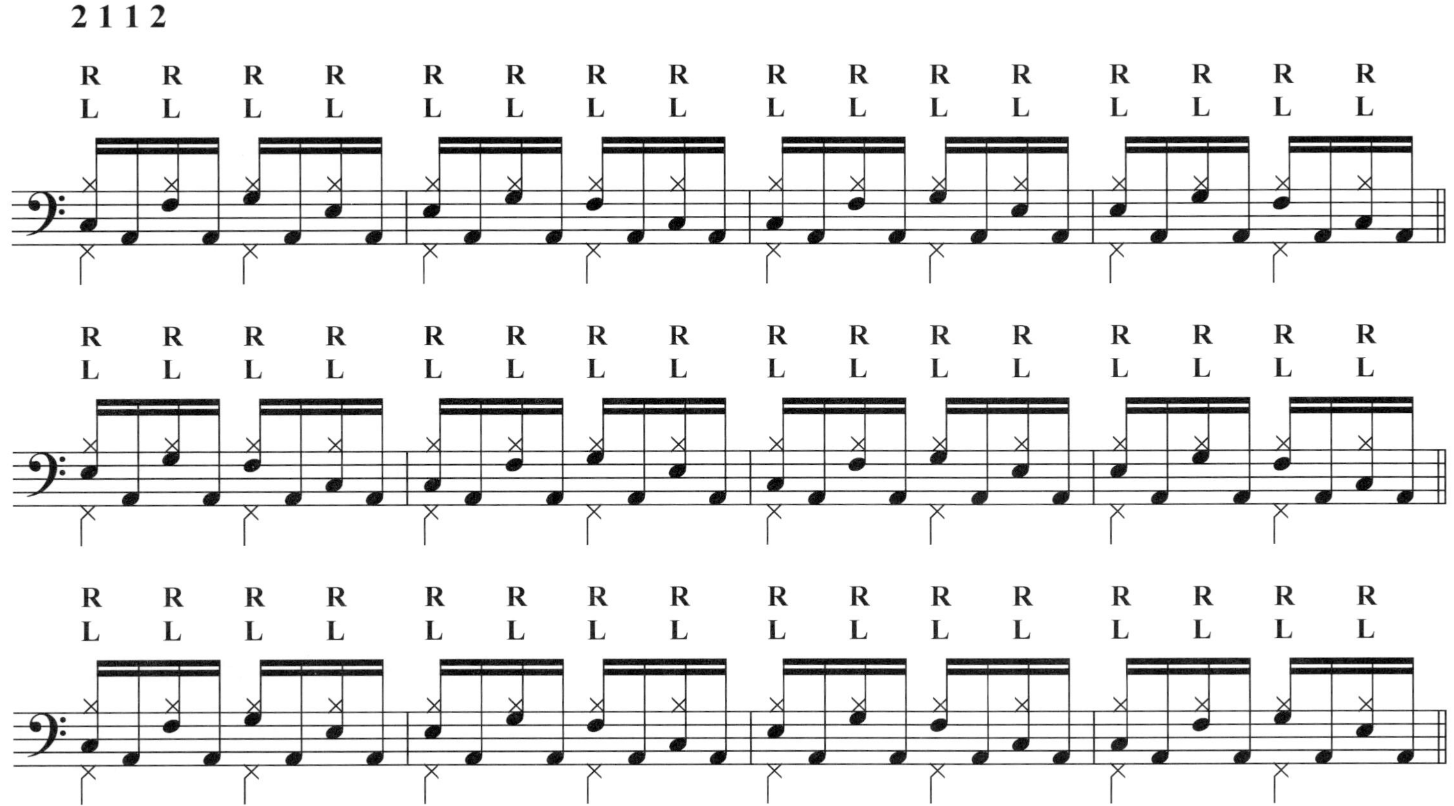

1 1 2 2
2 2 1 1
1 2 1 2
2 1 2 1
1 2 2 1
2 1 1 2

3 3 4 4
4 4 3 3
3 4 3 4

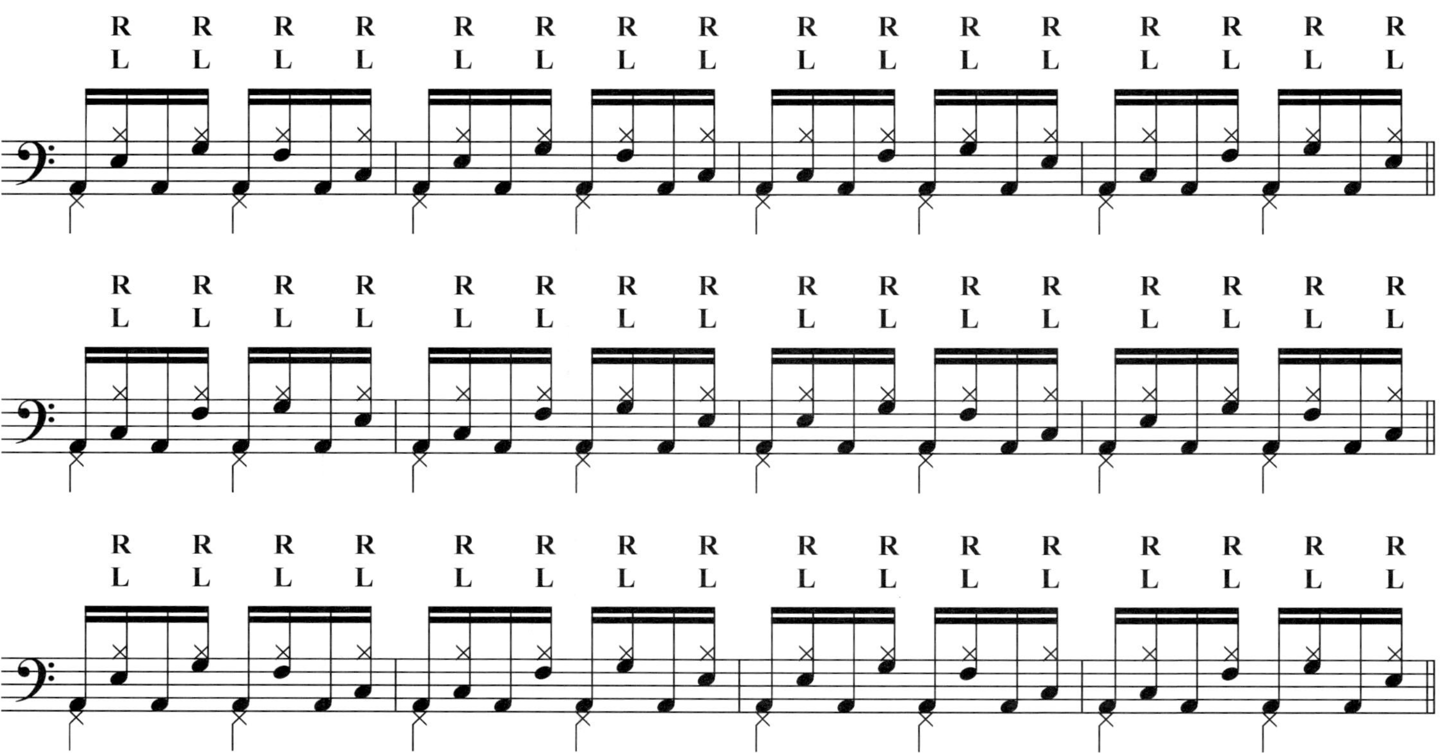

4 3 4 3
3 4 4 3
4 3 3 4

패턴 7 (스네어 드럼 · 베이스 드럼 · 탐탐 · 레프트 풋 하이햇)

양손과 베이스 드럼의 컴비네이션으로 16분음표의 간격이 유지될 수 있도록 주의해서 연습합니다.

CD7

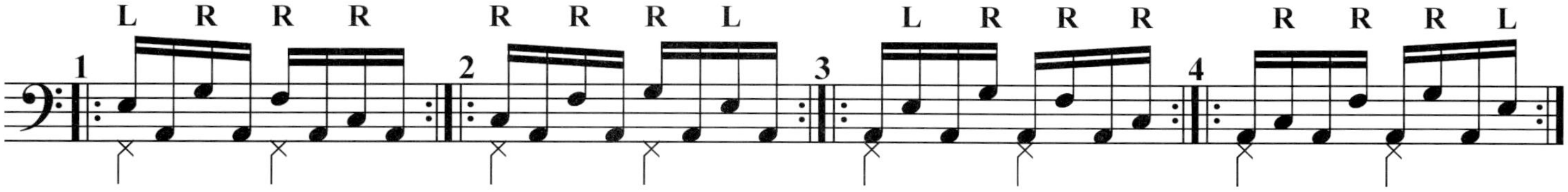

1 1 3 3
3 3 1 1
1 3 1 3

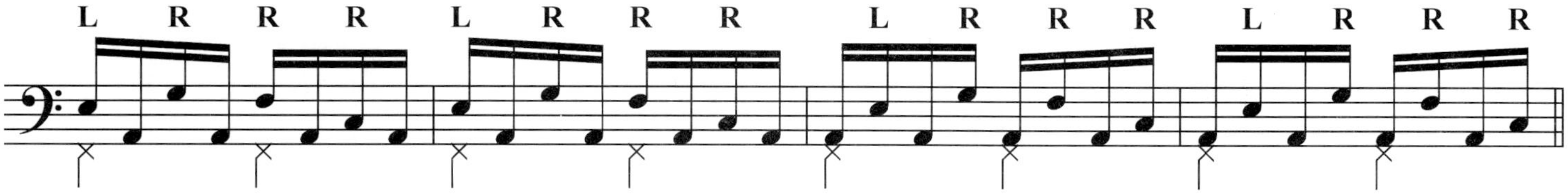

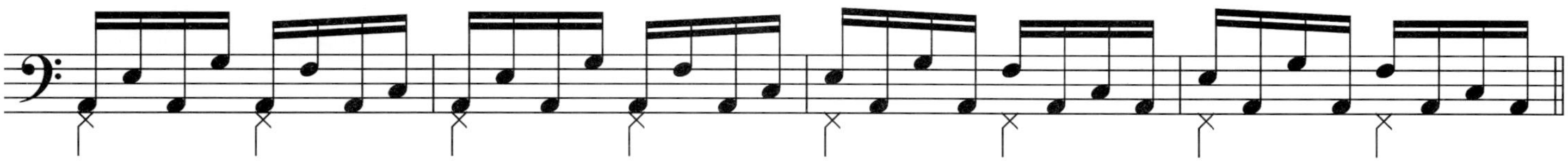

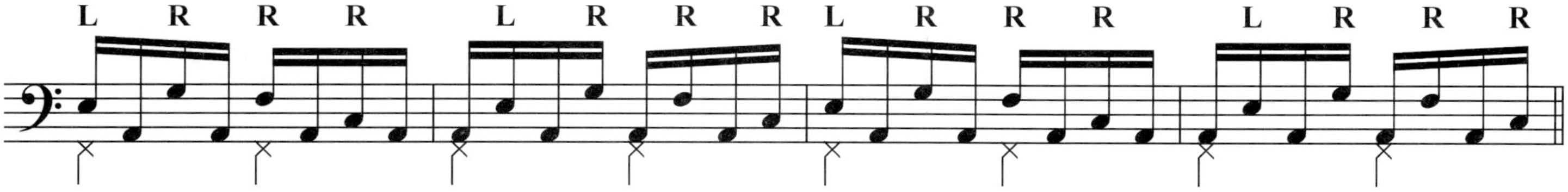

3 1 3 1
1 3 3 1
3 1 1 3

2 2 4 4
4 4 2 2
2 4 2 4

4 2 4 2
2 4 4 2
4 2 2 4

1 1 2 2
2 2 1 1
1 2 1 2

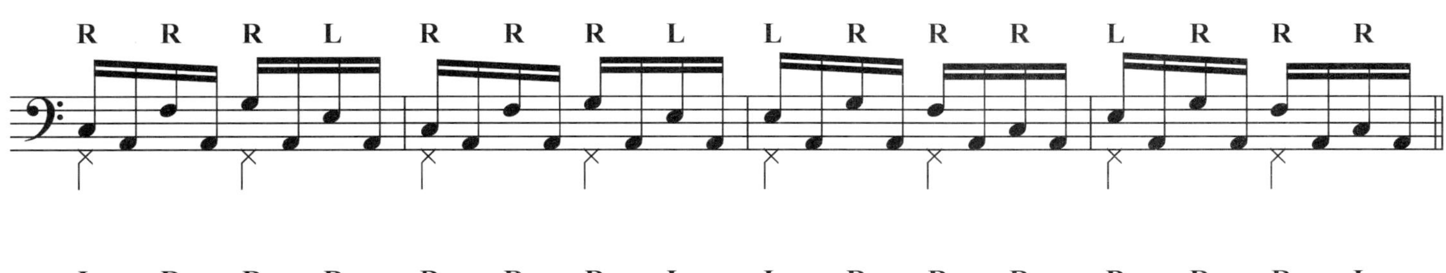

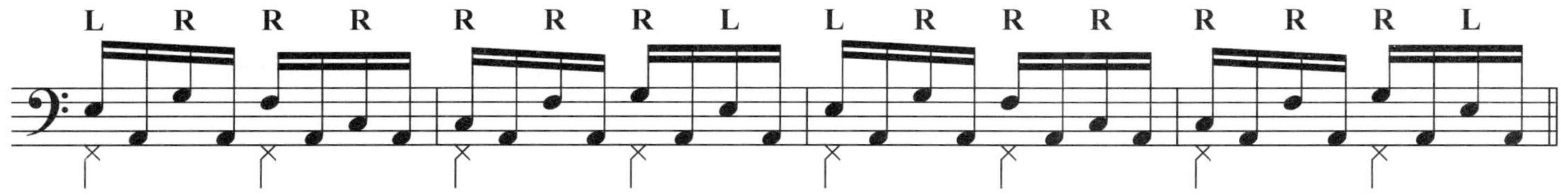

2 1 2 1
1 2 2 1
2 1 1 2

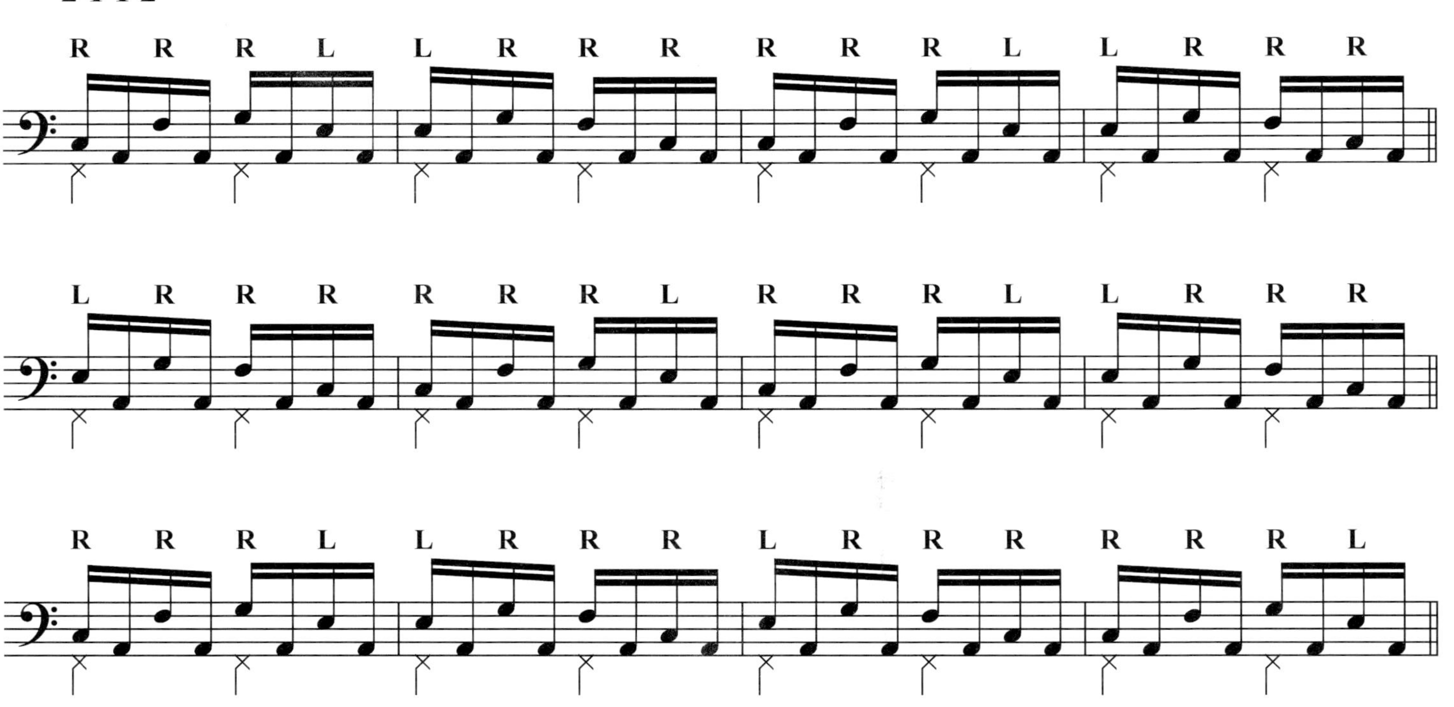
R R R L L R R R R R R L L R R R
L R R R R R R L R R R L L R R R
R R R L L R R R L R R R R R R L

3 3 4 4
4 4 3 3
3 4 3 4

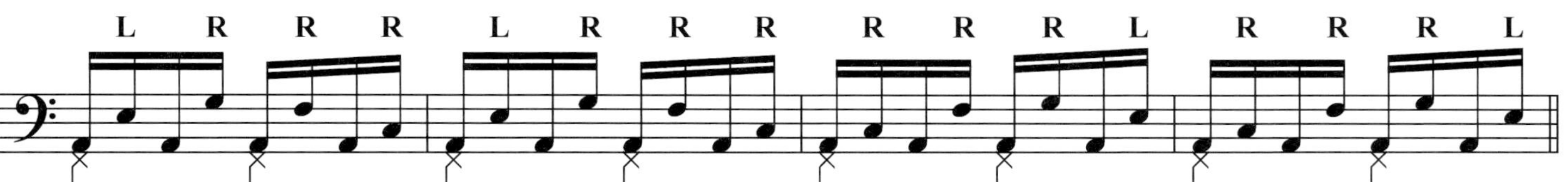
L R R R L R R R R R R L L R R R L

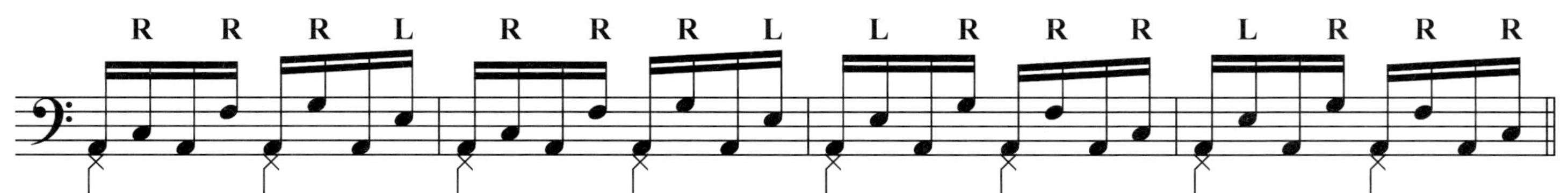
R R R L R R R L L R R R L R R R

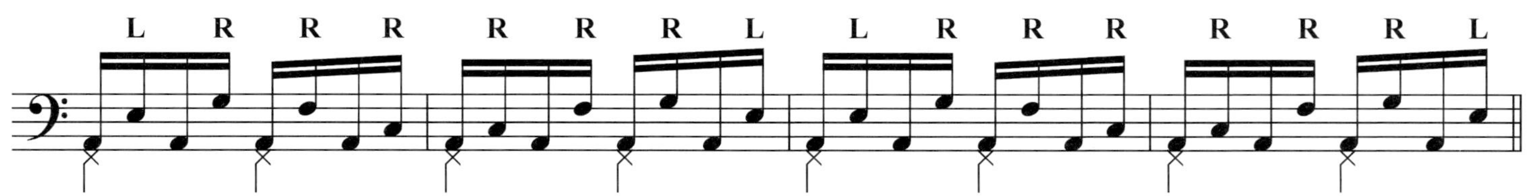
L R R R R R R L L R R R R R R L

4 3 4 3
3 4 4 3
4 3 3 4

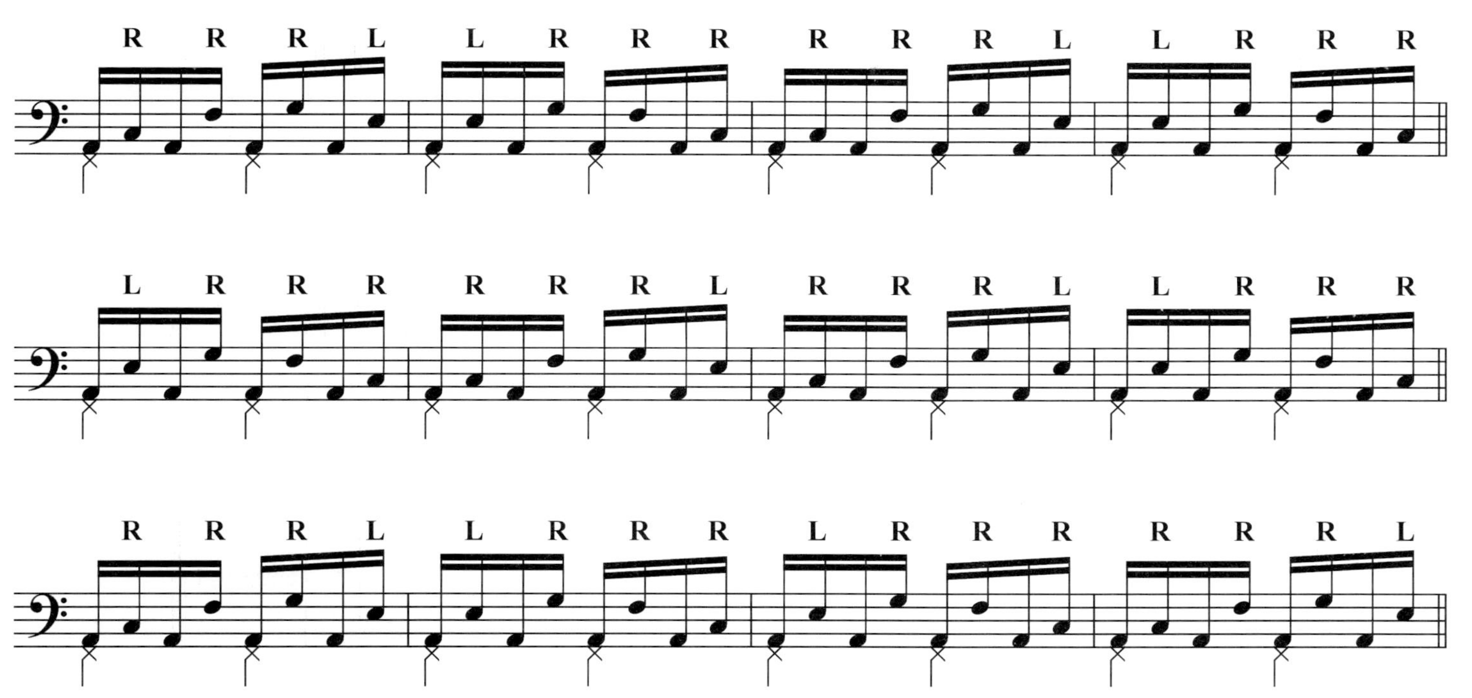

팁

16분음표 컴비네이션 3
(R · L)

16분음표 컴비네이션 3에서는 양손과 베이스 드럼의 컴비네이션으로 16분음표의 간격이 유지될 수 있도록 주의해서 연습합니다

패턴 8 (스네어 드럼 · 베이스 드럼 · 탐탐 · 레프트 풋 하이햇)

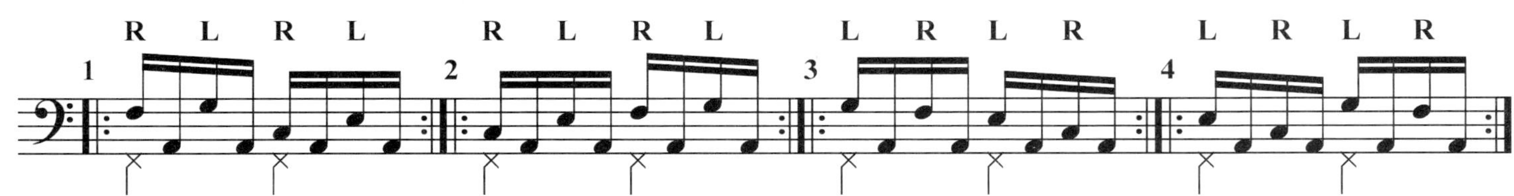

1 1 3 3
3 3 1 1
1 3 1 3

3 1 3 1
1 3 3 1
3 1 1 3

4 2 4 2
2 4 4 2
4 2 2 4
L R L R R L R L L R L R R L R L
R L R L L R L R L R L R L R R L R L
L R L R R L R L R L R L L L R L R

1 1 2 2
2 2 1 1
1 2 1 2
R L R L R L R L R L R L R L R L R L
R L R L R L R L R L R L R L R L R L
R L R L R L R L R L R L R L R L R L

2 1 2 1
1 2 2 1
2 1 1 2

3 3 4 4
4 4 3 3
3 4 3 4

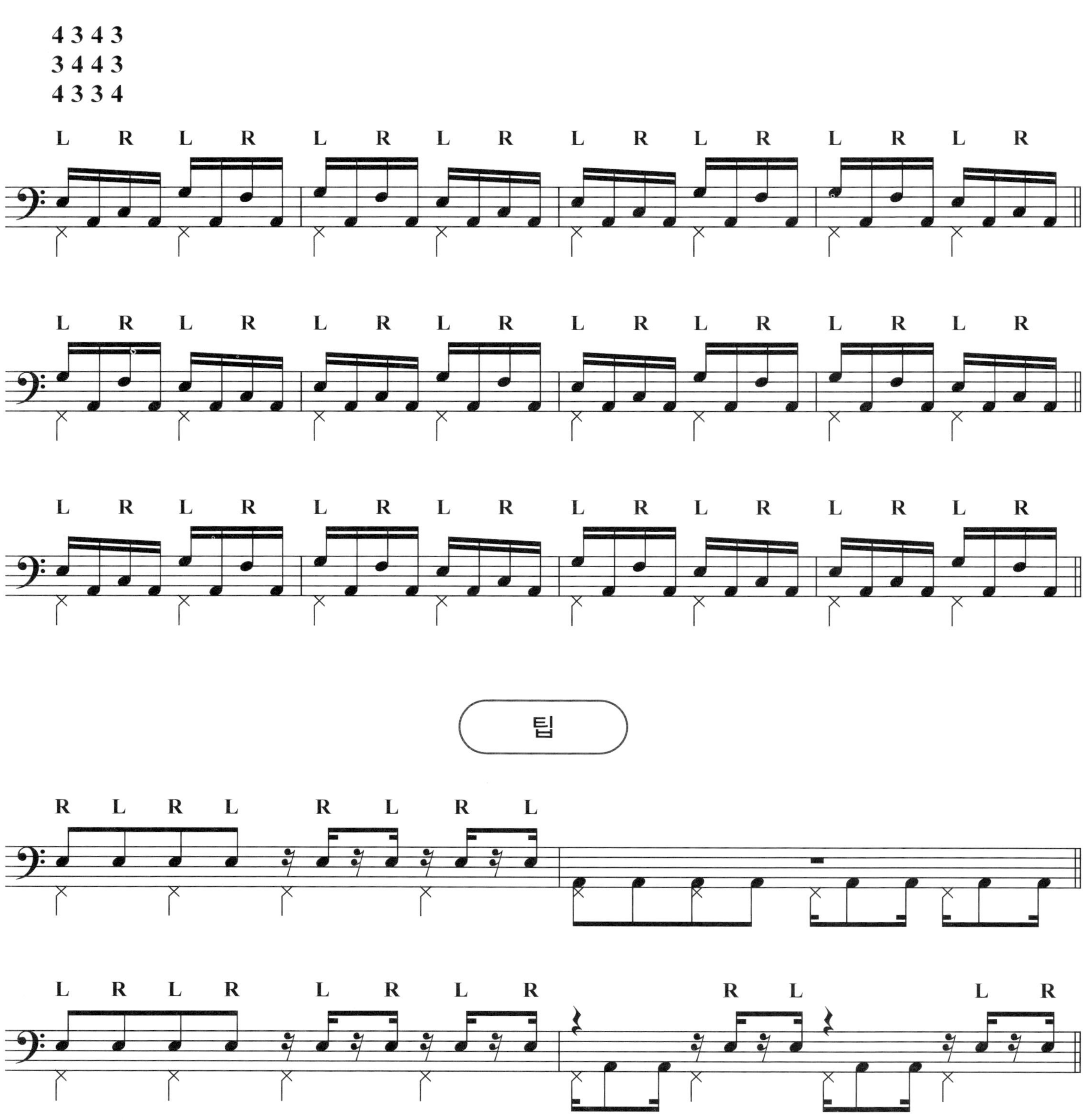

패턴 9 (스네어 드럼 · 베이스 드럼 · 탐탐 · 레프트 풋 하이햇)

CD9

1 1 3 3
3 3 1 1
1 3 1 3

3 1 3 1
1 3 3 1
3 1 1 3

2 2 4 4
4 4 2 2
2 4 2 4

4 2 4 2
2 4 4 2
4 2 2 4

1 1 2 2
2 2 1 1
1 2 1 2

2 1 2 1
1 2 2 1
2 1 1 2

3 3 4 4
4 4 3 3
3 4 3 4

4 3 4 3
3 4 4 3
4 3 3 4

```
1111.3333      1234.4321      3412.2143      1221.2112
1133.3311      1342.2431      3124.4213      1331.3113
1313.3131      1423.3241      3241.1423      1441.4114
1331.3113

               1243.3421      3421.1243      2332.3223
2222.4444      1324.4231      3142.2413      2442.4224
2244.4422      1432.2341      3214.4123
2424.4242                                    3443.4334
2442.4224      2134.4312      4123.3214
               2341.1432      4231.1324
1122.2211      2413.3142      4312.2134
1212.2121
1221.2112      2143.3412      4132.2314
               2314.4132      4213.3124
3344.4433      2431.1342      4321.1234
3434.4343
3443.4334
```

< 그 외 나머지 경우의 수 >

```
1111.2222      2222.3333      1111
2222.1111      3333.2222      2222
1111.3333      2222.4444      3333
3333.1111      4444.2222      4444
1111.4444      3333.4444
4444.1111      4444.3333
```

패턴 1

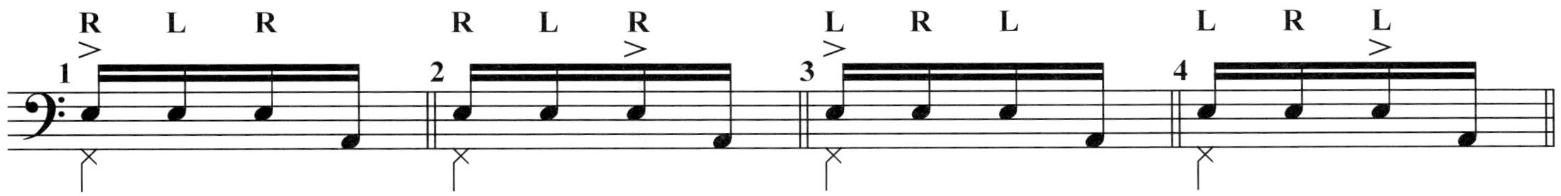

패턴 2

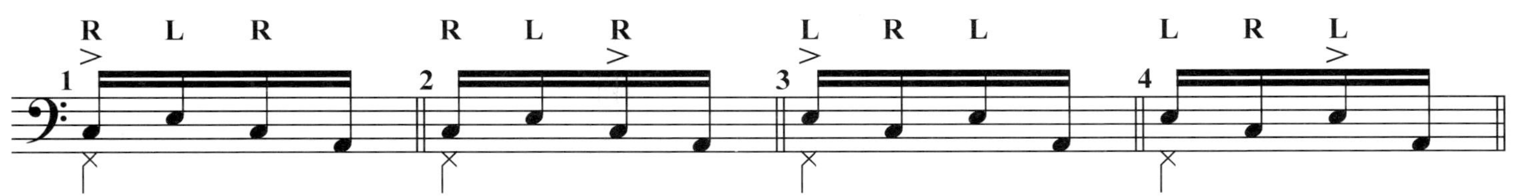

패턴 3

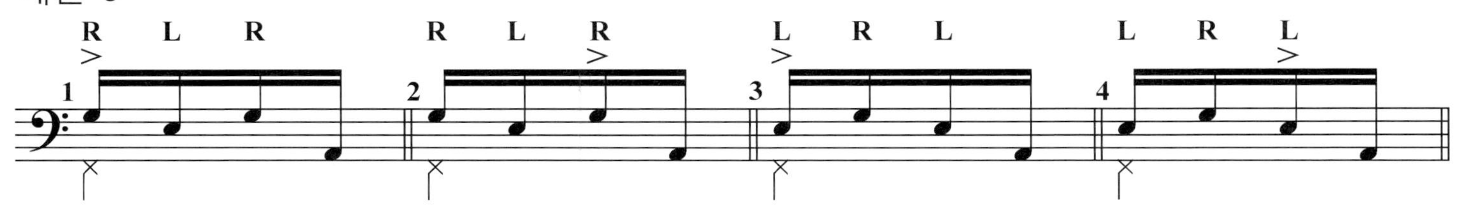

패턴 4

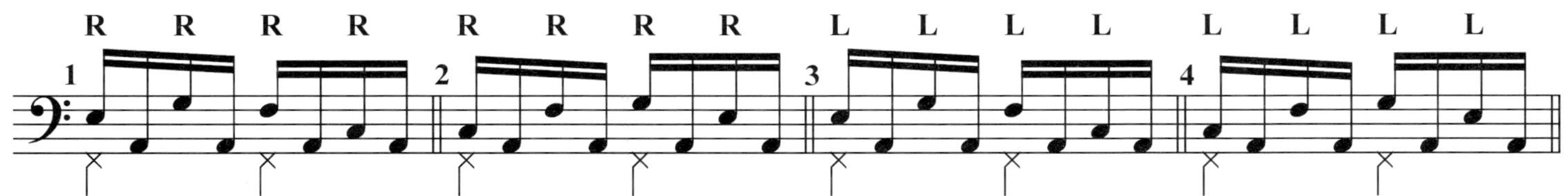

패턴 5

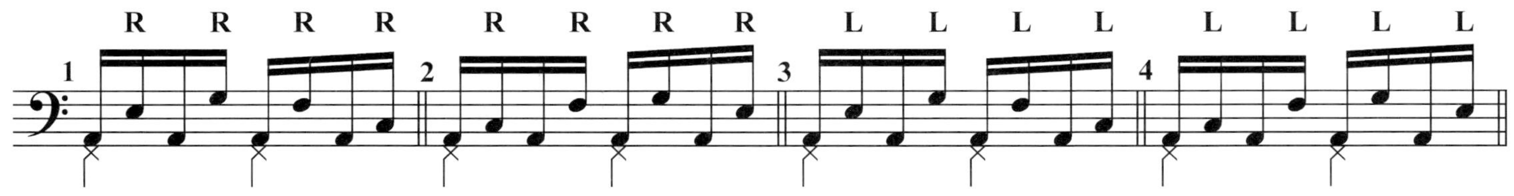

패턴 6

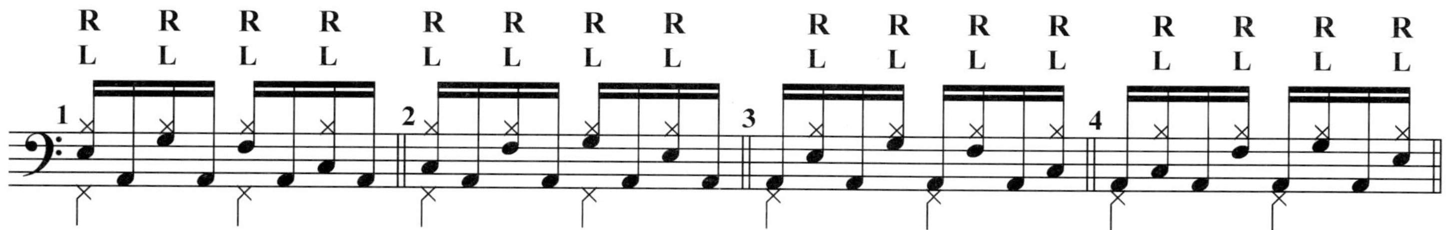

패턴 7

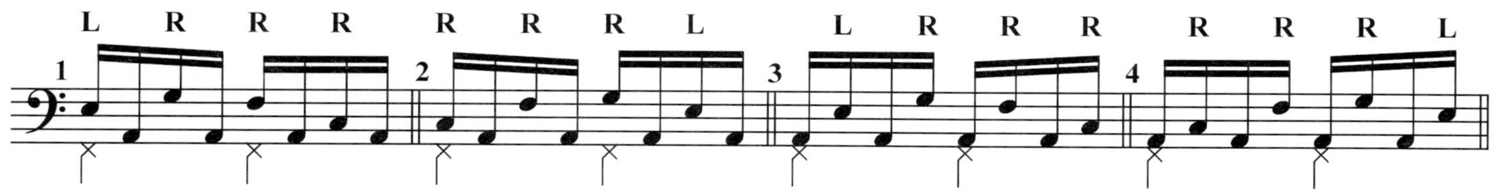

패턴 8

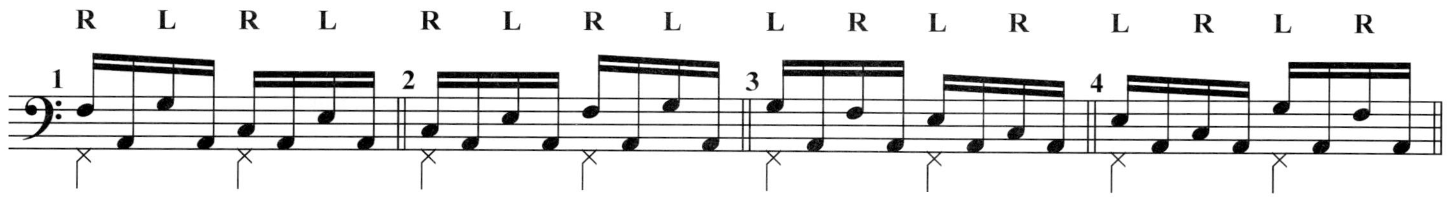

패턴 9

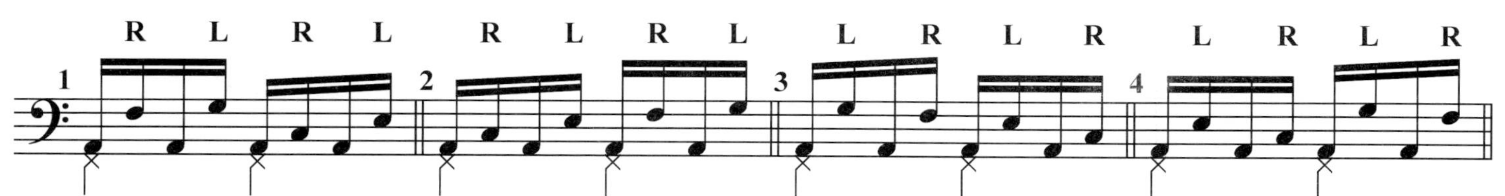

패턴 1~9를 모두 적용해서 경우의 수를 만들게 되면 다양한 형태의 패턴들이 만들어집니다.

지금까지 공부한 내용을 토대로 새로운 리듬을 만들어 봅니다.
팁의 내용은 참고로 하고 더 다양한 모든 경우의 수에 도전해보세요.

패턴 1

패턴 2

팁 2

패턴 1

레프트 핸드 심벌은 약간 기울여서 라이드 심벌을 연주하듯이 플랫 부분을 때립니다.

패턴 2 CD10

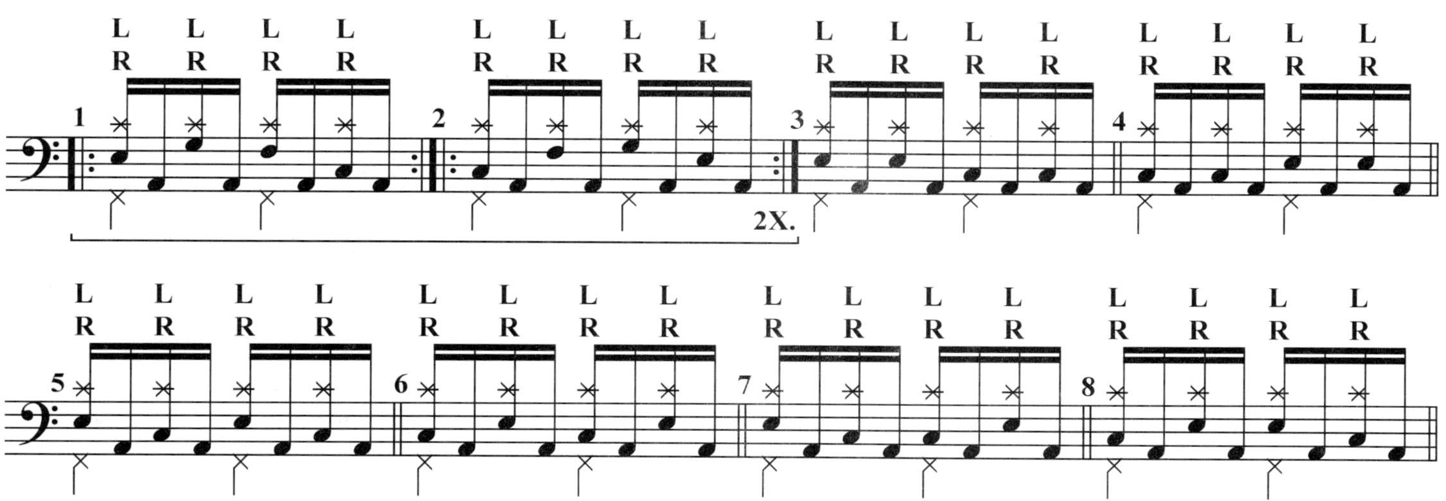

패턴 3

패턴 4

패턴 5 CD11

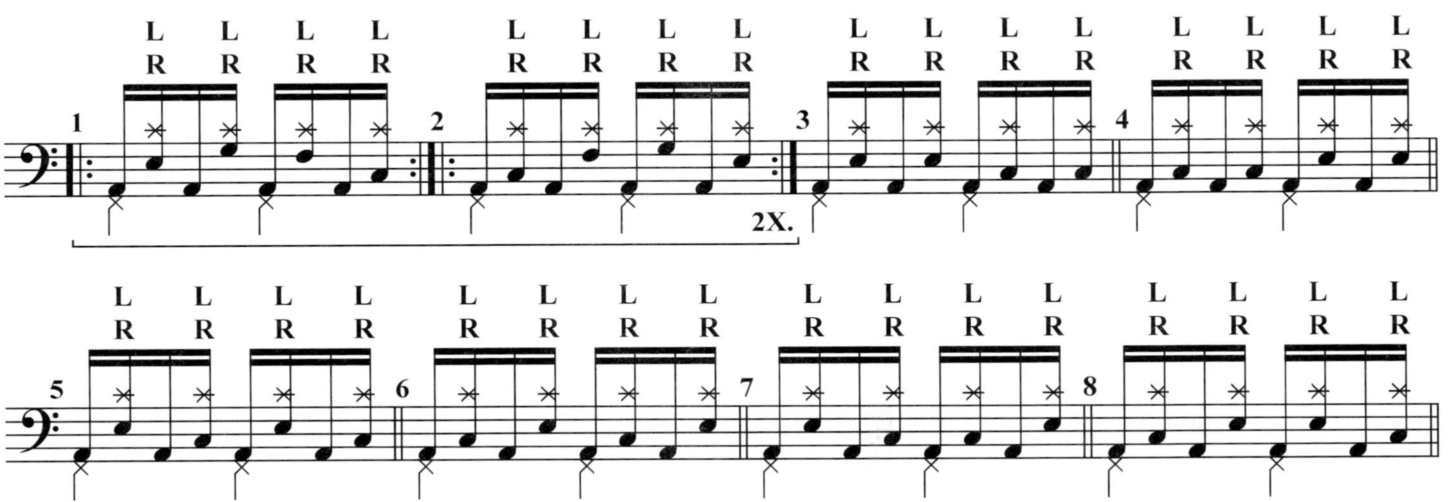

패턴 6

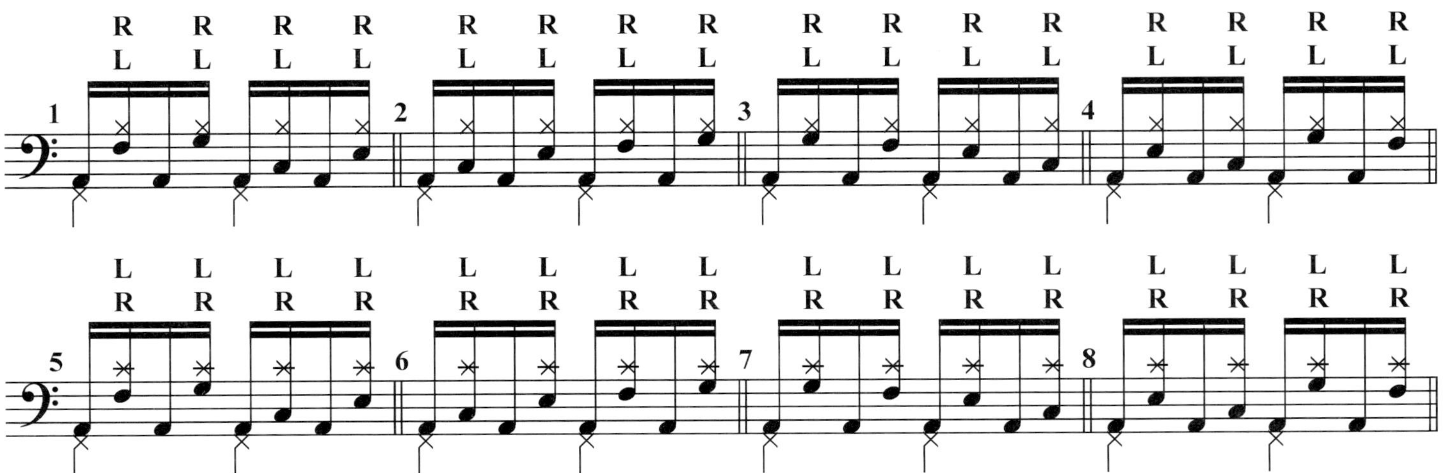

팁 2의 패턴 1~6 외에 나올 수 있는 모든 경우의 수를 만들어서 연습합니다.
연습 1~12를 참고하세요.

연습 1~12

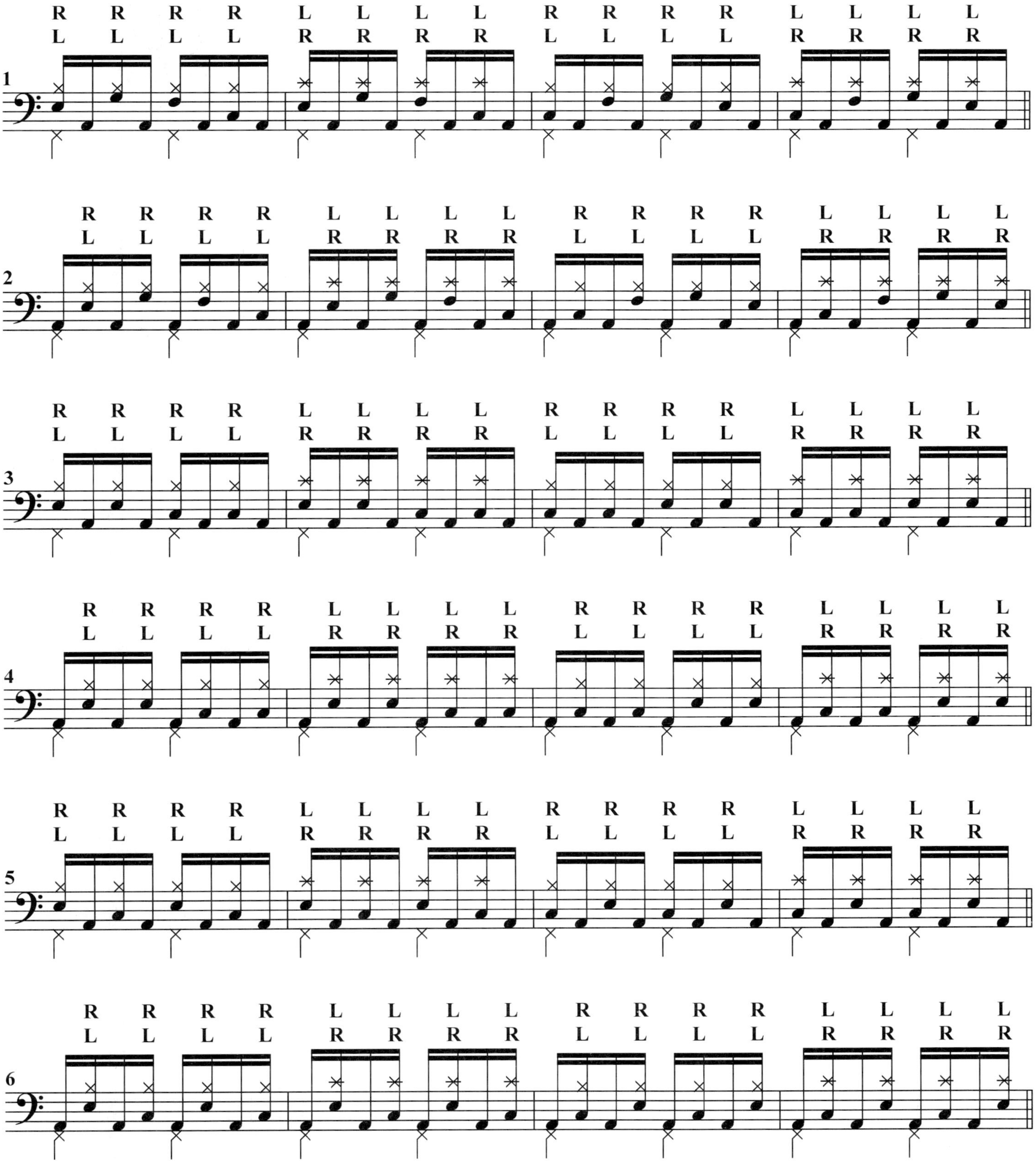

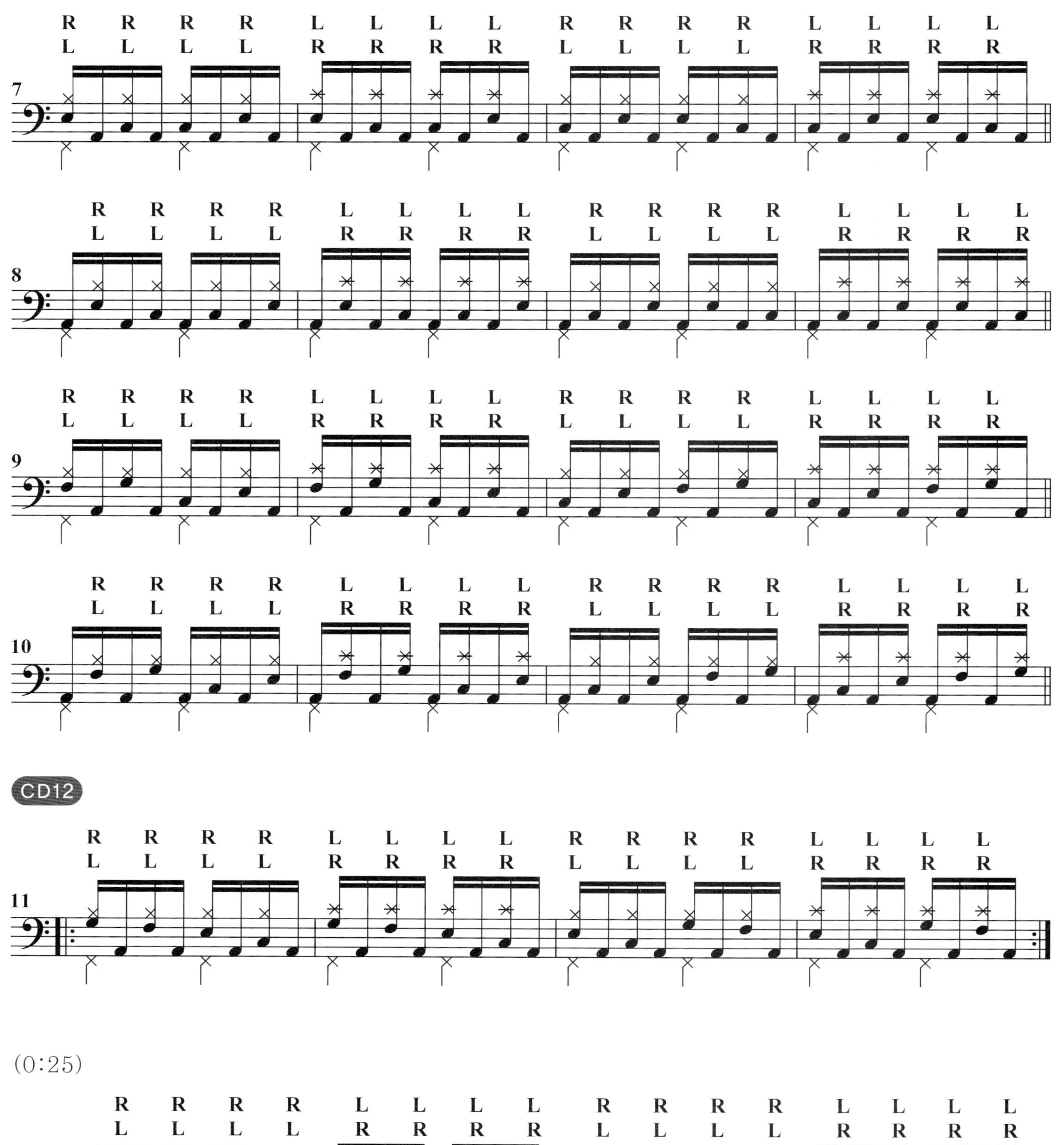

이외에도 나올 수 있는 모든 경우의 수를 만들고 악보화 해서 연습합니다.

16분음표 컴비네이션과 폴리 리듬

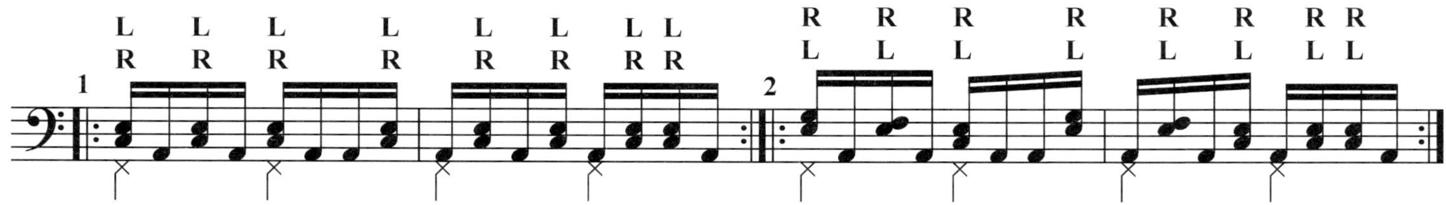

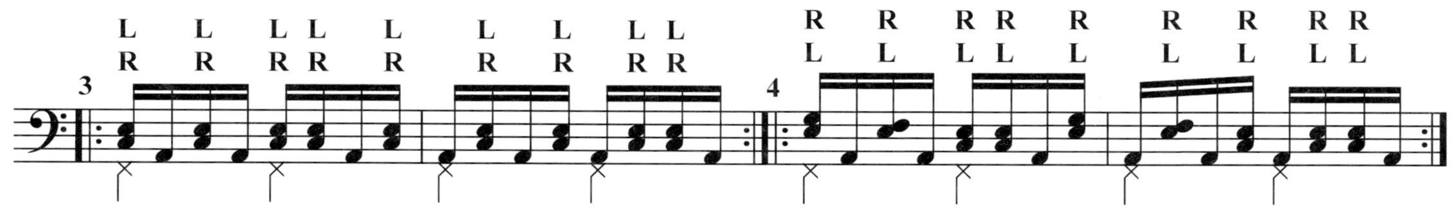

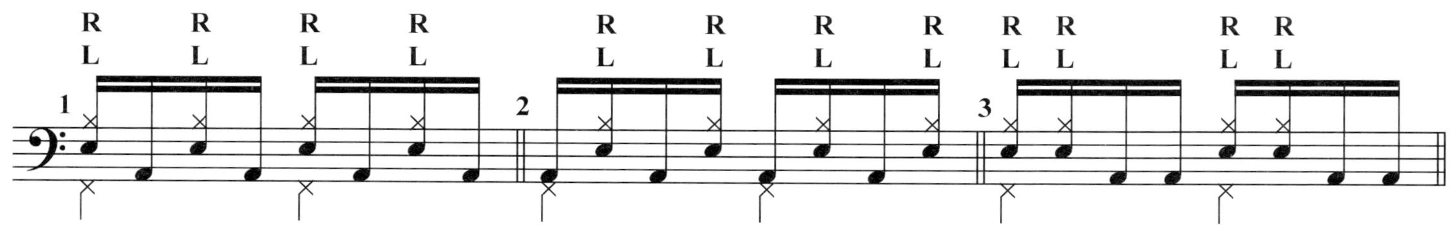

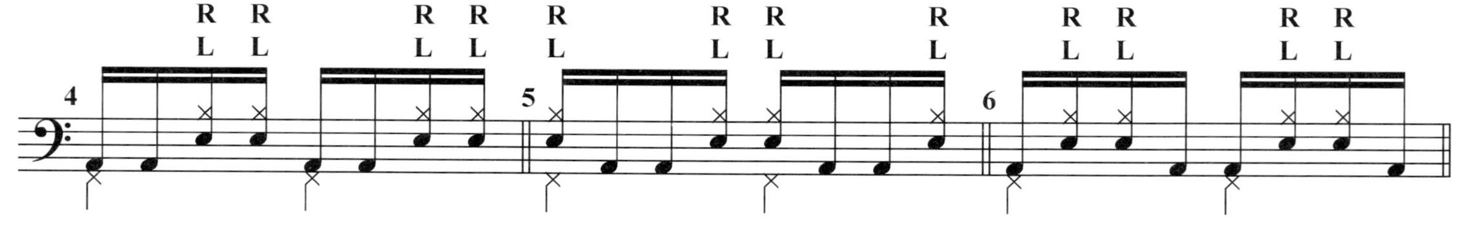

삼바 컴비네이션

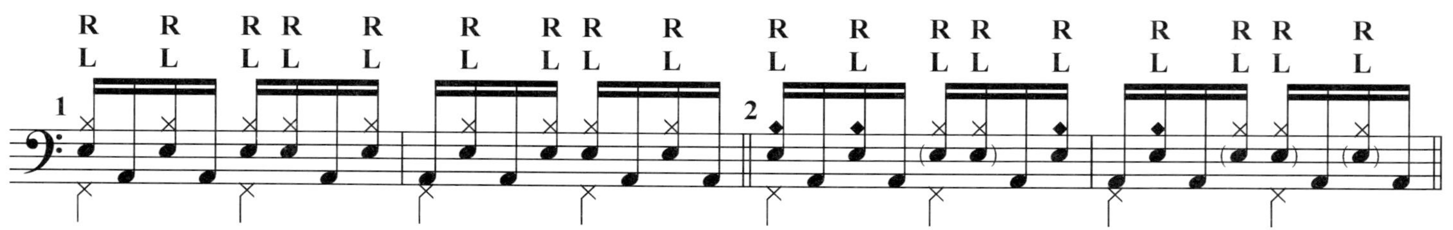

폴리 1

16분음표를 기준으로 3 · 5 · 7 · 9개의 박으로 나누어진 폴리입니다.

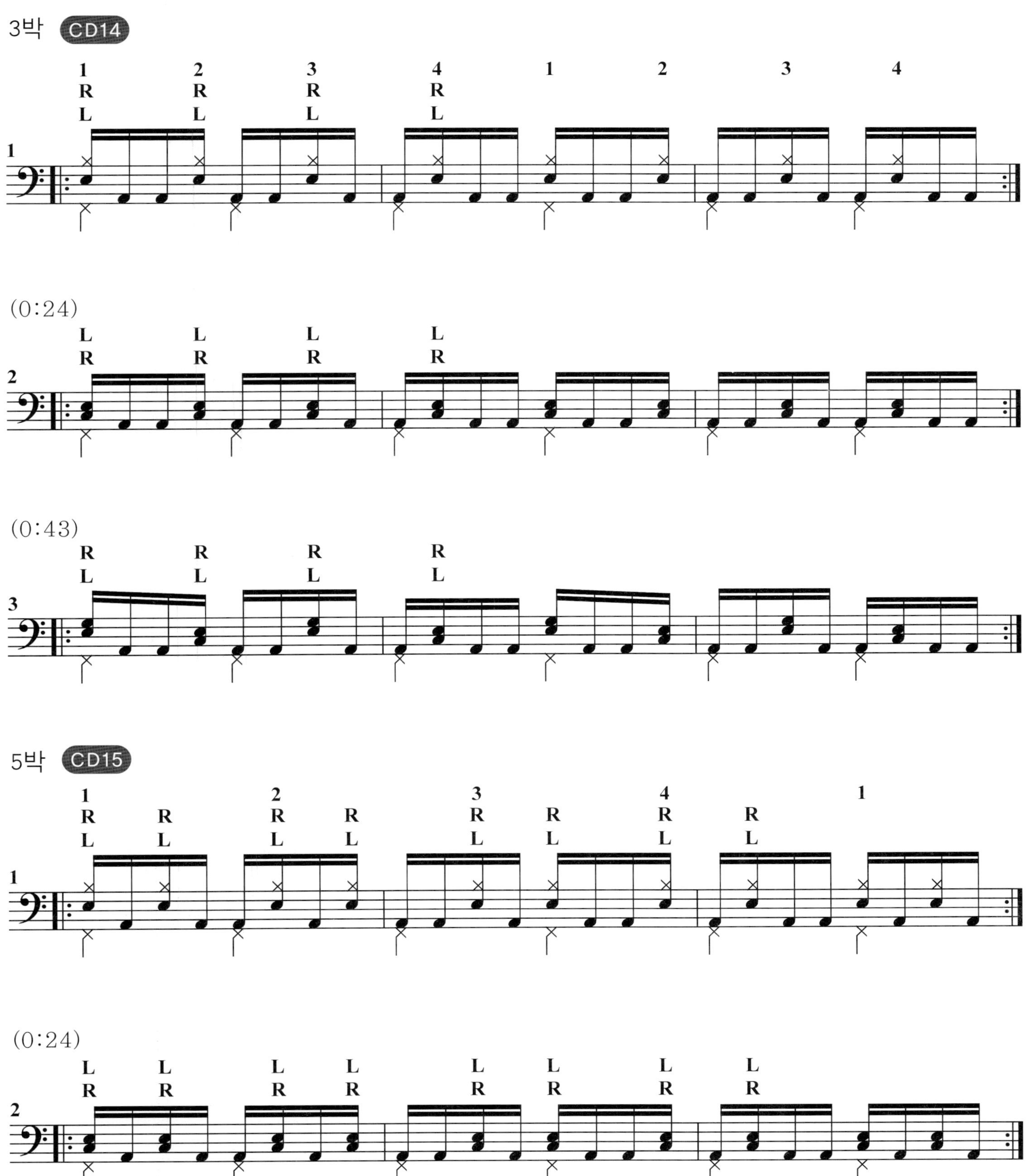

(0:43)

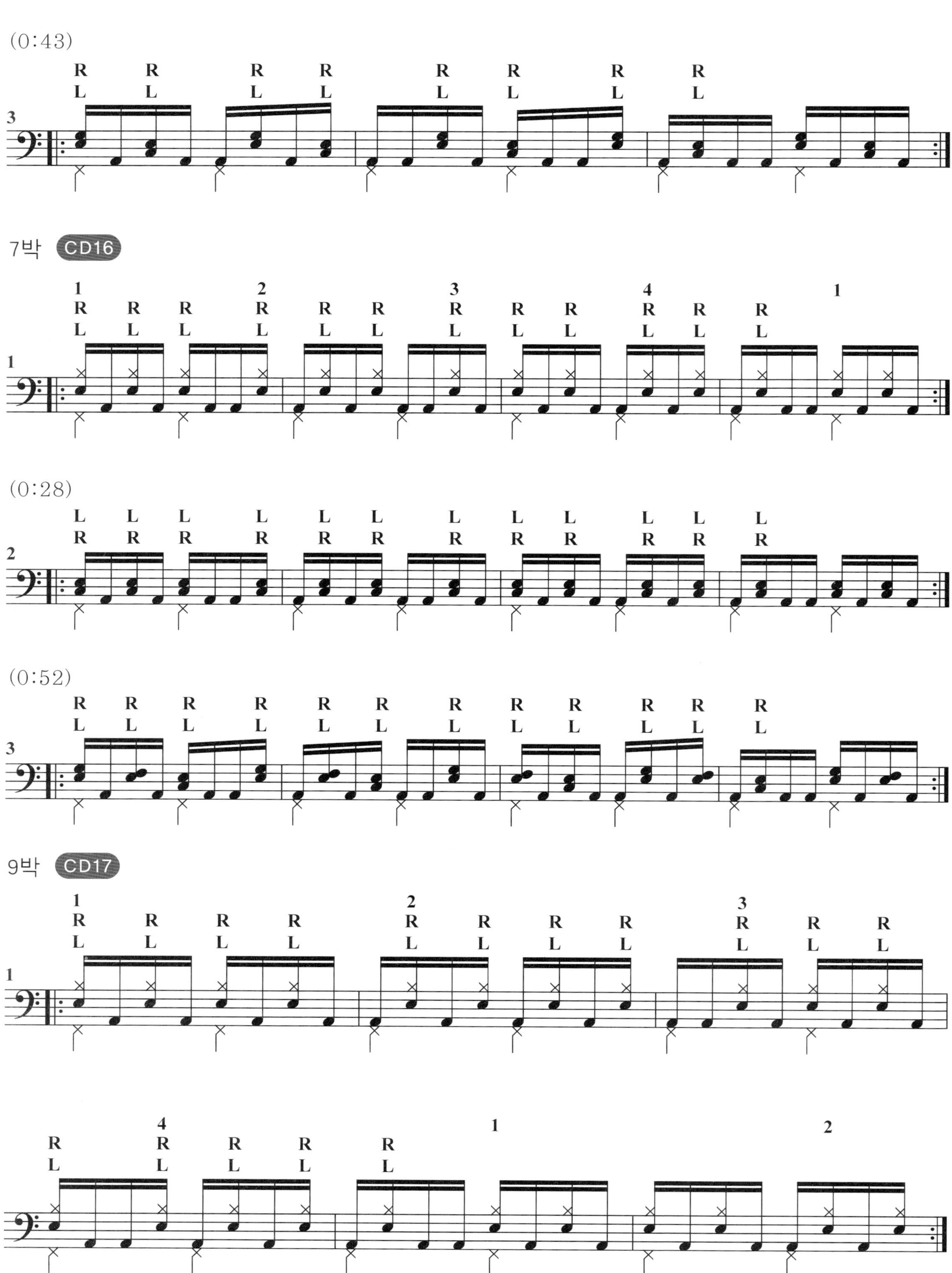

(0:37)

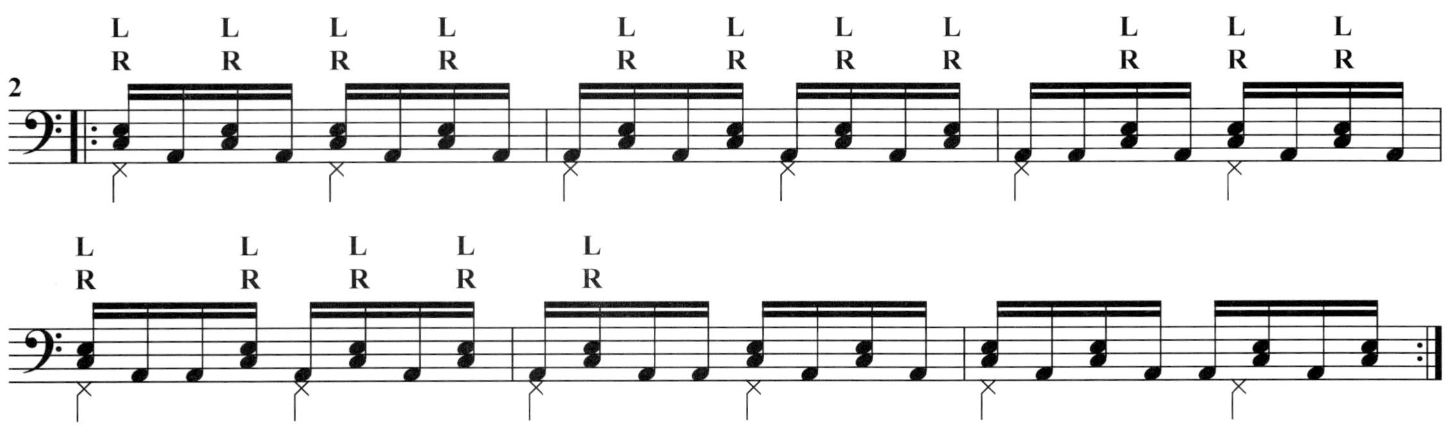

(1:09)

폴리 2

3박 CD18

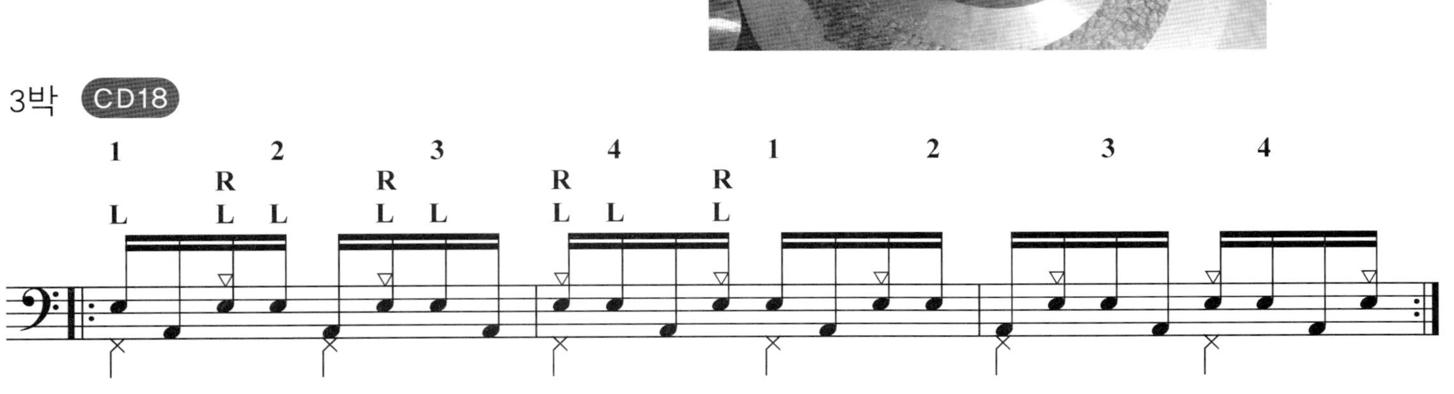

1 2 3 4 1
L R L R L R L R L

(0:48) 7박

1 2 3 4 1
L R L R L R L R L R L R L R L R

(1:15) 9박

1 2 3
L R L R L R L R L R L R L R L R

4 1 2
R L L R L R L R L

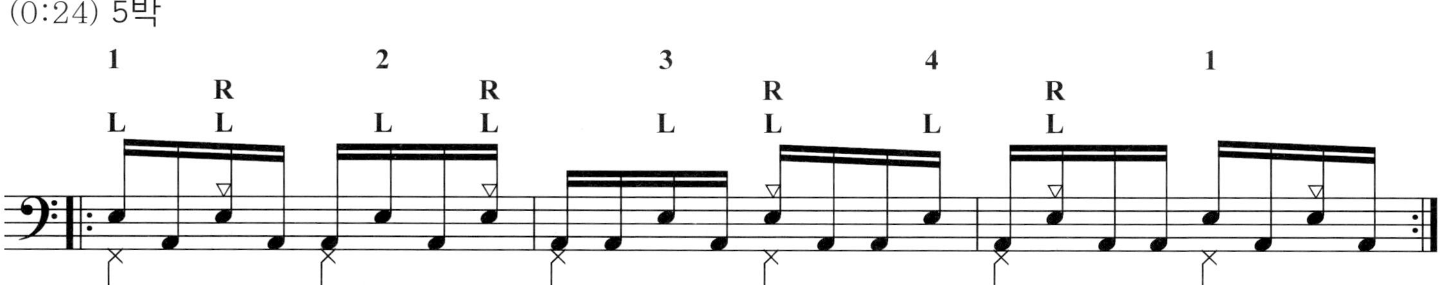

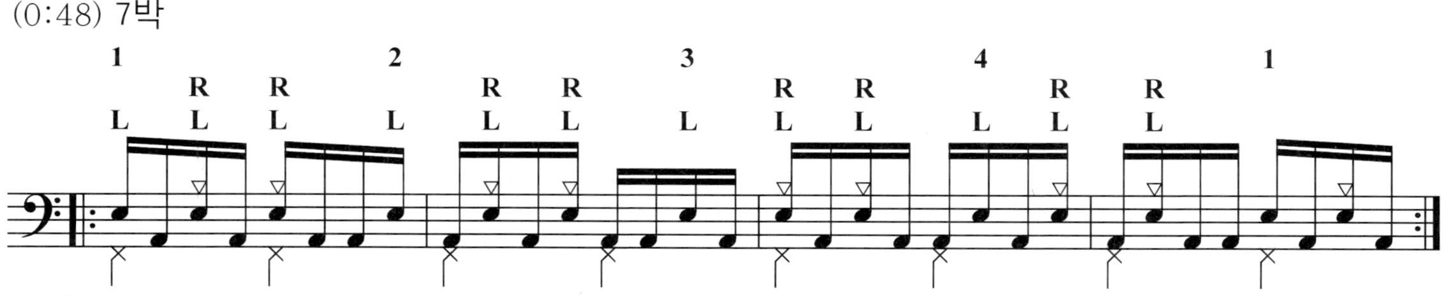

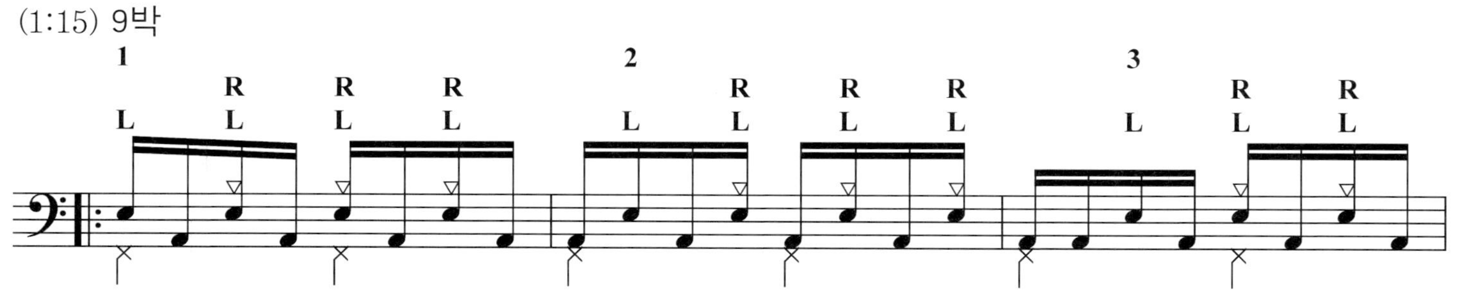

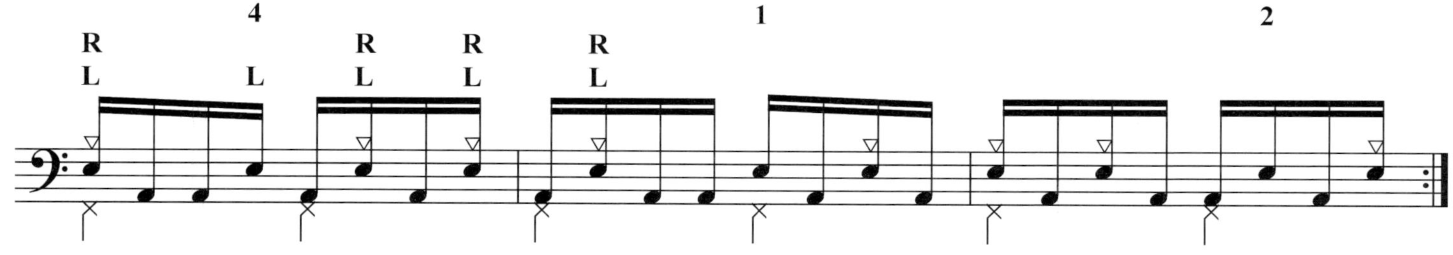

스트레이트 리듬과 셔플 리듬

이번에는 스트레이트 리듬과 셔플의 관계에 대해서 공부합니다.
보통은 악보 상단 왼쪽에 다음과 같은 기호를 많이 보게 됩니다.

(1) 셔플 리듬 연주시 나오는 기호

(2) 하프타임 셔플 리듬 연주시 나오는 기호

(1) 셔플 리듬 연주

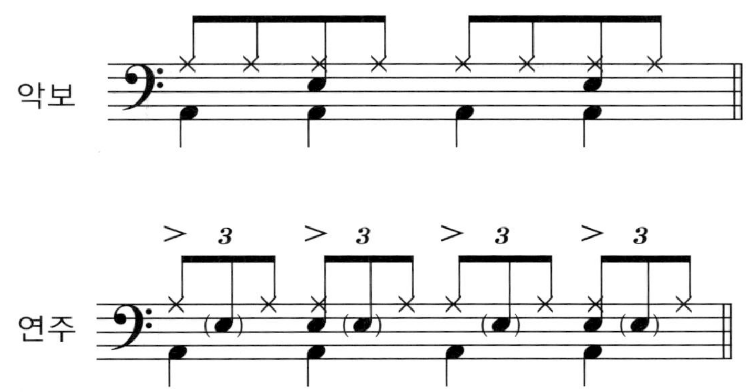

(2) 하프타임 셔플 리듬 연주

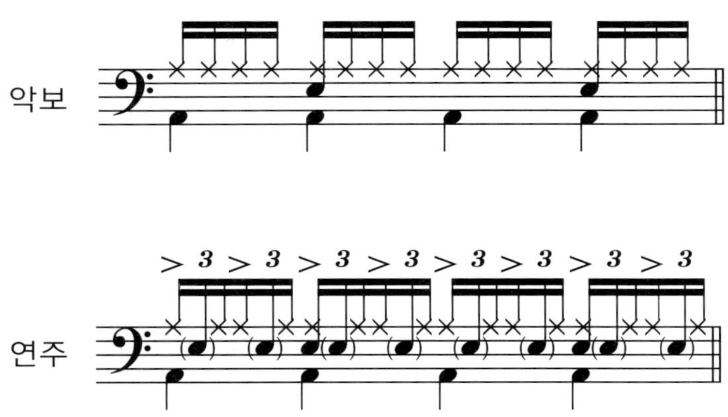

(1), (2)번을 참고로 셔플 리듬과 하프타임 셔플 리듬을 공부합니다.

셔플 기본 리듬

악보

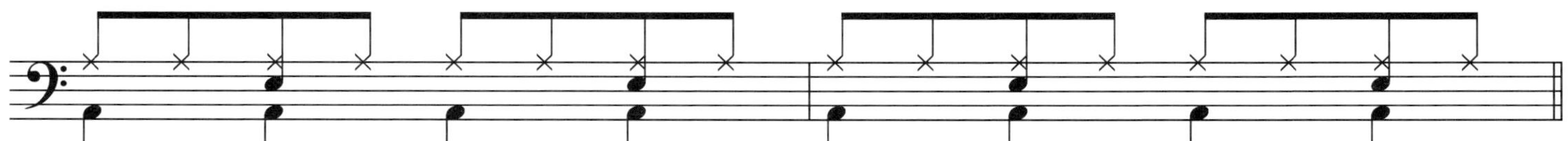

연주

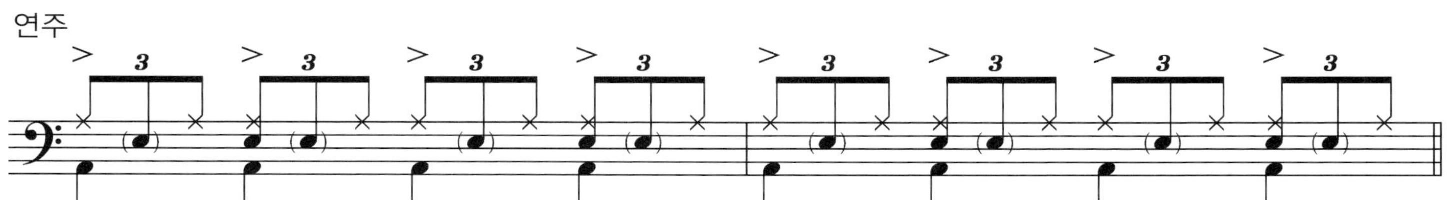

하프타임 셔플 기본 리듬

악보

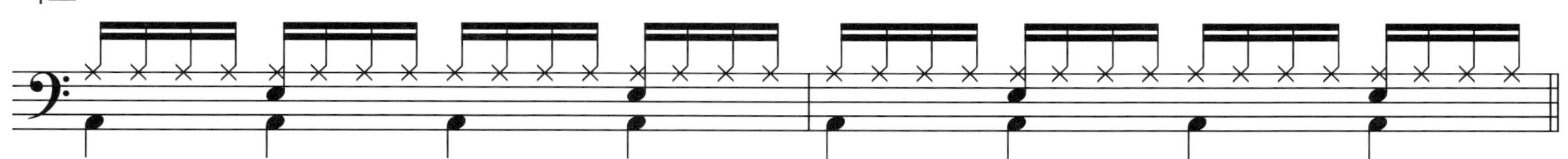

연주

8분음표 스트레이트 리듬과 셔플 리듬

악보　　　　　　　　　　　연주

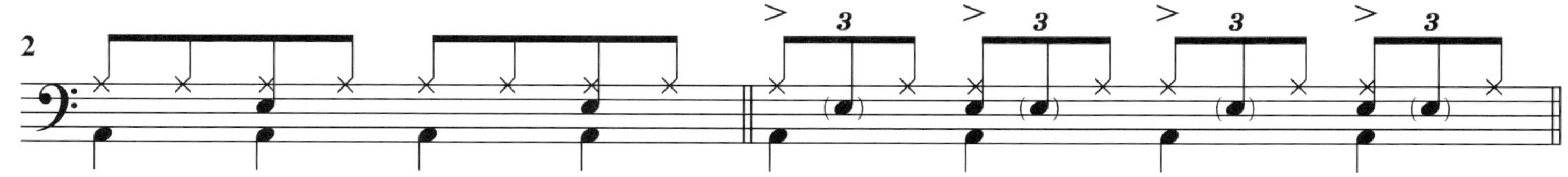

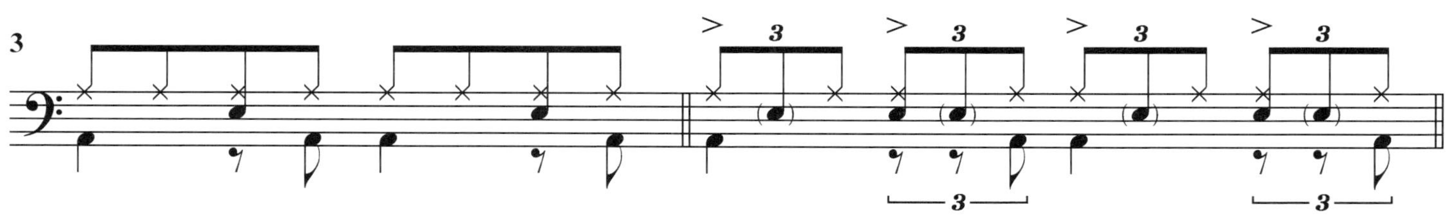

CD19
4X.

16분음표 스트레이트 리듬과 하프타임 셔플 리듬

하프타임 셔플 리듬 바리에이션 1

CD20

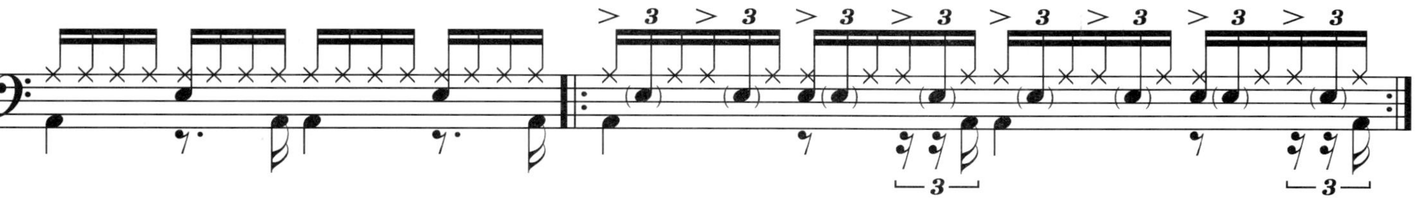

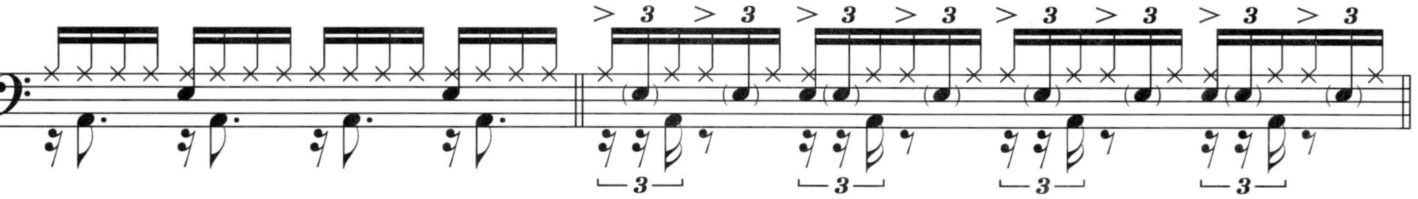

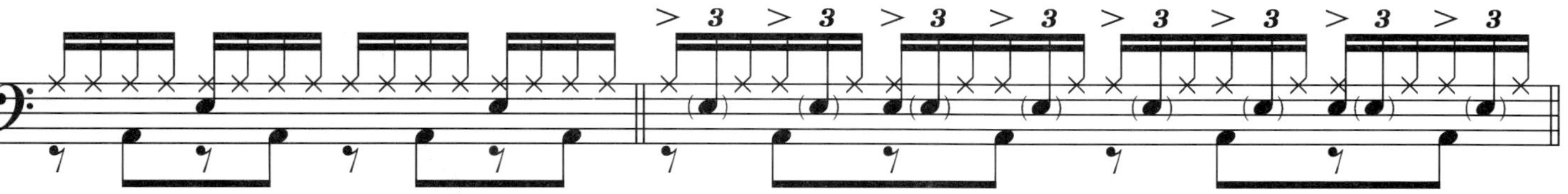

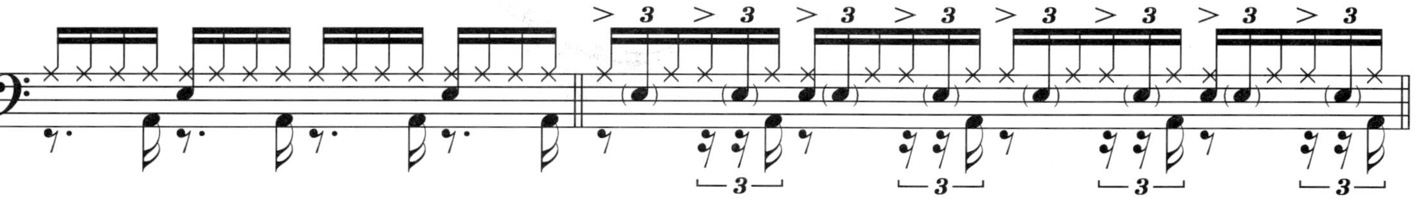

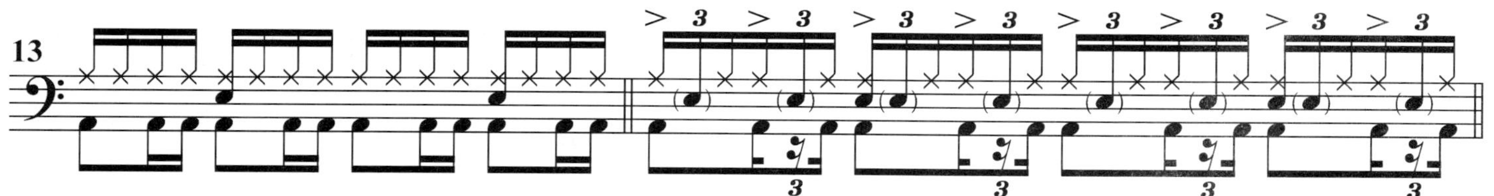

13

하프타임 셔플 리듬 바리에이션 2

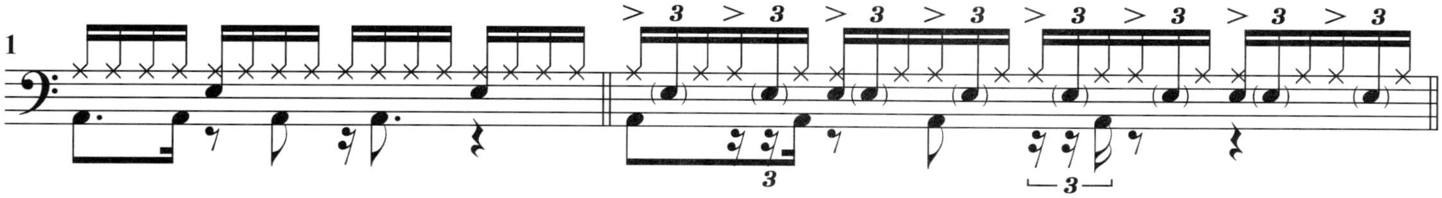

1

CD21

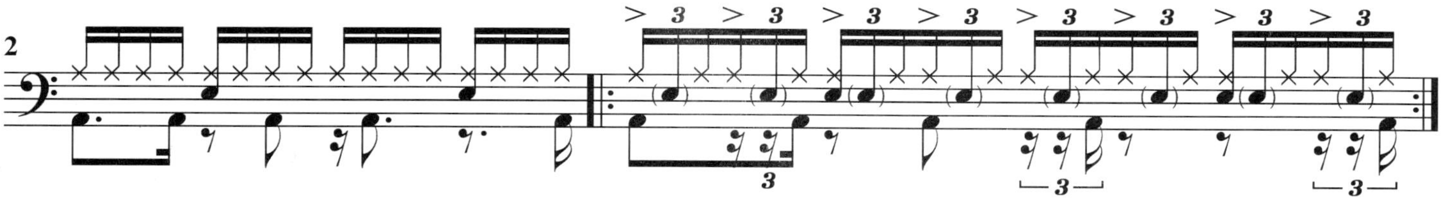

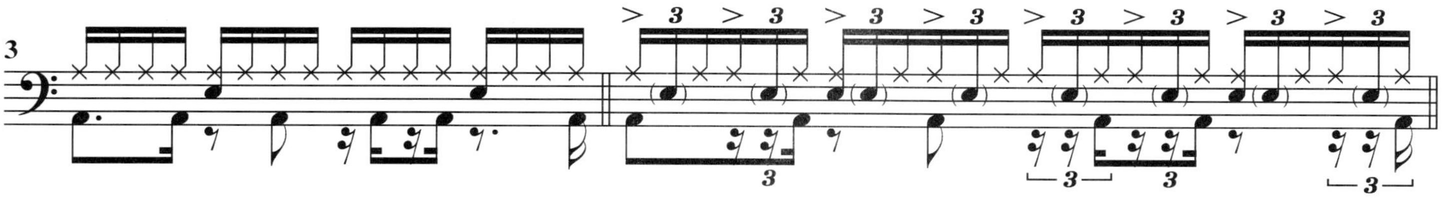

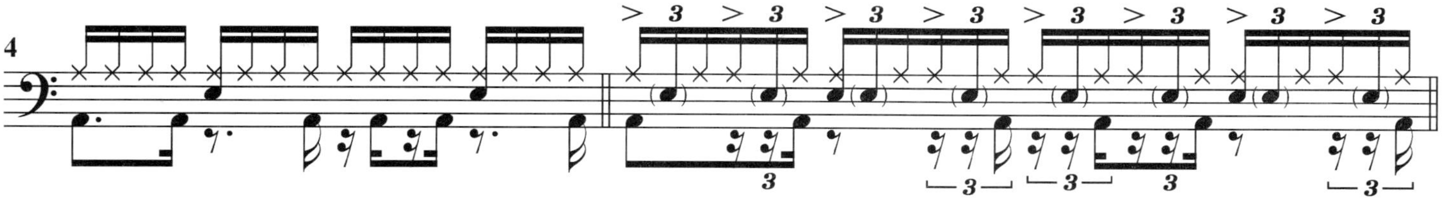

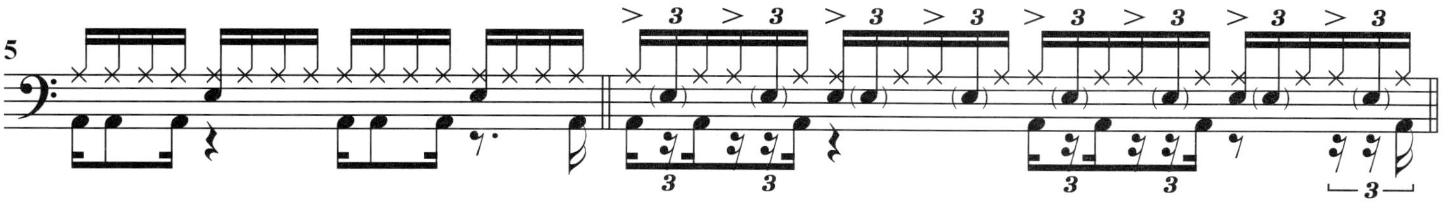

2

3

4

5

(0:21)

6

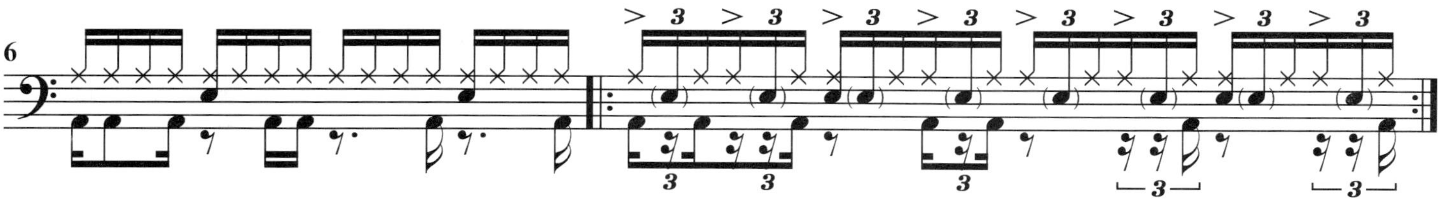

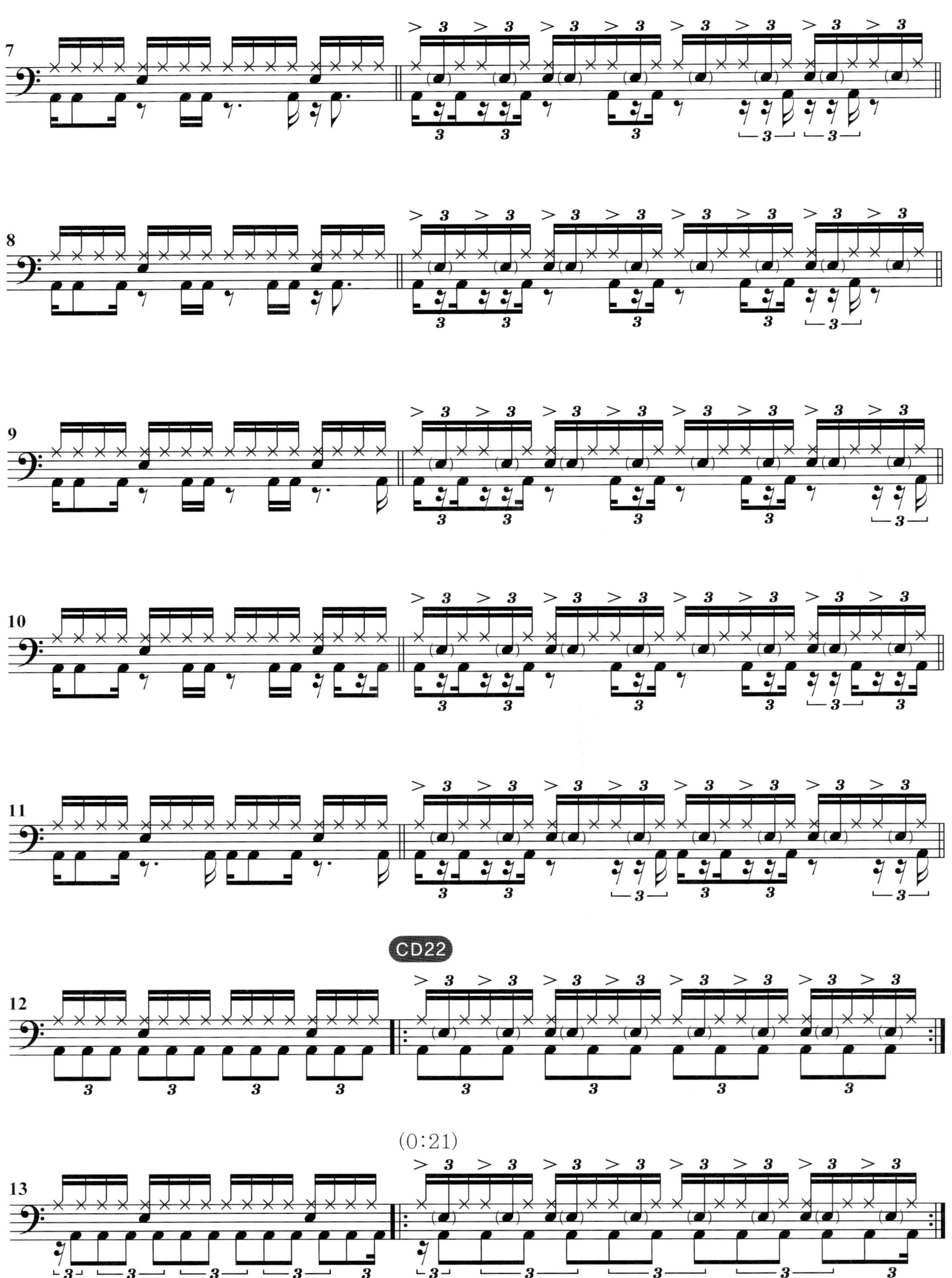
CD22
(0:21)
72

바리에이션

CD26
R L R L
R L L R L L

셔플 바리에이션

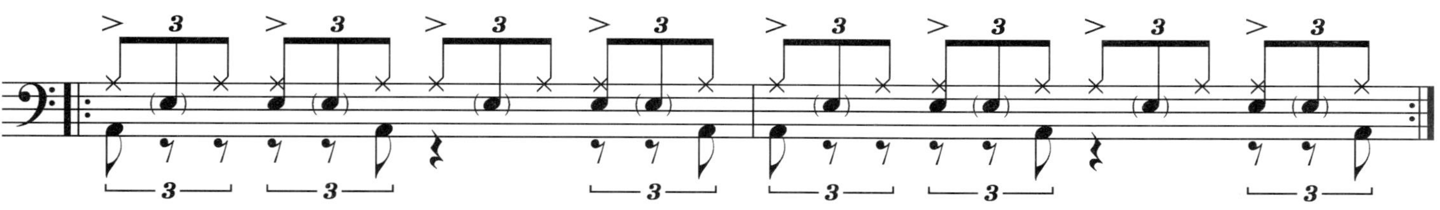

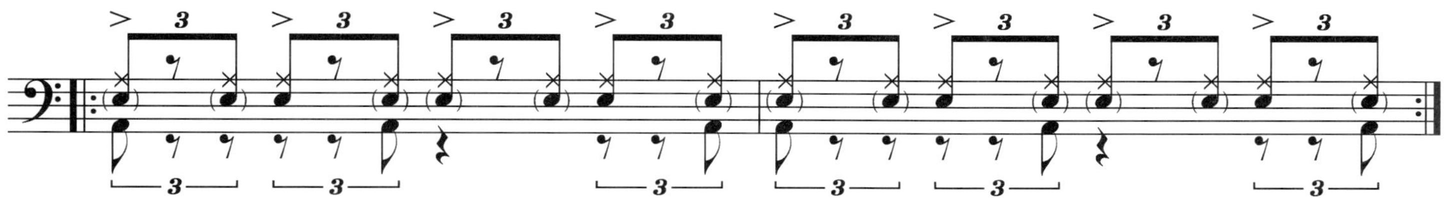

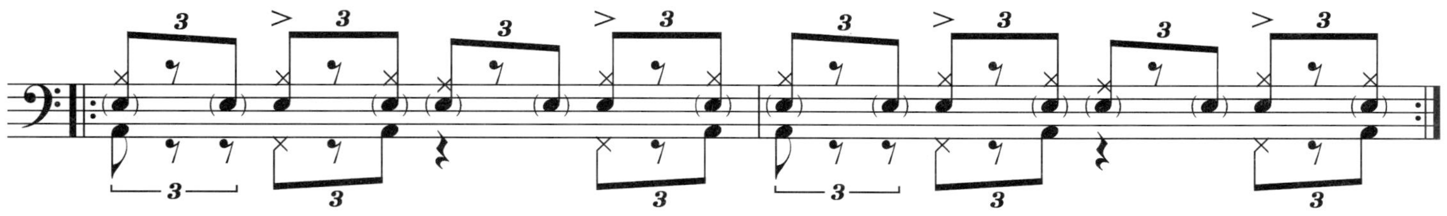

패턴 1 연습

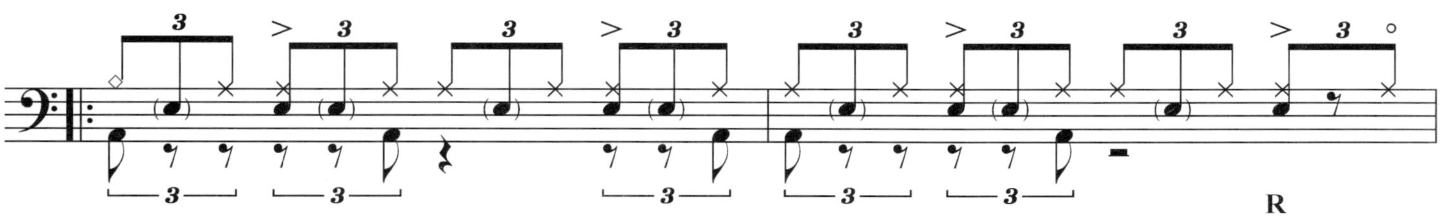

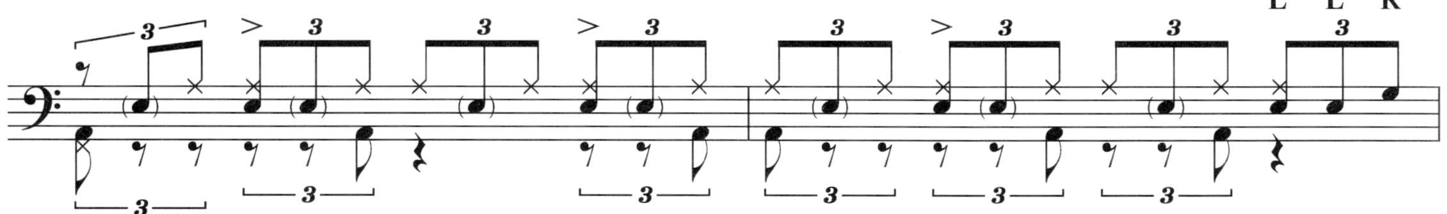

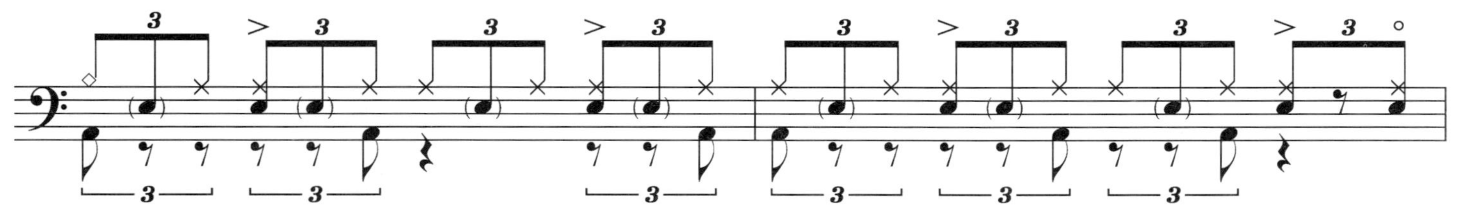

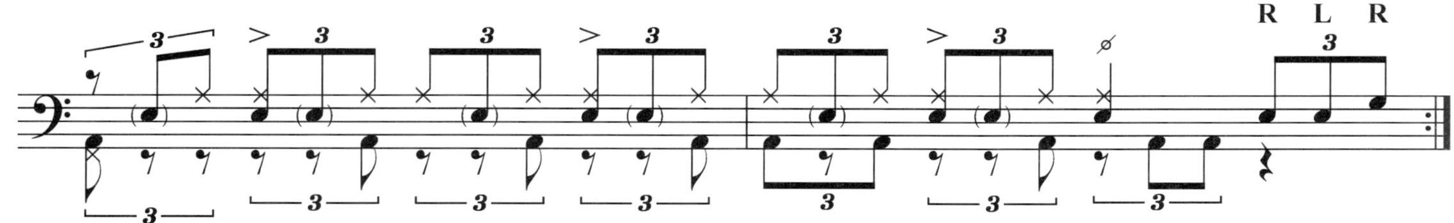

패턴 2 연습

패턴 3 연습

베이직 리듬

CD31

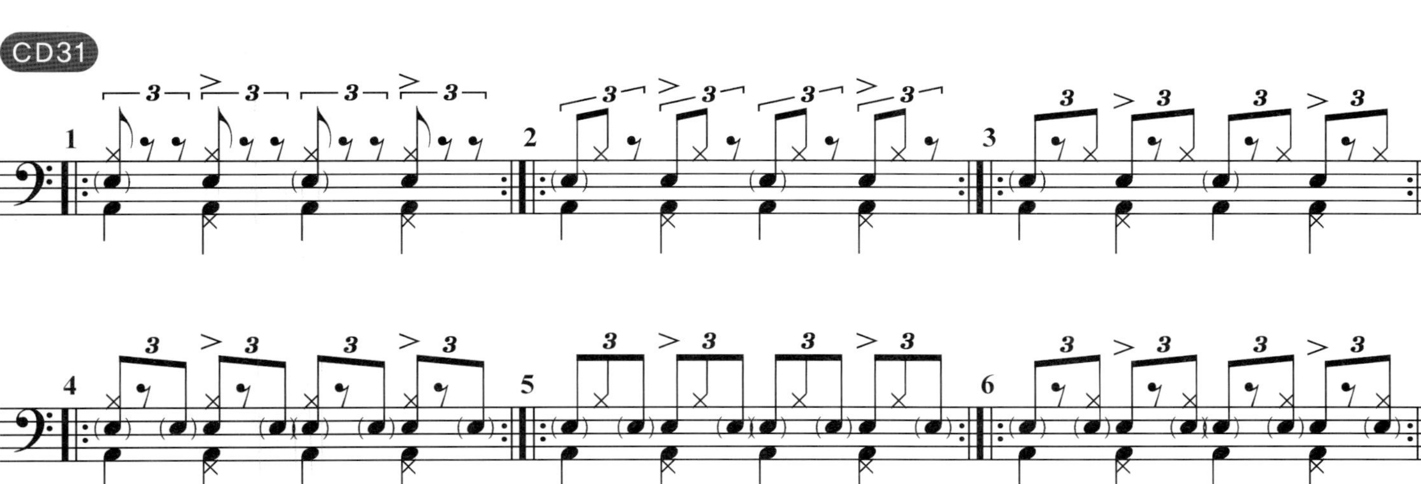

바리에이션

패턴 1　CD32

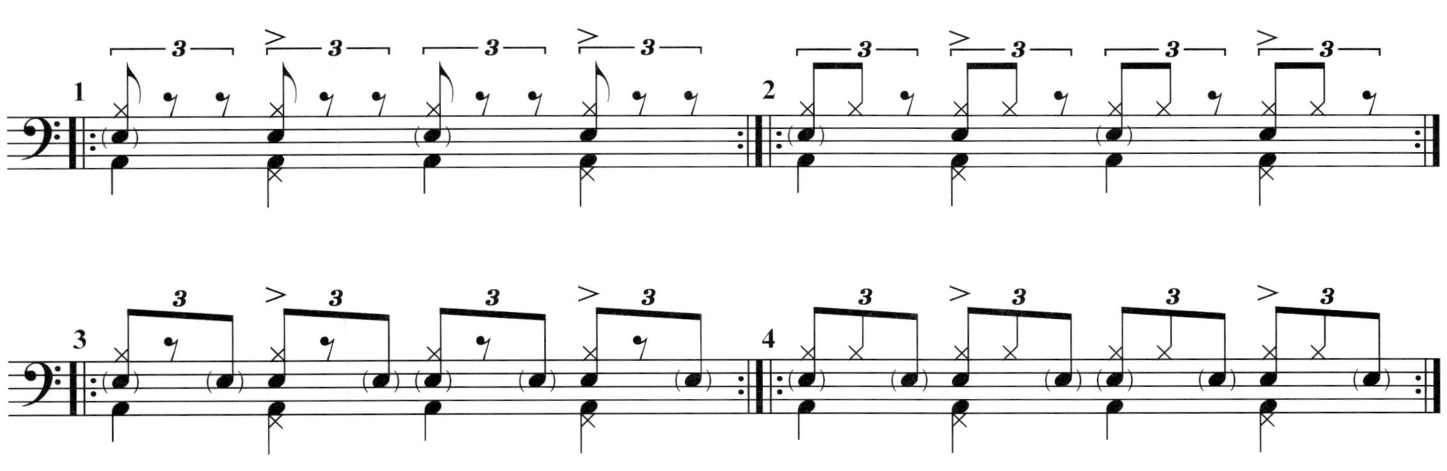

패턴 2　CD33

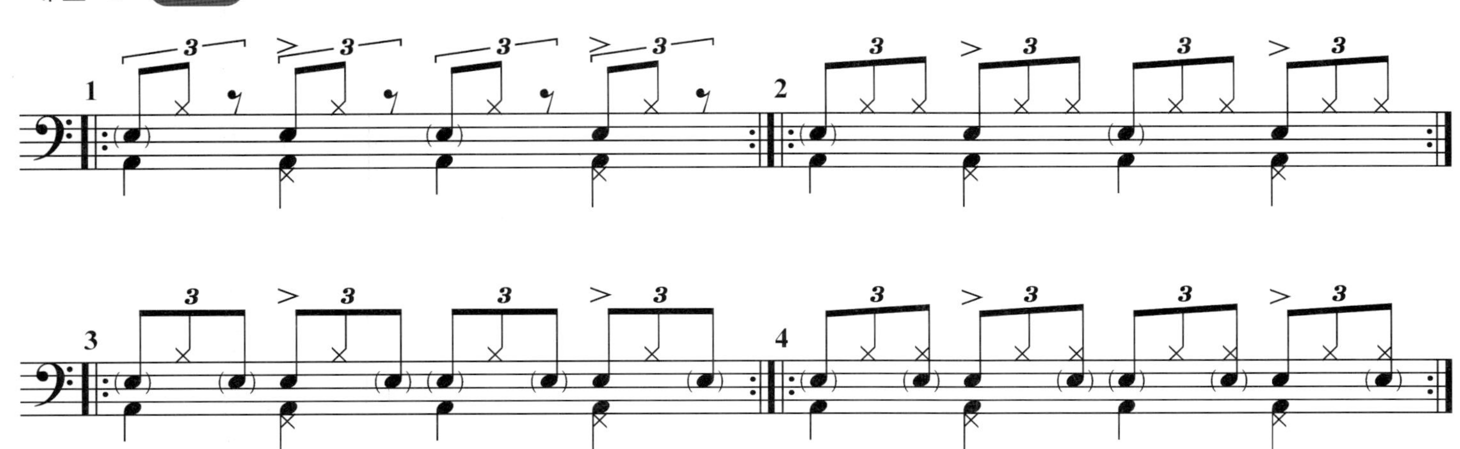

패턴 3 CD34

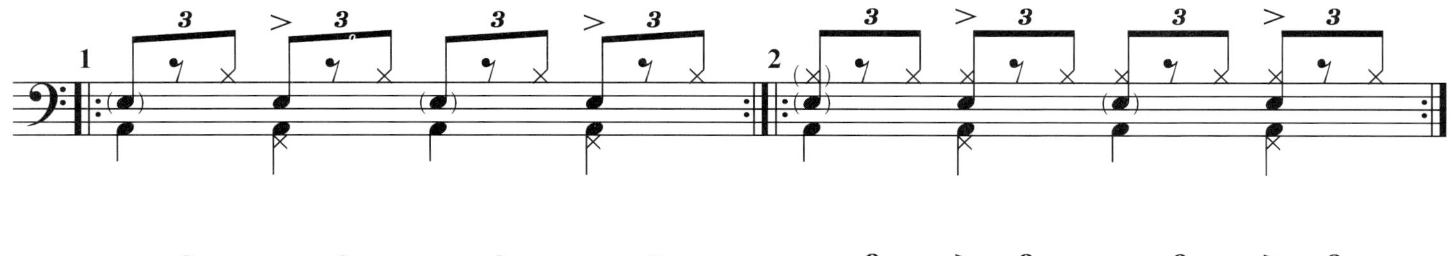

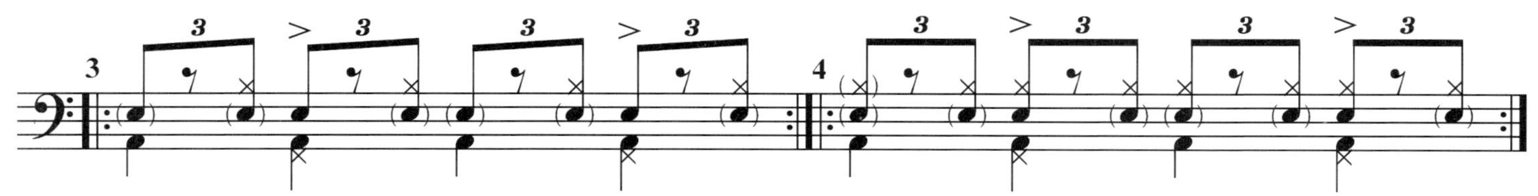

패턴 4 CD35

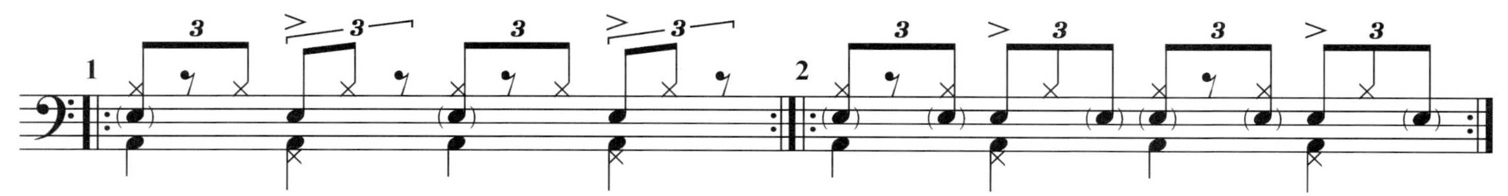

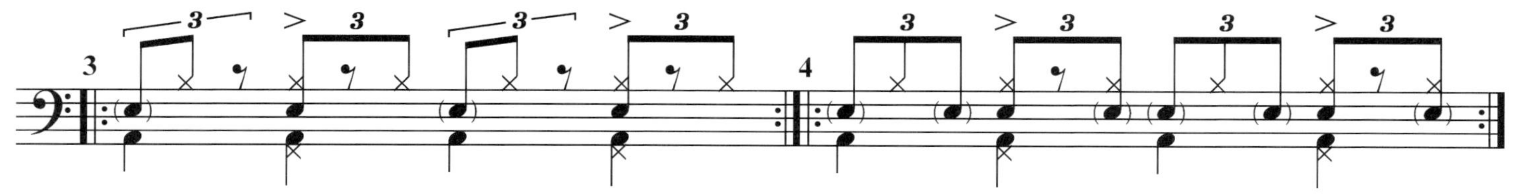

패턴 5 CD36

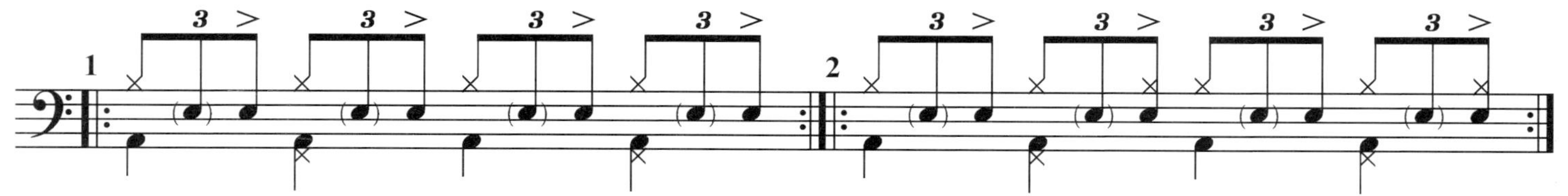

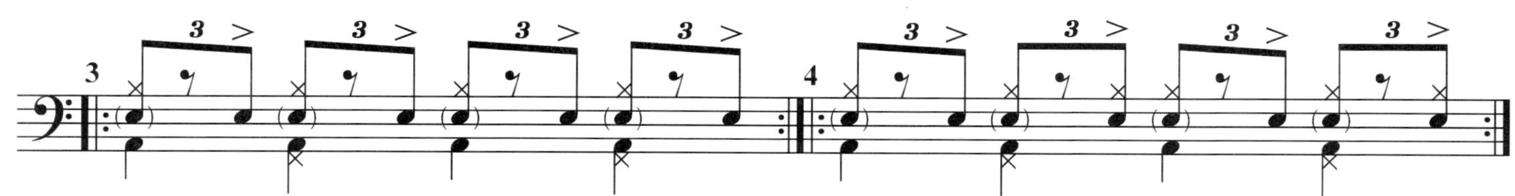

스틱 컨트롤

베이직 리듬

베이직 리듬(1~4)의 16분음표 악센트를 16분음표 트리플 리듬(1'~4')으로 적용하는 내용입니다.
손 모양은 베이직 (1~4. 1'~4")를 참고합니다.

패턴 1

패턴 2

패턴 3

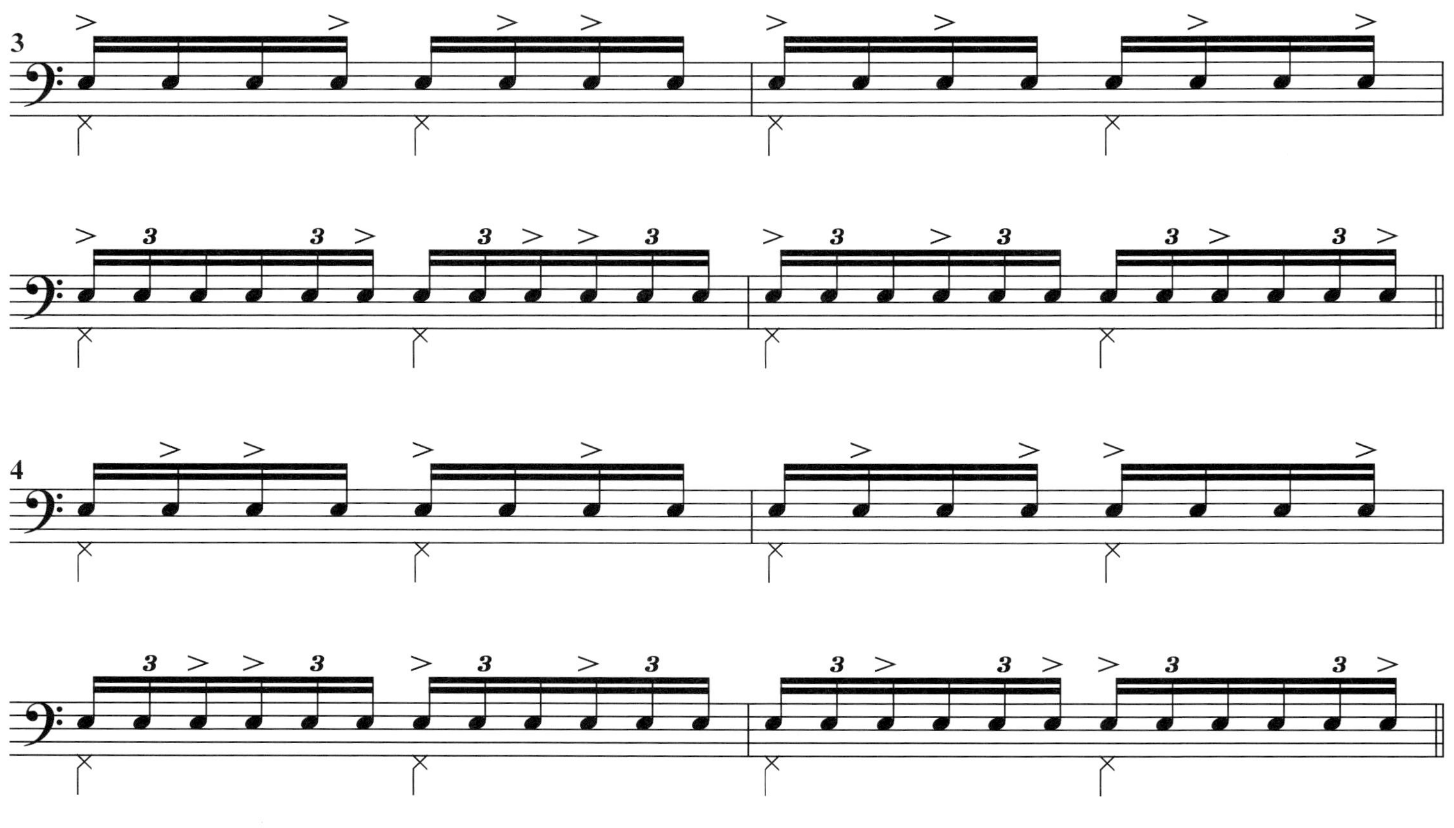

패턴 4

패턴 4(바리에이션)

패턴 4의 악센트 리듬만 가지고 16분음표 트리플 악센트로 표현할 수 있습니다.

루디멘트 아이디어 1

패턴 1

LR L R L L LR L R R L LR L L R L LR RL R L R RRL R L L RRL R R L RRL
1
2
R L RRL L RRL R RRL R LRL R L R L R LLR R LLR L LLR L RLR L R L
3
4

패턴 2

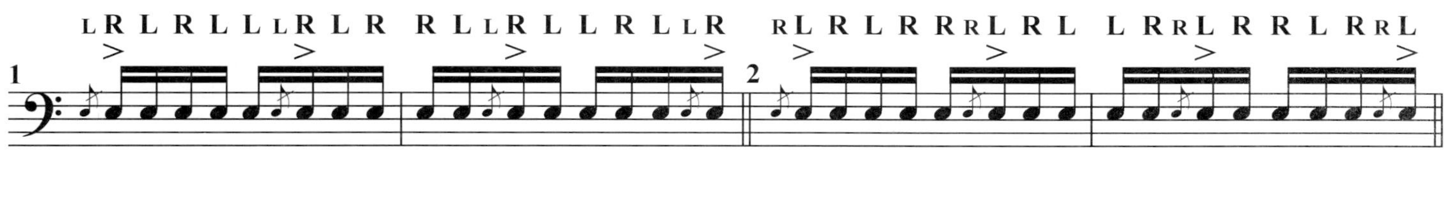

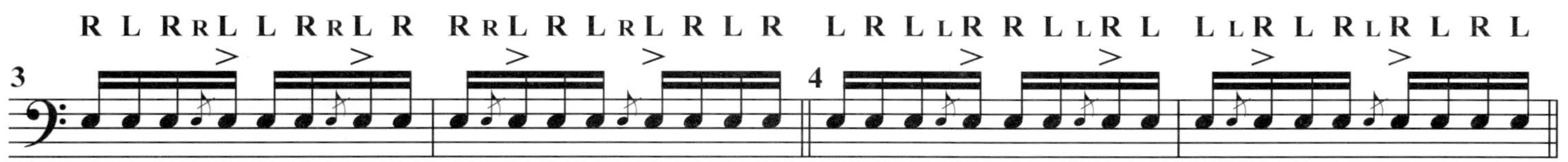

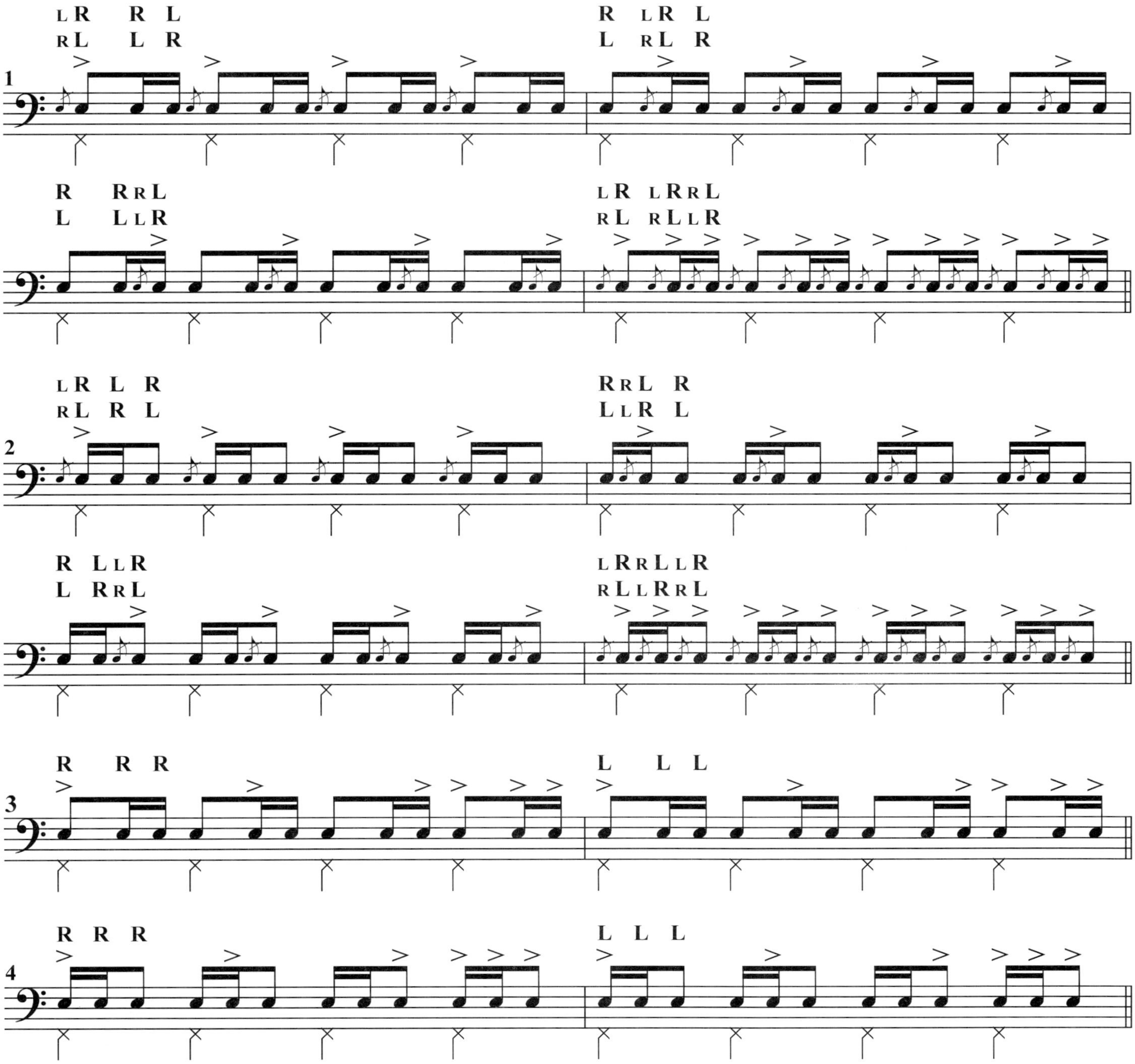
LR R L
RL L R
R LR L
L RL R
1
R RRL
L LLR
LR LRRL
RL RLLR
LR L R
RL R L
RRL R
LLR L
2
R LLR
L RRL
LRRLLR
RLLRRL
R R R
L L L
3
R R R
L L L
4

루디멘트

연습 1

연습 3

루디멘트 아이디어 2

드럼 세트에 적용하면 다양한 형태의 패턴들을 만들 수 있습니다.

8
9
10
11
12
13
더블 스트로크 롤로 연주합니다(반복시 왼손부터).
1X)
14
2X)

박자 변화(변박자)의 이해

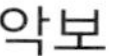 박자

2분음표가 한 박인 박자표입니다. 실제 연주는 $\frac{2}{4}$ 박자를 연주하는 것과 같습니다.

악보

쉼표가 있는 경우

악보

온쉼표는 4박을 쉬는 쉼표이지만 박자표와 관계없이 한 마디 전체를 쉴 때도 사용합니다.

8분음표가 기준

$\frac{12}{8}$, $\frac{9}{8}$, $\frac{7}{8}$, $\frac{6}{8}$, $\frac{3}{8}$인 경우 8분음표가 기준이 되어 한 마디에 나오는 박자만큼 연주하면 됩니다.
$\frac{4}{4}$박자(4분음표가 기준이 되는 박자)에서 $\frac{12}{8}$, $\frac{9}{8}$, $\frac{7}{8}$, $\frac{6}{8}$, $\frac{3}{8}$박자로 연결되는 내용을 예를 들어
보겠습니다(8분음표를 기준으로 보면 됩니다).

※$\frac{7}{8}$박자와 $\frac{5}{8}$박자에서는 두 가지 방법으로 카운트를 할 수 있습니다.

※박자 변화 표기법
   1박의 경우 → (♩=♩) (♩.=♩) (♩=♩)
   반 박의 경우 → (♪=♪)

3잇단음표와 8분음표가 기준이 되는 박자의 이해

3잇단음표는 한 박을 기준으로 음표 위에 3 또는 6이라고 표시를 합니다.

8분음표가 기준이거나 반 박인 박자표들은 3잇단음표처럼 3 또는 6이라는 숫자를 넣지 않습니다.

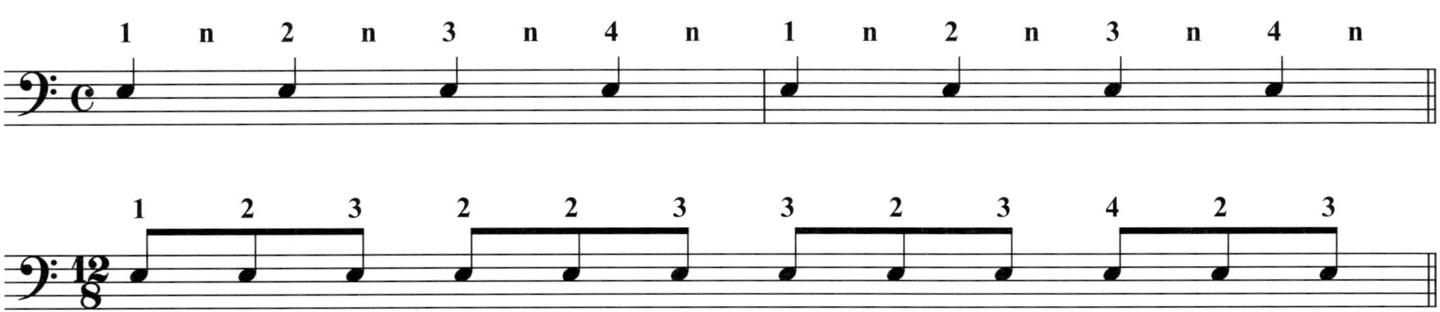

$\frac{2}{2}$박자를 $\frac{2}{4}$박자로 연주하듯이 ♩.가 1박이 되는 박자들도 $\frac{4}{4}$, $\frac{3}{4}$, $\frac{2}{4}$박자로 연주할 수 있습니다.

박자 변화 기호가 있는 경우 $\frac{12}{8}$박자의 한 박 반 박자는 $\frac{4}{4}$박자의 한 박과 같은 의미로 연주시에는 $\frac{4}{4}$박자의 한 박 3잇단음표처럼 연주가 됩니다.

$\frac{12}{8}$박자의 8분음표를 반 박자로도 연주할 수 있습니다.

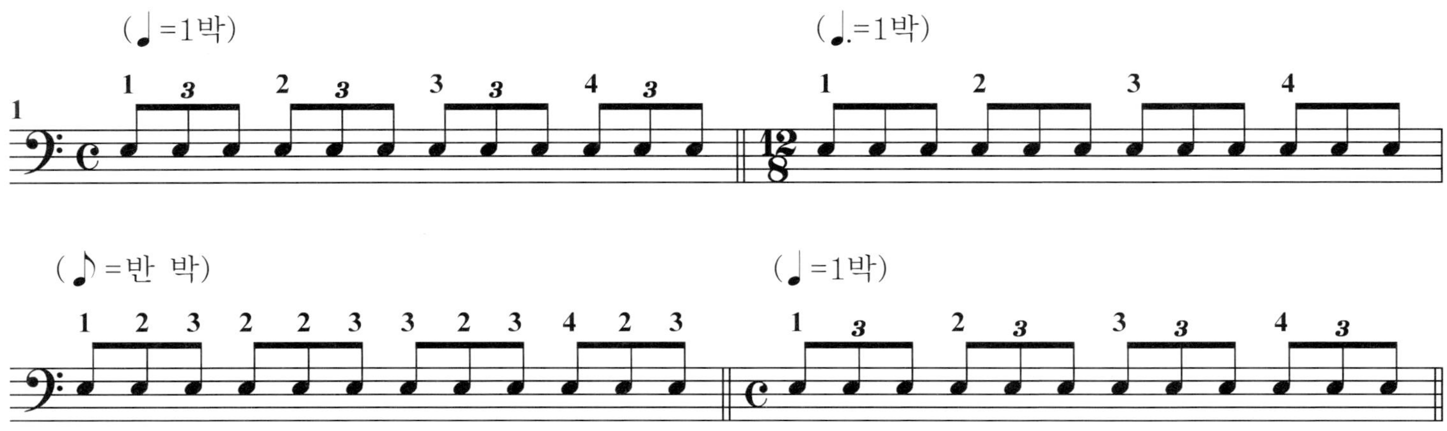

2번과 3번도 1번의 내용과 같습니다.

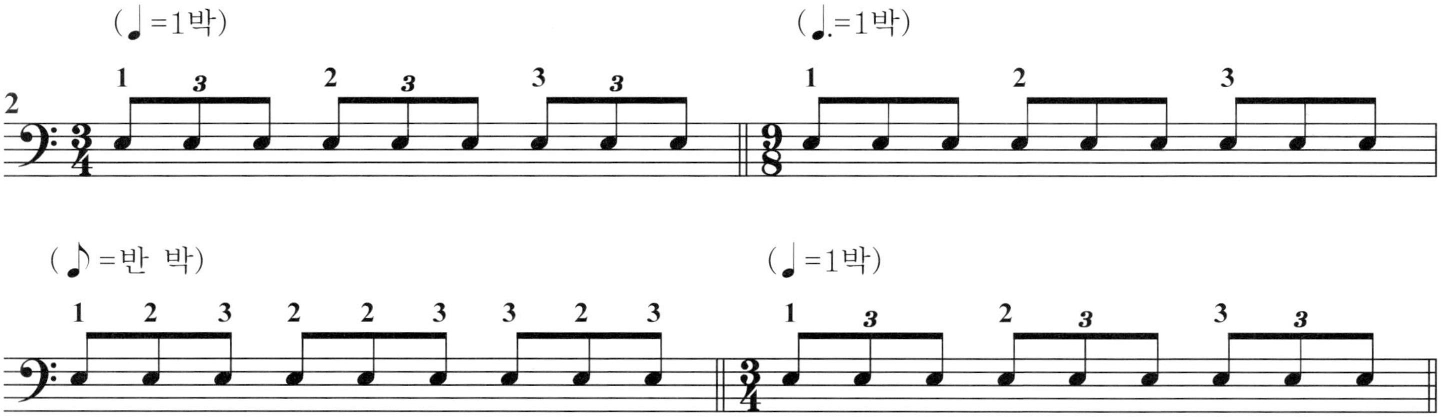

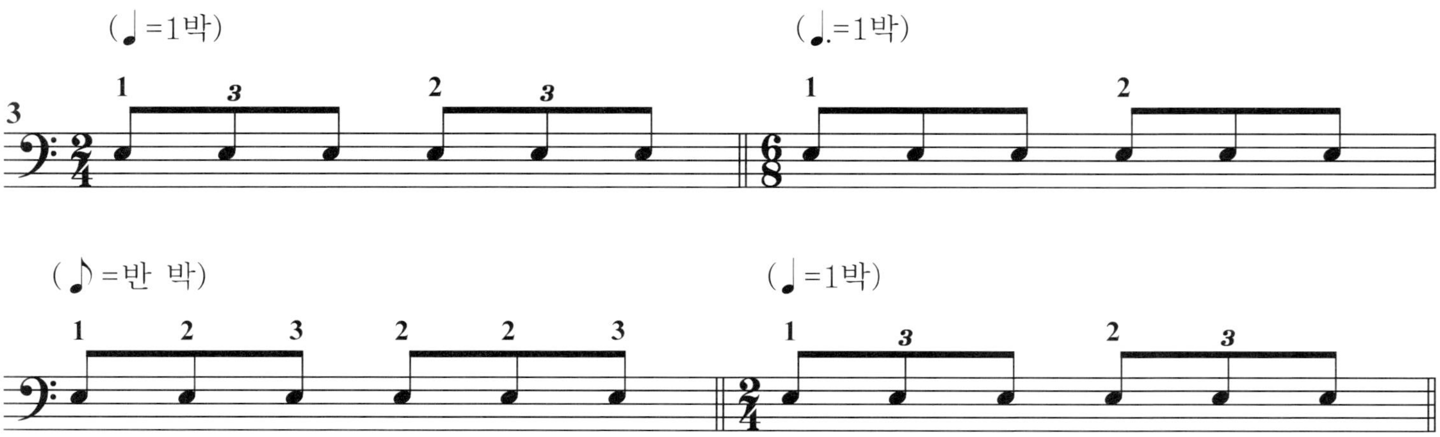

4분음표가 기준

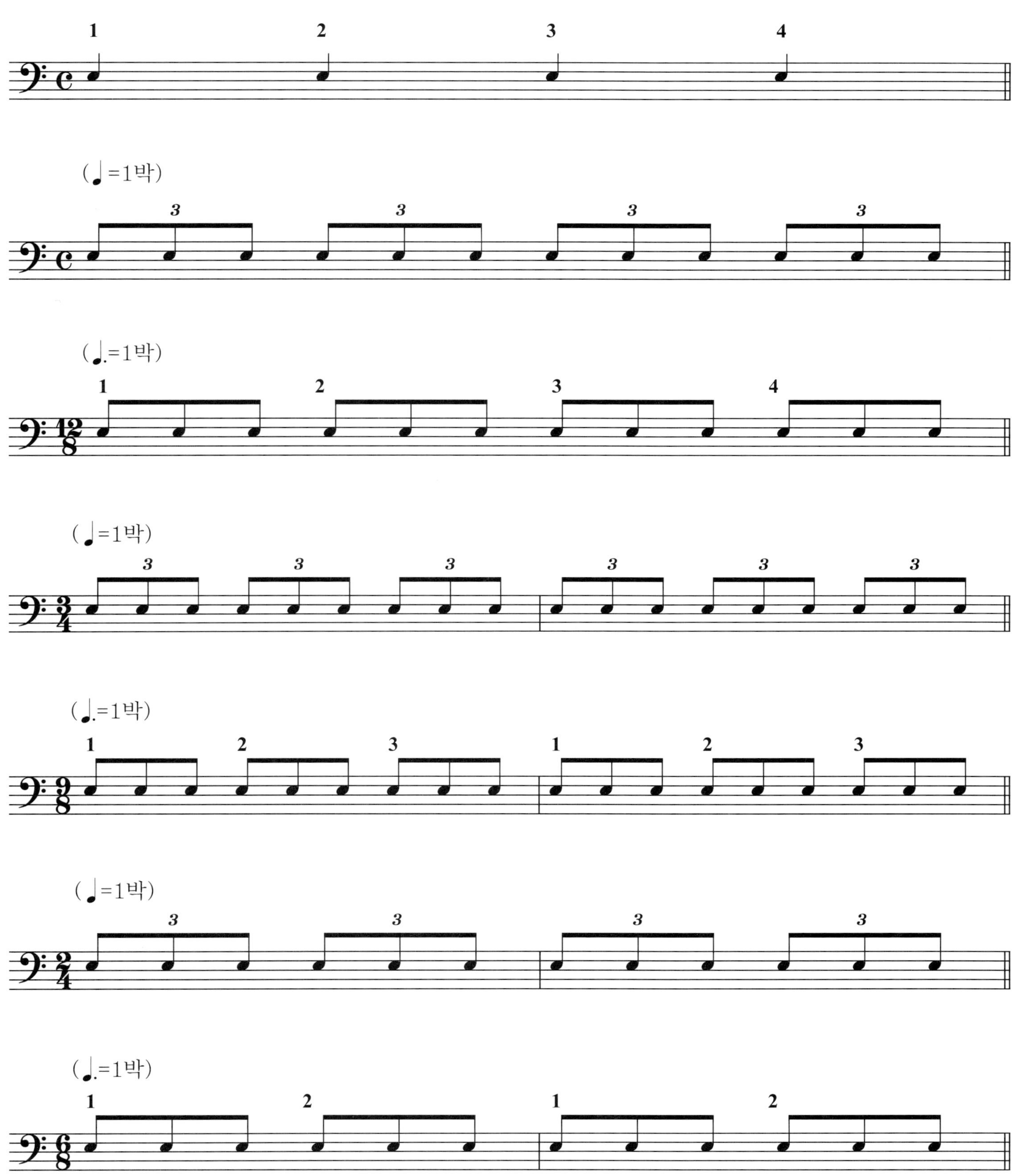

※한 박을 기준으로 모두 3잇단음표로 연주됩니다.

연습 4

연습 5

연습 6

(♩=1박)
(♪=반 박)
3
3
3
2/4   7/8   3/4   c   2/4   5/8   3/8
(♪=반 박)
(♩=1박)
3
17
(♩=1박)
(♩=1박)
3   3   3   3   3   3
(♪=반 박)
7/8   5/8   3/8

연습 8

(♩=1박)
mf
fp
p
f
p
f
p
pp
(♪=반 박)
p
mf
(♩=1박)
p
f
p
ff
p
f
f
p
pp
p
mp
mf
mp
mf
f
ff
subito p
sfz

듀엣 1(스네어 드럼)
S.Dr. 1
S.Dr. 2

듀엣 2

숫자는 롤 갯수를 말합니다.

듀엣 3

Stick Shot : 왼쪽(왼손) 스틱의 끝(팁) 부분을 헤드면에 대고 오른쪽(오른손) 스틱으로 왼쪽 스틱을
치는 주법입니다.

듀엣 4

R L R L
L L L L
RR LL RR LL RR LL
RR LL RR L L R R L LL
RR LL RR LL RR LL
RR LL RR L L R R L LL

듀엣 5 (스네어 드럼)

※(♪=반 박) – 8분음표 그대로 진행함으로 표시를 안 해도
박자 변화엔 영향을 주지 않습니다.

듀엣 6

(♪ =반 박)
(♩ =1박)
(♪ =반 박)
(♩ =1박)
(♪ =반 박)
(♩ =1박)
(♪ =반 박)

듀엣 7

숫자는 롤 갯수입니다.
(♩=1박)
(♪=반 박)
(♩=1박)

듀엣 8

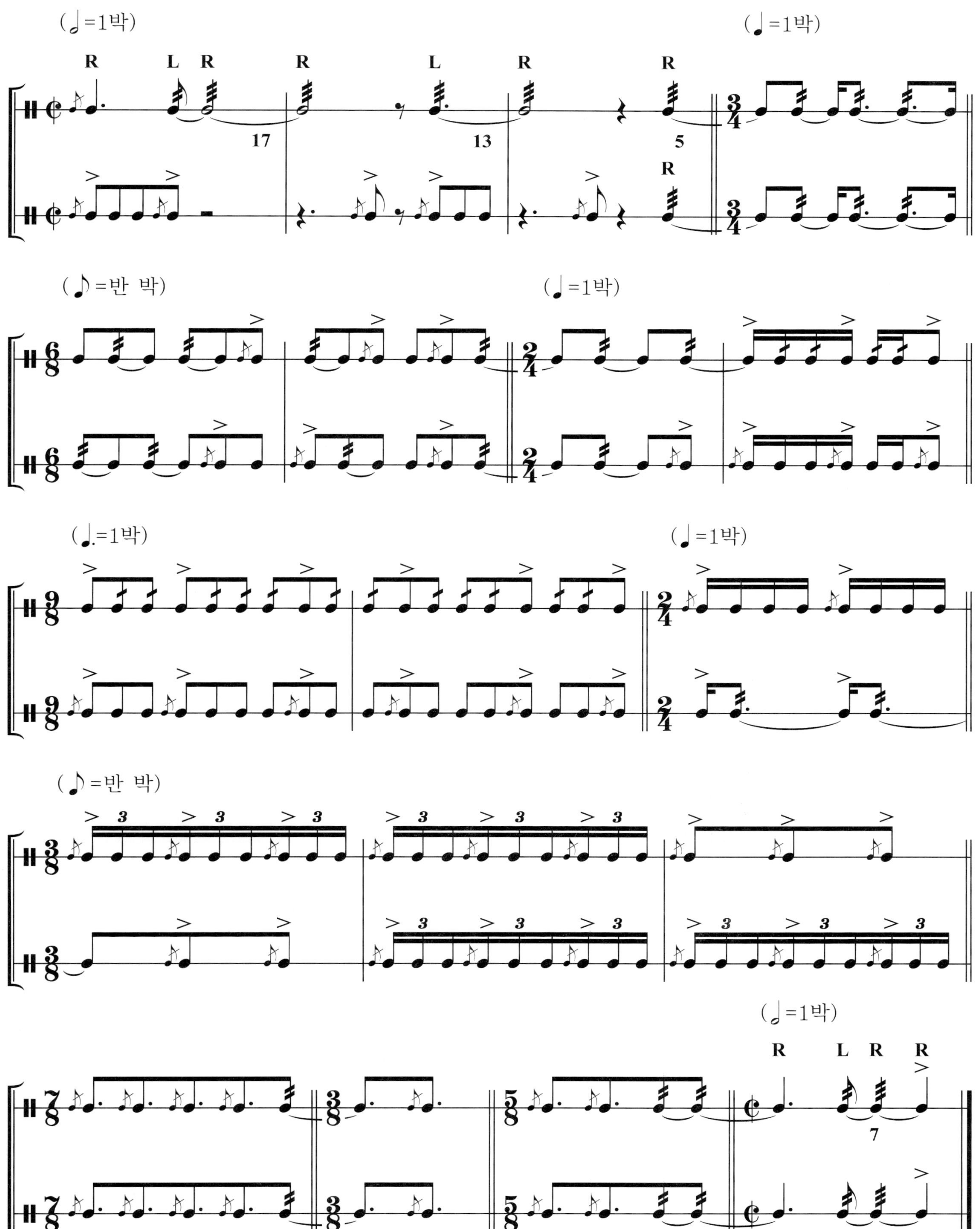

트리플 바리에이션

CD39

LR L R L LR L R L LR L R L

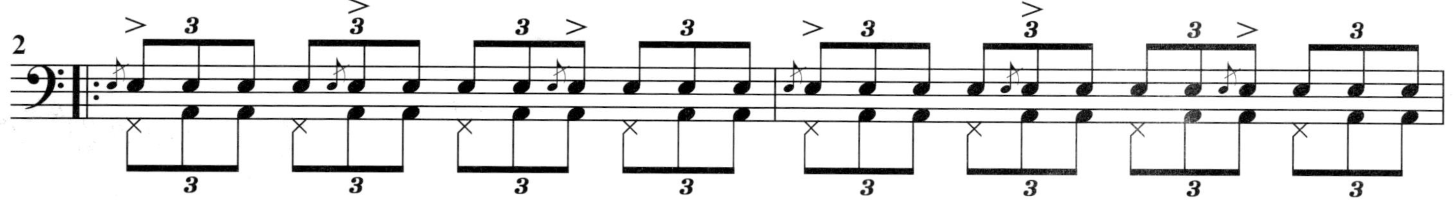

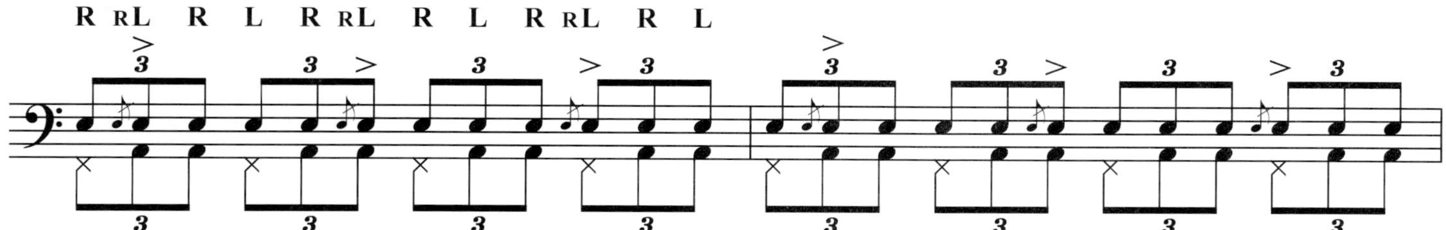
R rL R L R rL R L R rL R L

R L LR L R L LR L R L LR L

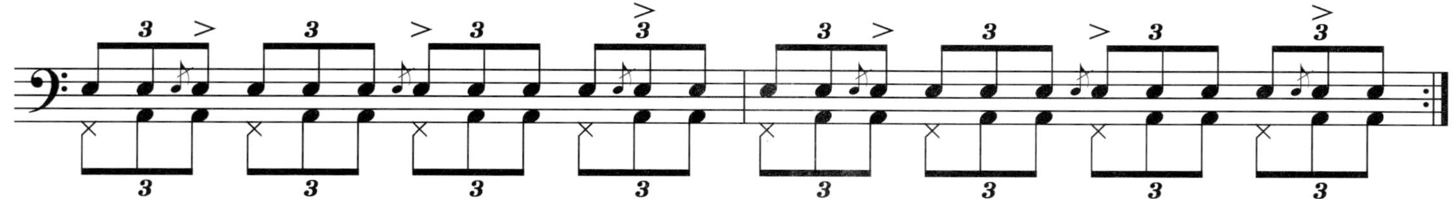

CD40
LR L R L LR L R L LR L R L

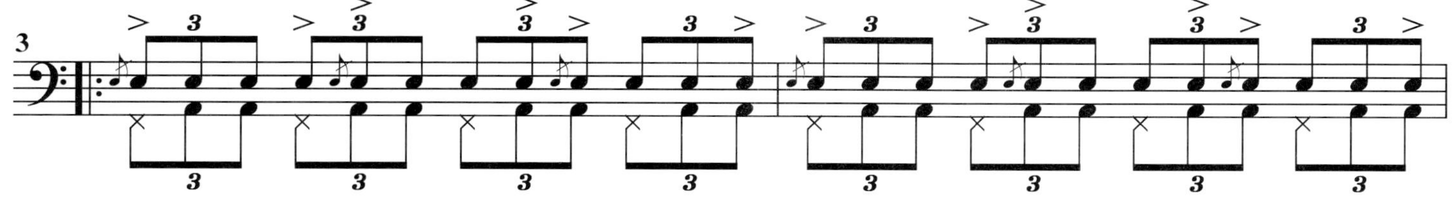

R rL R L R rL R L R rL R L

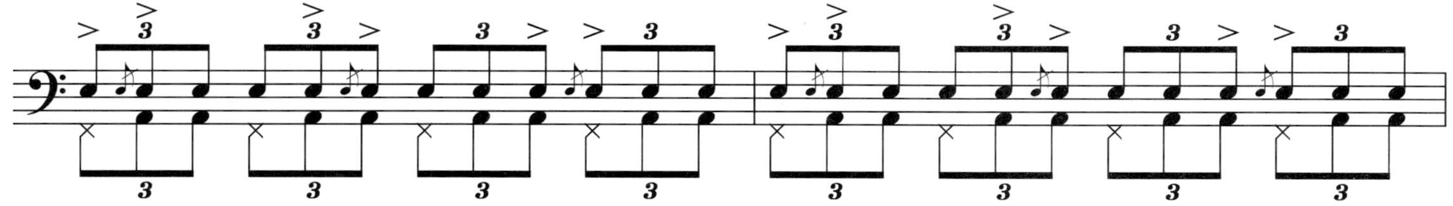

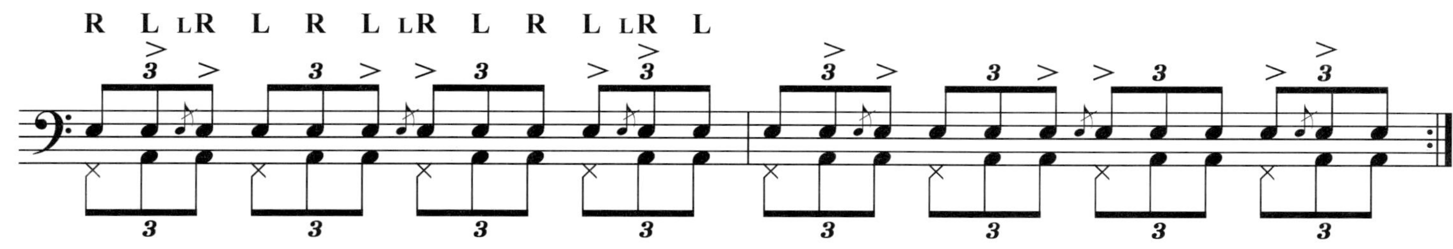
R L LR L R L LR L R L LR L

R LL RR L RR LL R LL RR L RR LL
RR L RR LL R LL RR L RR LL R LL
RR LL R LL RR L RR LL R LL RR L

CD42

R LL RR LL R LL RR LL R LL RR LL

RR L RR LL RR L RR LL RR L RR LL

RR LL R LL RR LL R LL RR LL R LL

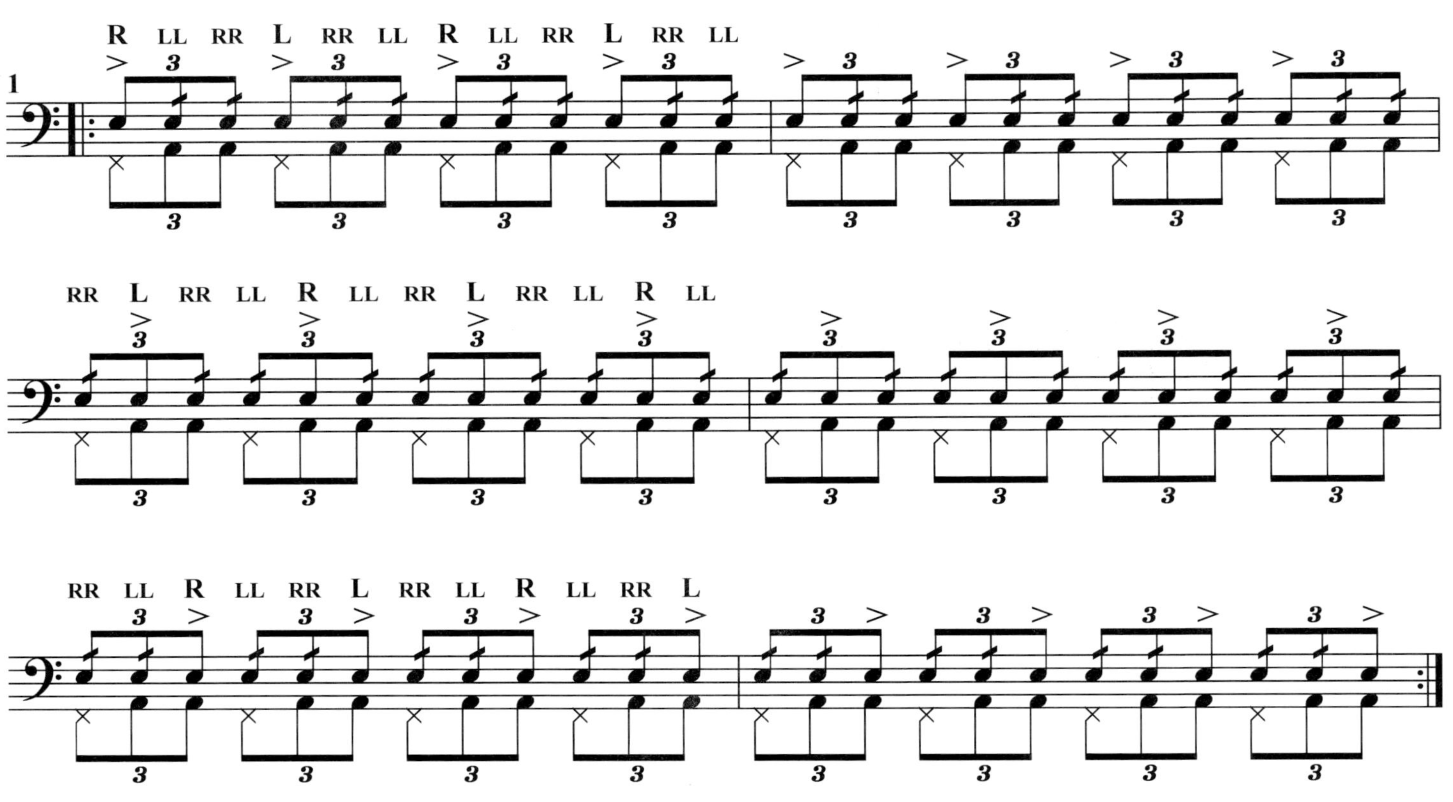

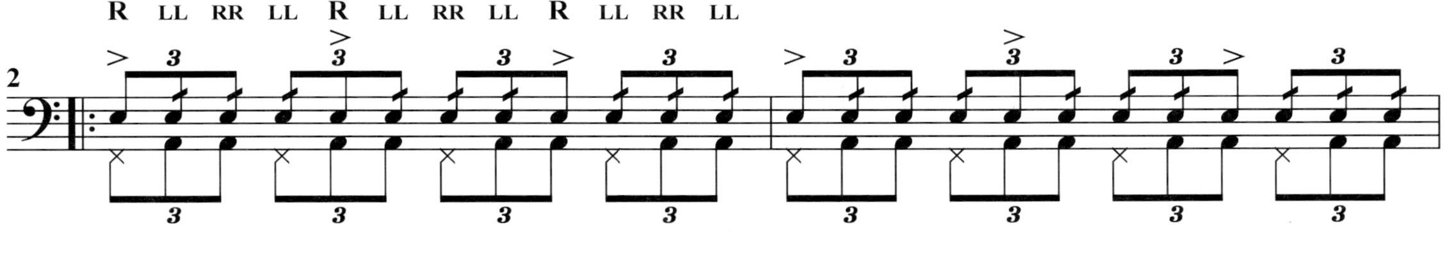

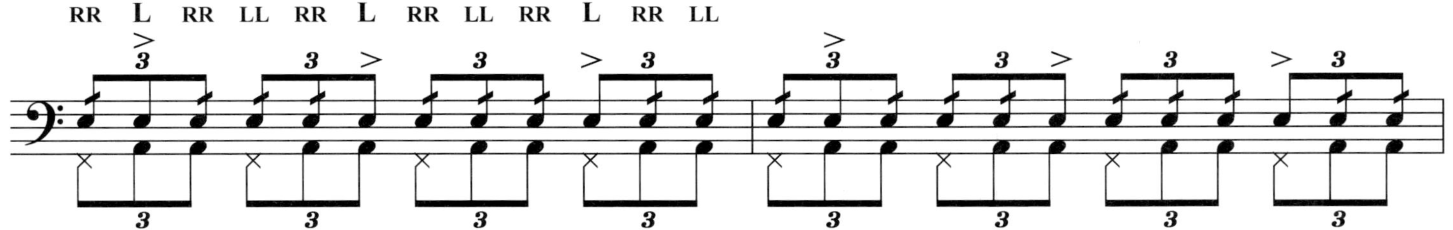

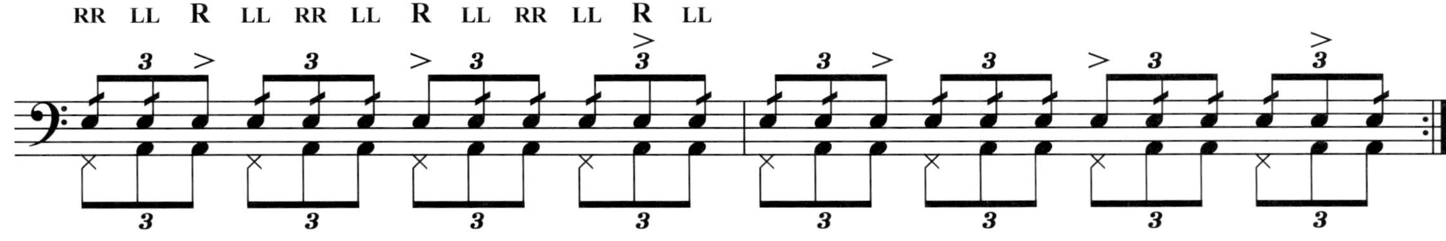

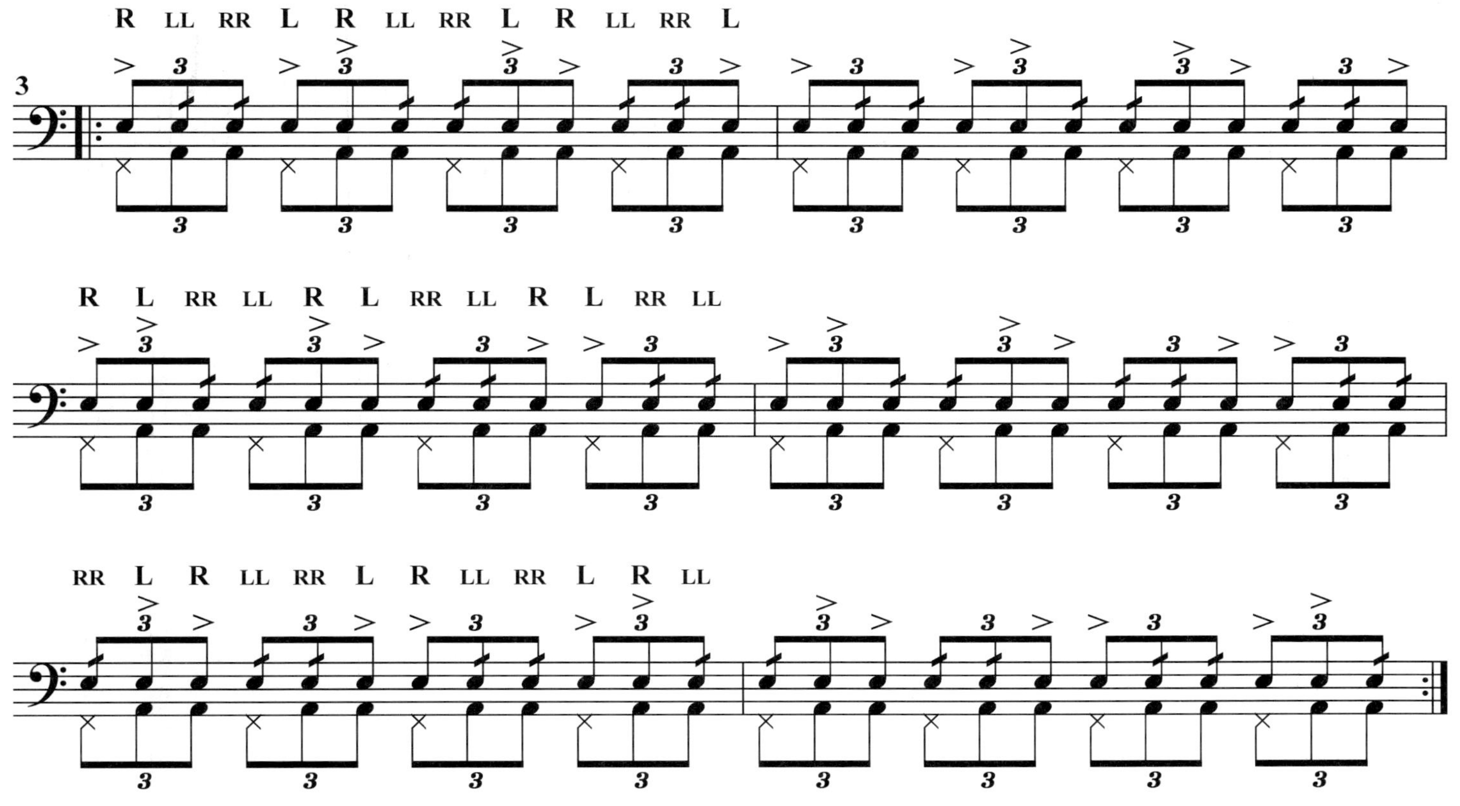

패턴 1, 2 바리에이션

 (패턴 1의 1번, 패턴 2의 1번 손모양을 참고하세요.)

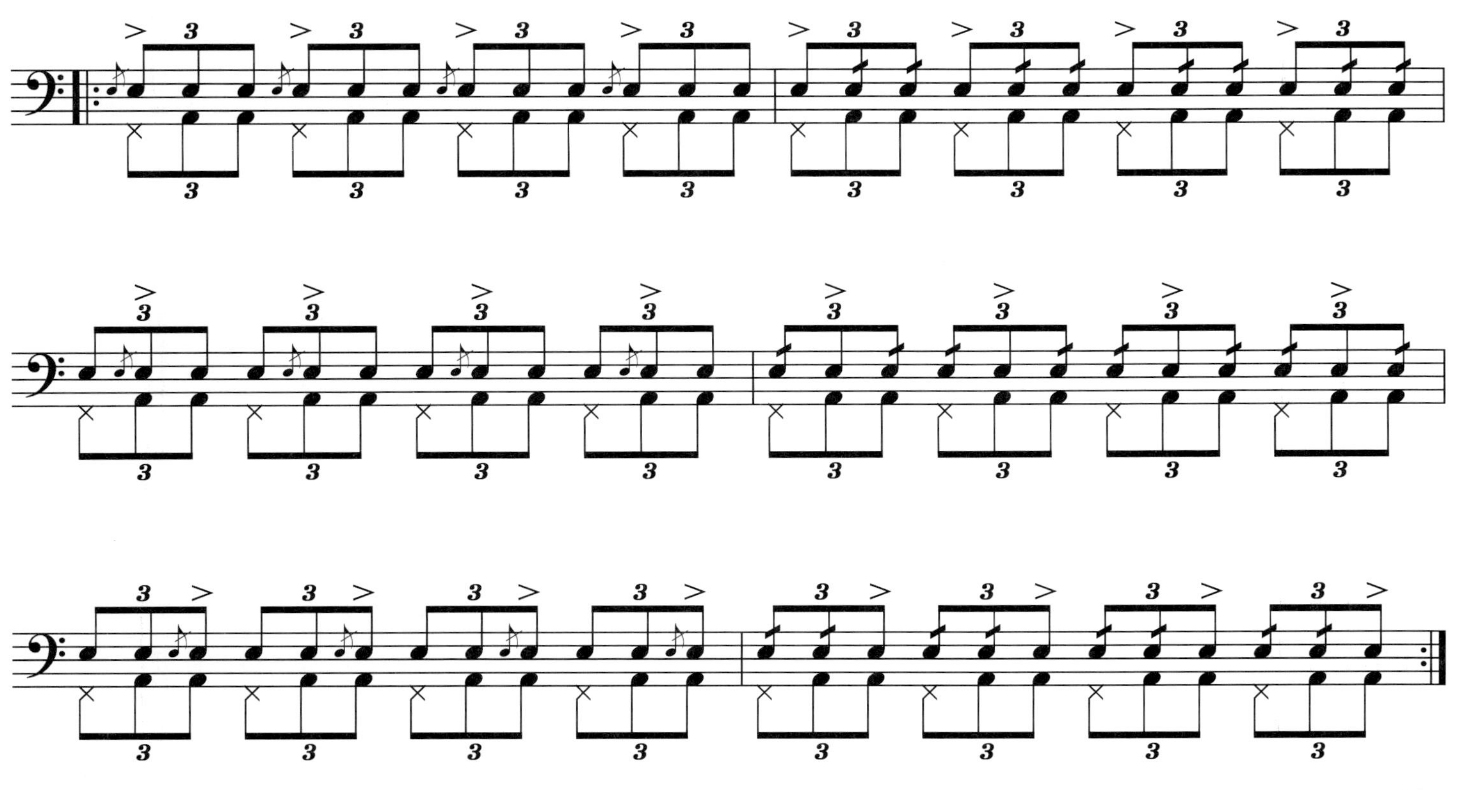

CD45 (패턴 1의 1번 손모양을 참고하세요.)

CD46 (패턴 1의 2번 손모양을 참고하세요.)

CD47 （패턴 1의 3번 손모양을 참고하세요.）

패턴 4

CD48 （패턴 2의 1번 손모양을 참고하세요.）

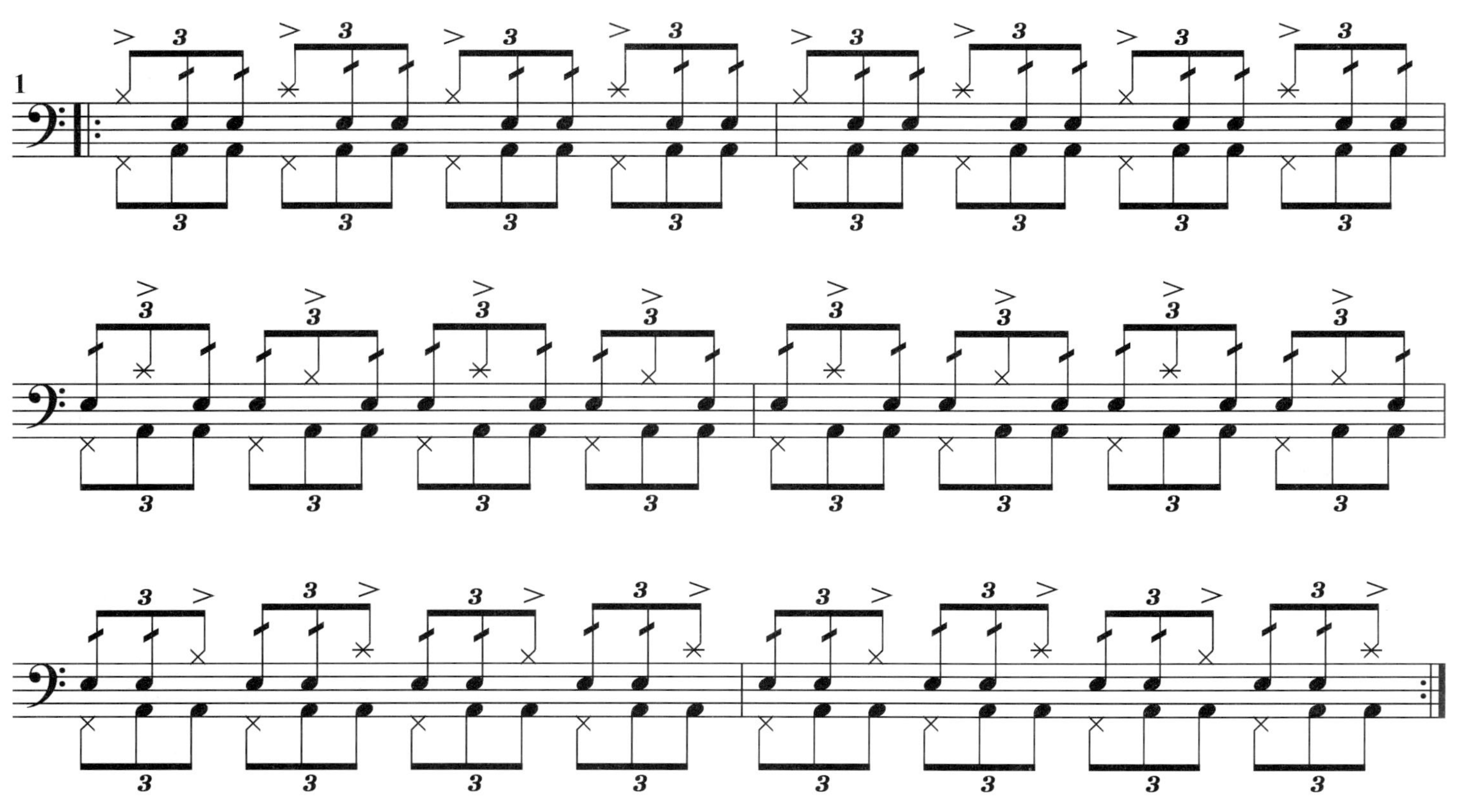

 (패턴 2의 2번 손모양을 참고하세요.)

 (패턴 2의 3번 손모양을 참고하세요.)

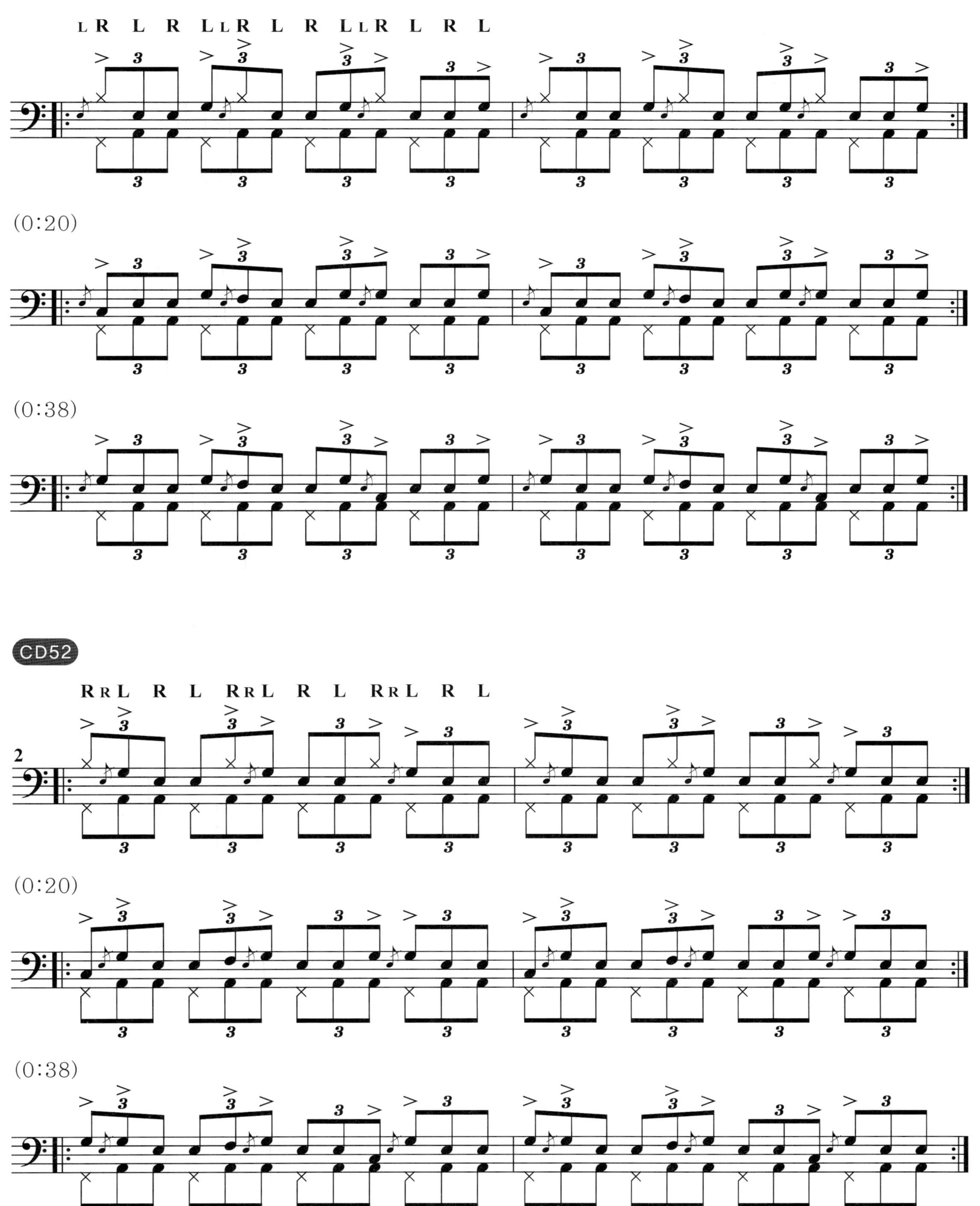
CD51
LR L R LLR L R L LLR L R L
(0:20)
(0:38)
CD52
RRL R L RRL R L RRL R L
2
(0:20)
(0:38)

셔플 바리에이션

셔플 바리에이션을 연습할 때 앞에서 배운 셔플,
하프타임 셔플, 셔플 팁(손모양)을 참고하세요.

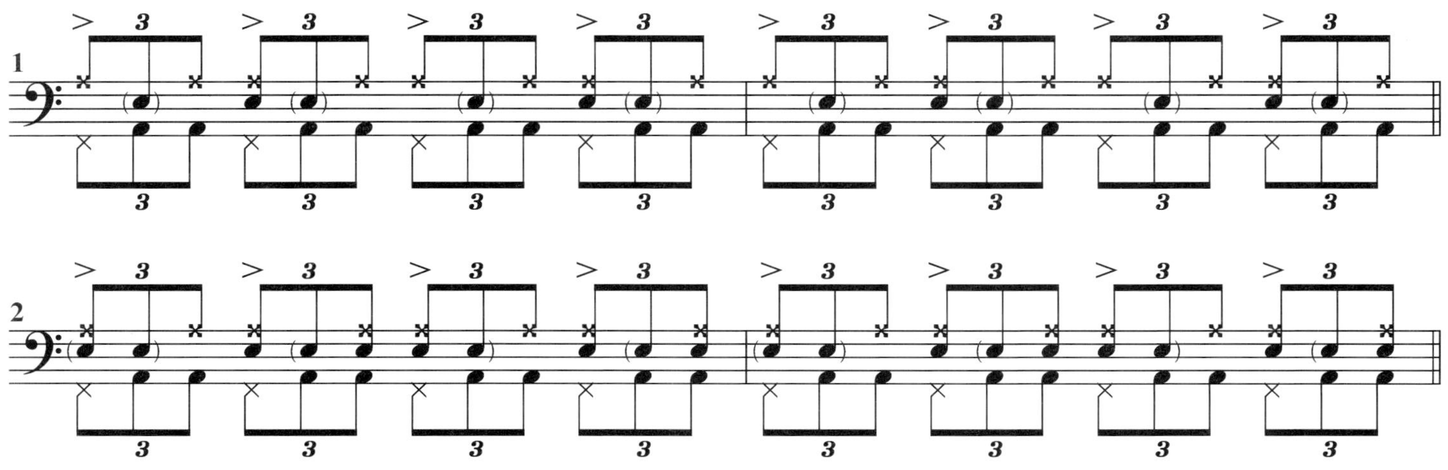

셔플 바리에이션 1 (스윙 필)

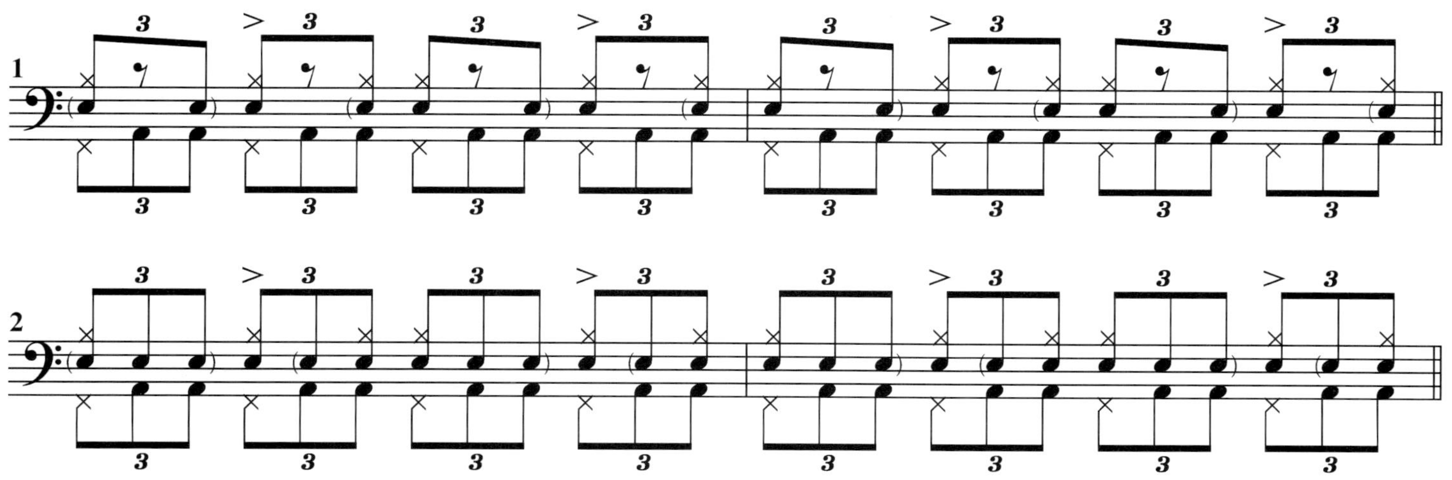

셔플 바리에이션 2

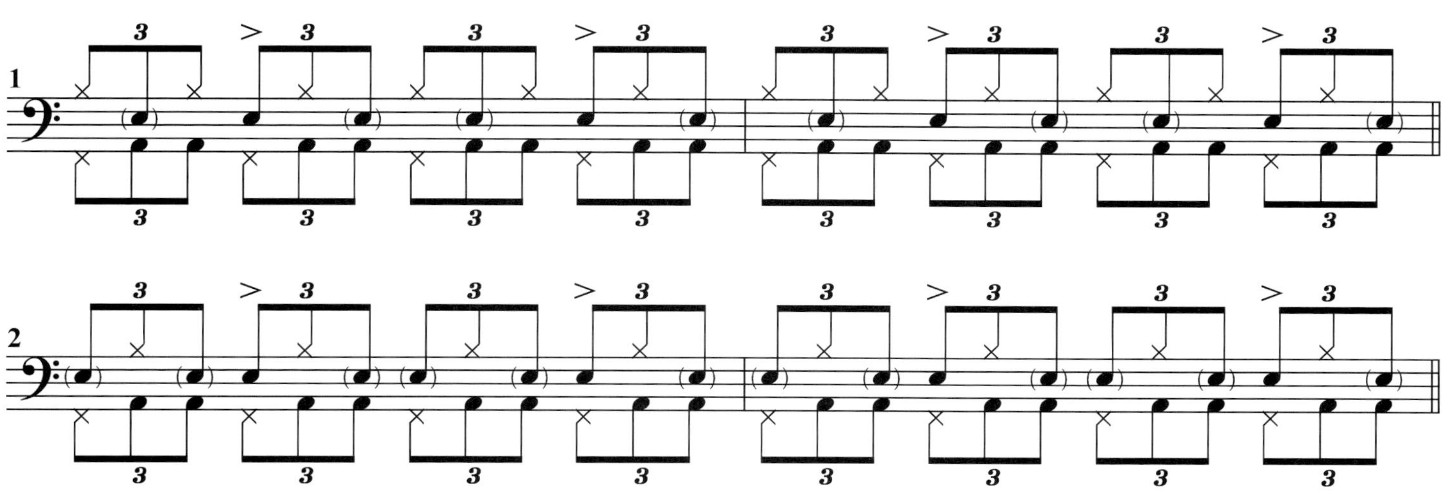

하프타임 셔플 바리에이션

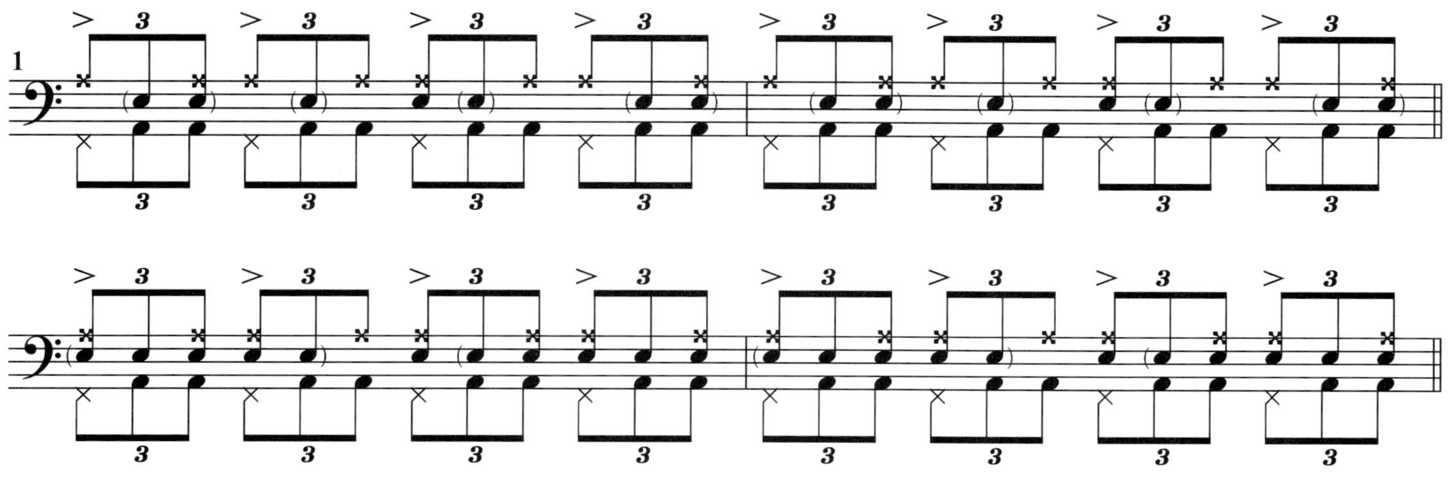

폴리 1

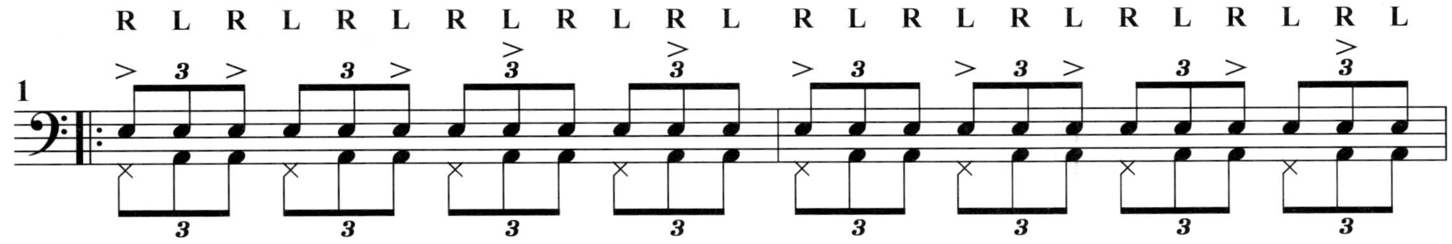

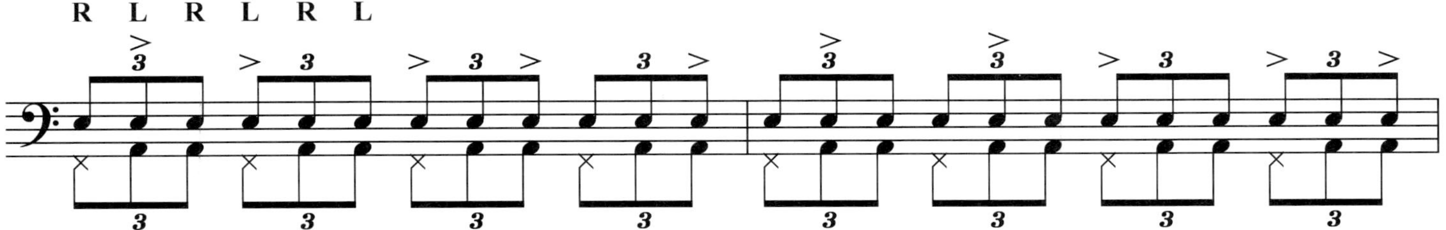

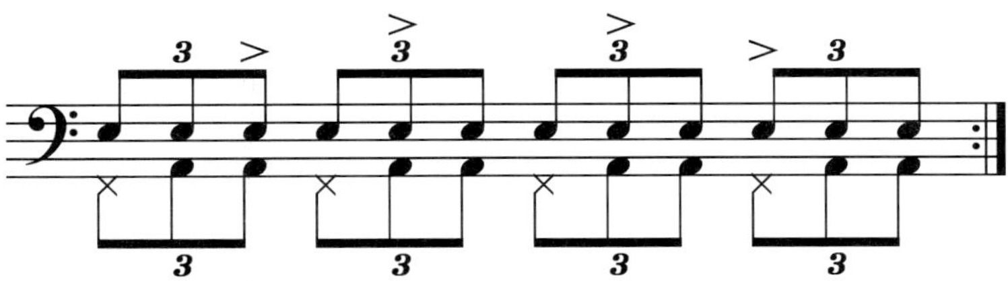

CD55

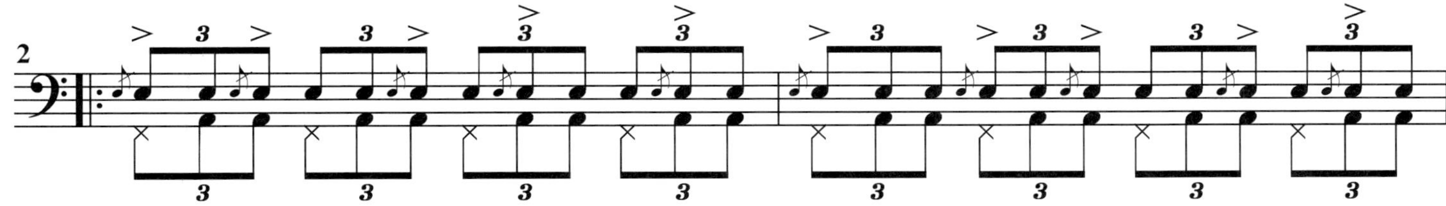

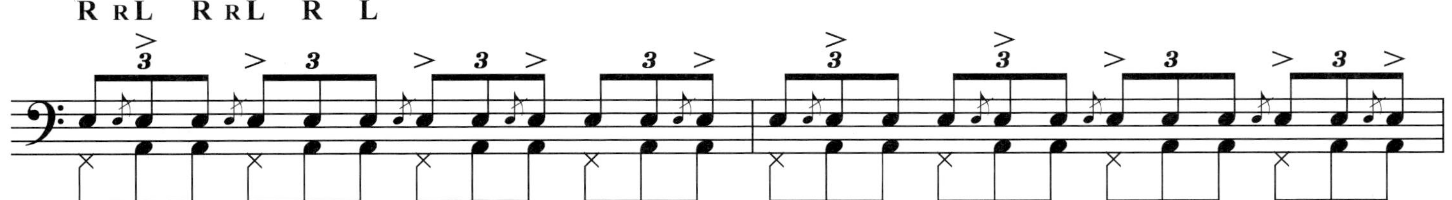

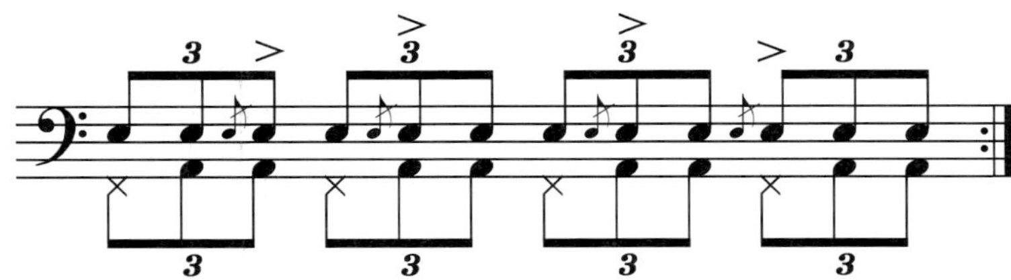

CD56

R LL R LL RR L rr L RR LL R LL R LL RR L rr L RR LL R LL R LL
RR L RR L RR LL
3 > 3 > 3 > 3

CD57

R L R L R L R L R L R L R L R L L R L R L R L R L R L R L R
L L R L R L R L R L R L R L R R L R L R L R L R L R L R L R
L R R L R L R L R L R L R L R L L R L R L R L R L R L R

패턴 2

패턴 3 CD59

Sub Snare Drum

CD62

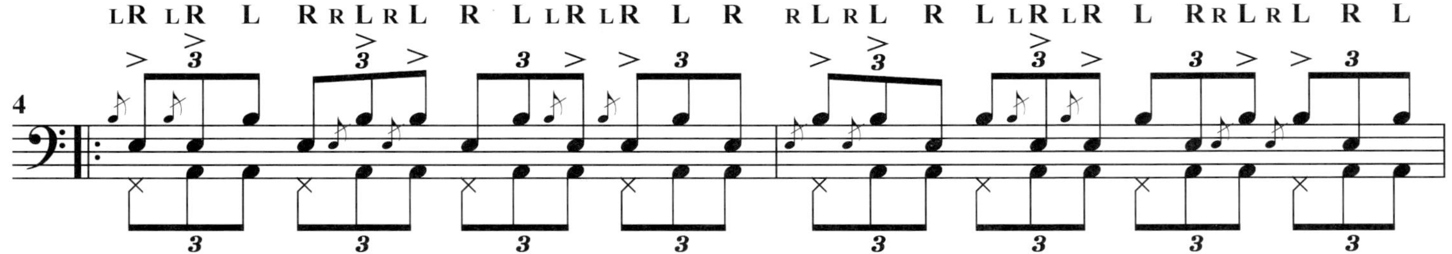

ʟR ʟR L RʀʟʀL R LʟʀʟR L R ʀʟʀL R LʟʀʟR L RʀʟʀL R L
4

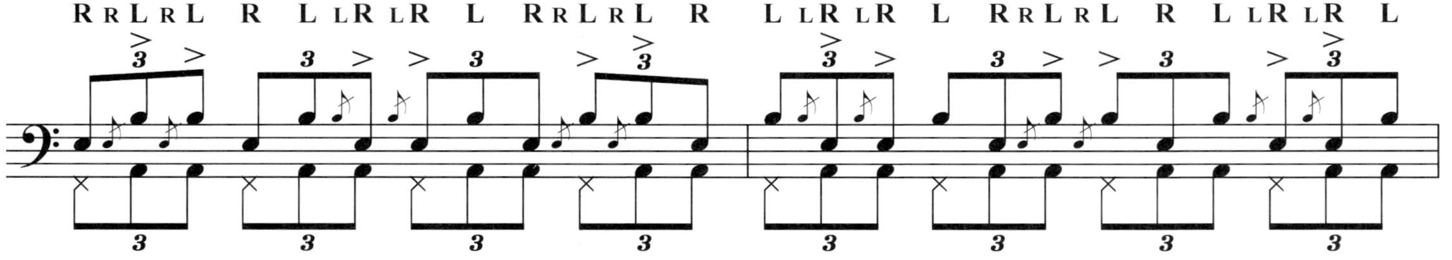

RʀʟʀL R LʟʀʟR L RʀʟʀL R LʟʀʟR L RʀʟʀL R LʟʀʟR L

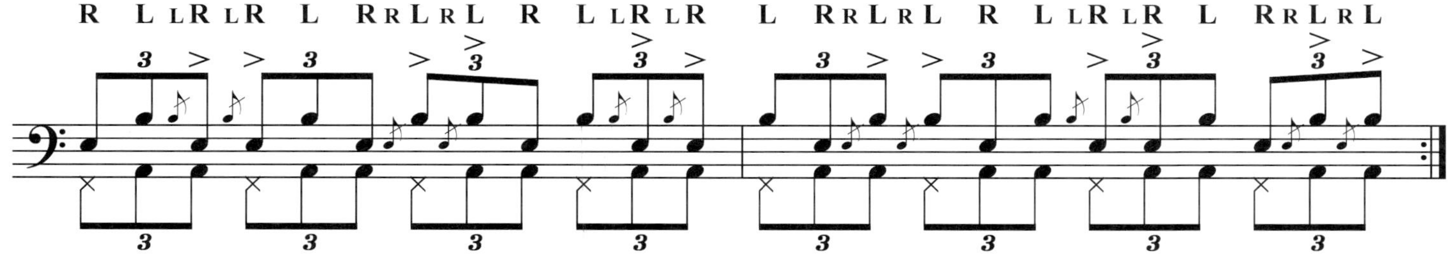

R LʟʀʟR L RʀʟʀL R LʟʀʟR L RʀʟʀL R LʟʀʟR L RʀʟʀL

CD63

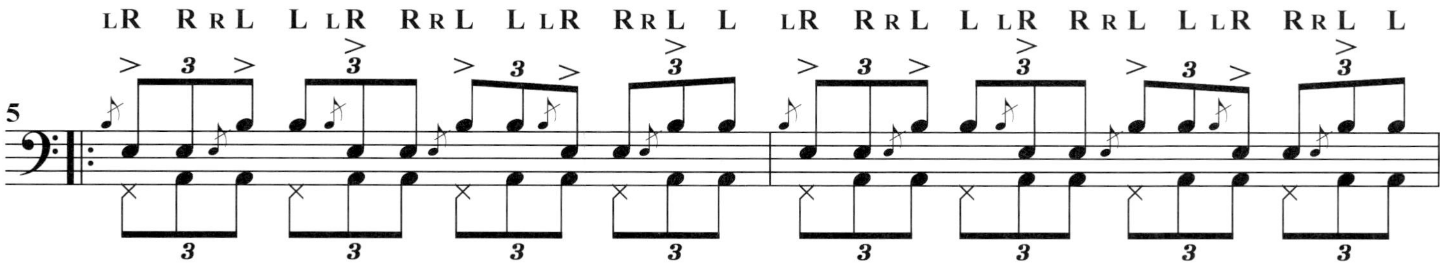

ʟR RʀL LʟR RʀL LʟR RʀL L ʟR RʀL LʟR RʀL LʟR RʀL L
5

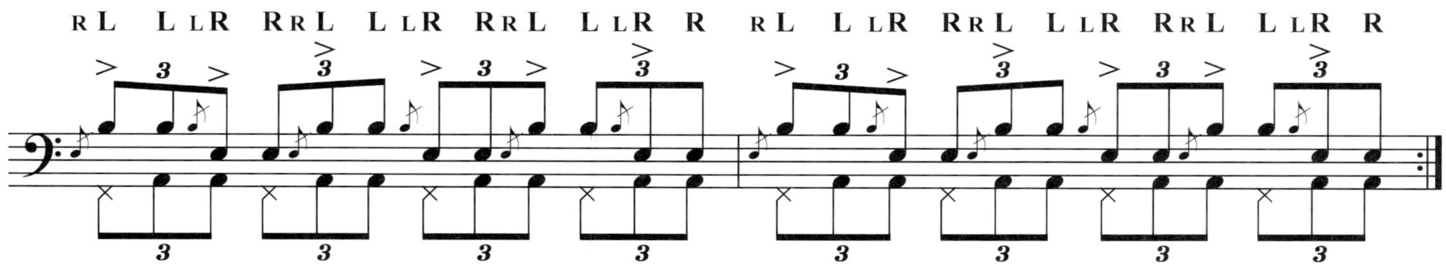

ʀL LʟR RʀL LʟR RʀL LʟR R ʀL LʟR RʀL LʟR RʀL LʟR R

폴리 2

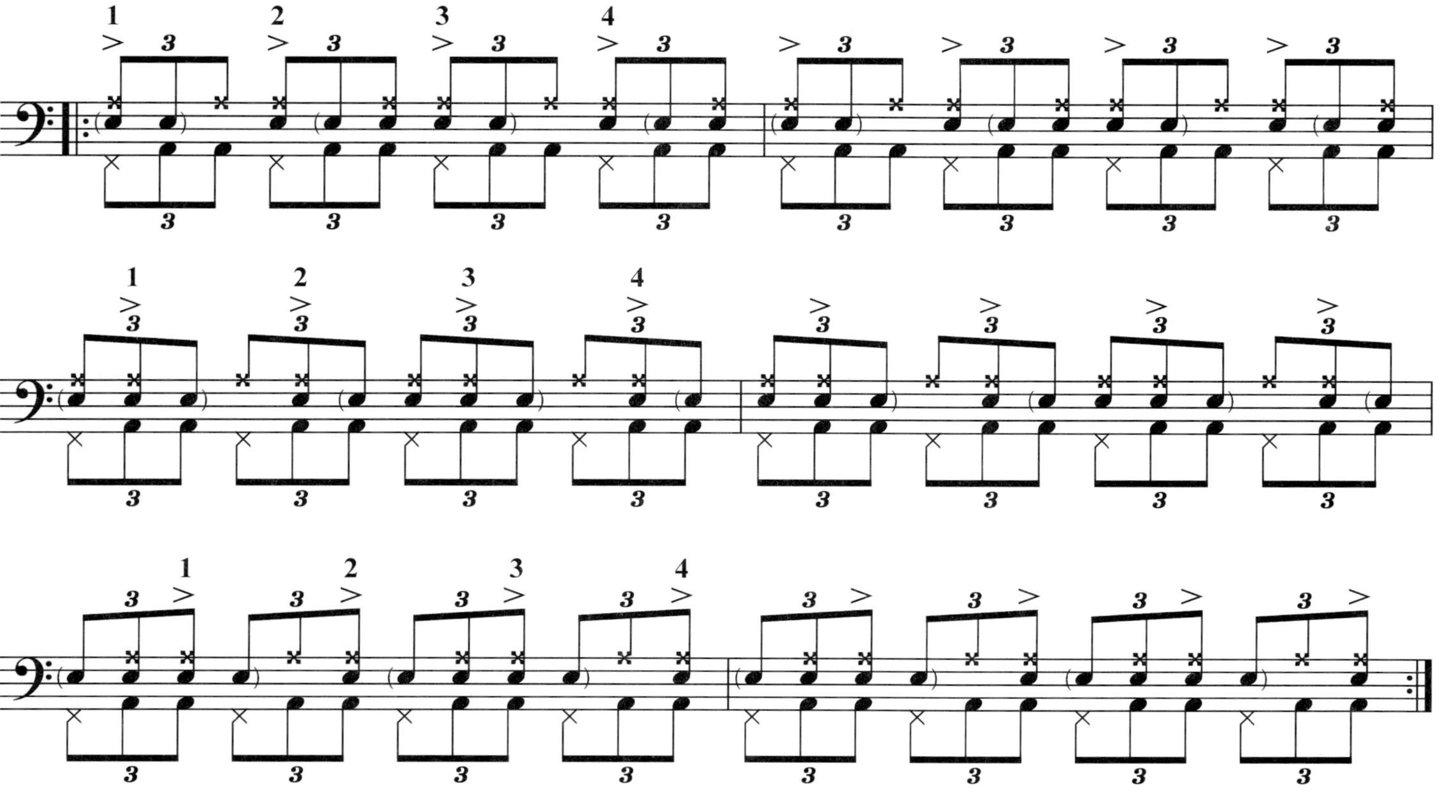

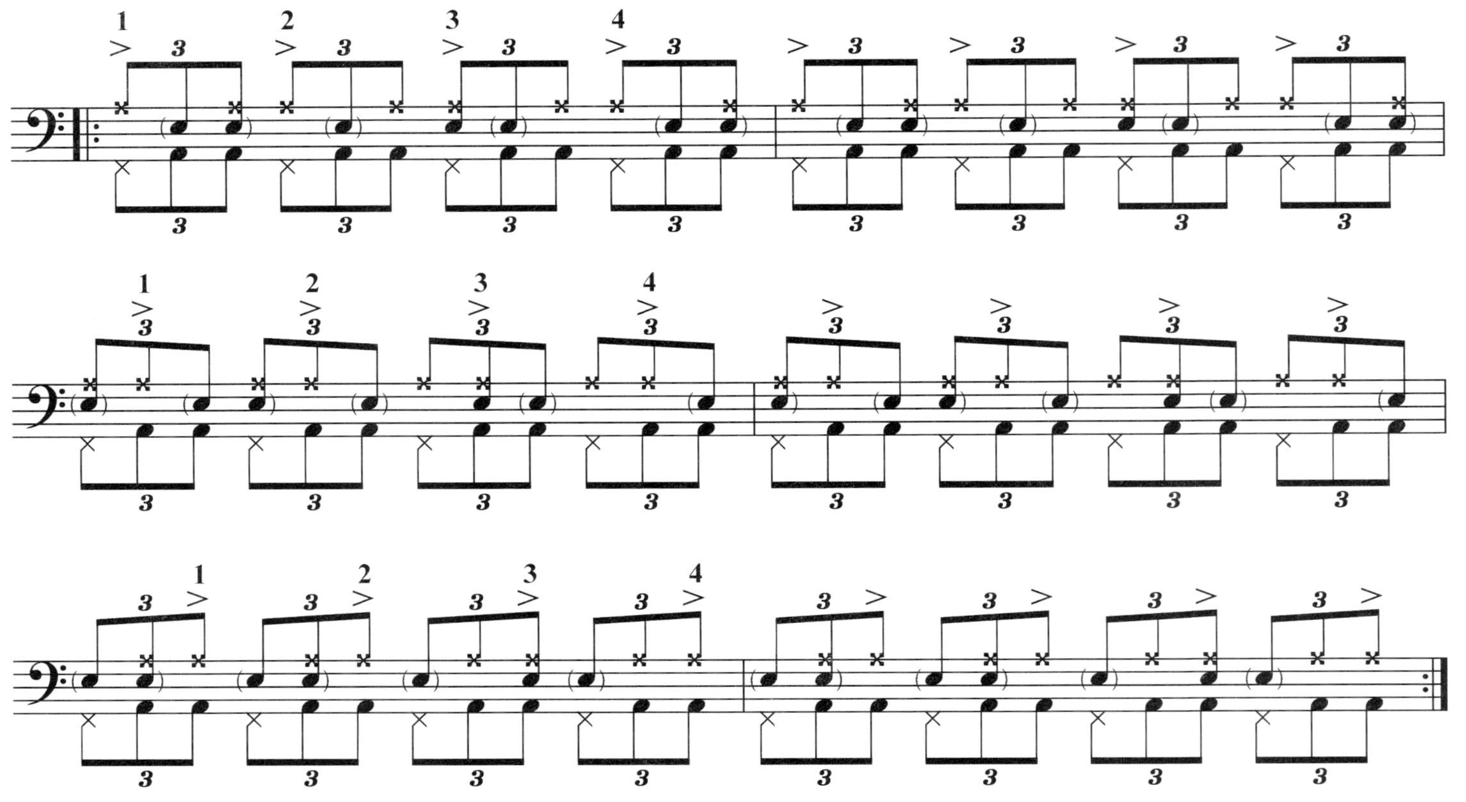

16분음표 리듬과 8분음표 트리플 풋

베이직 리듬 CD68

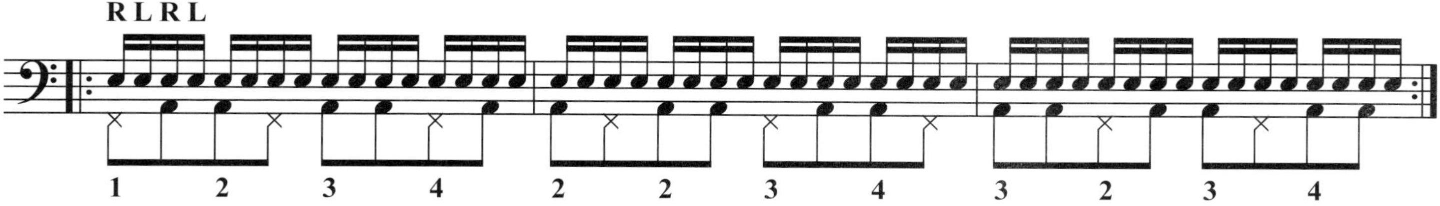

패턴 1 CD69

반복되면 2, 3번째 마디는 베이직 리듬의 2, 3마디 트리플 풋으로 연주합니다.
8분음표 트리플 풋은 3마디를 기준으로 사이클이 형성됩니다.
(스네어 드럼 패턴은 반복이고 8분음표 트리플 풋은 베이직 리듬의 3마디로 연주됩니다.)

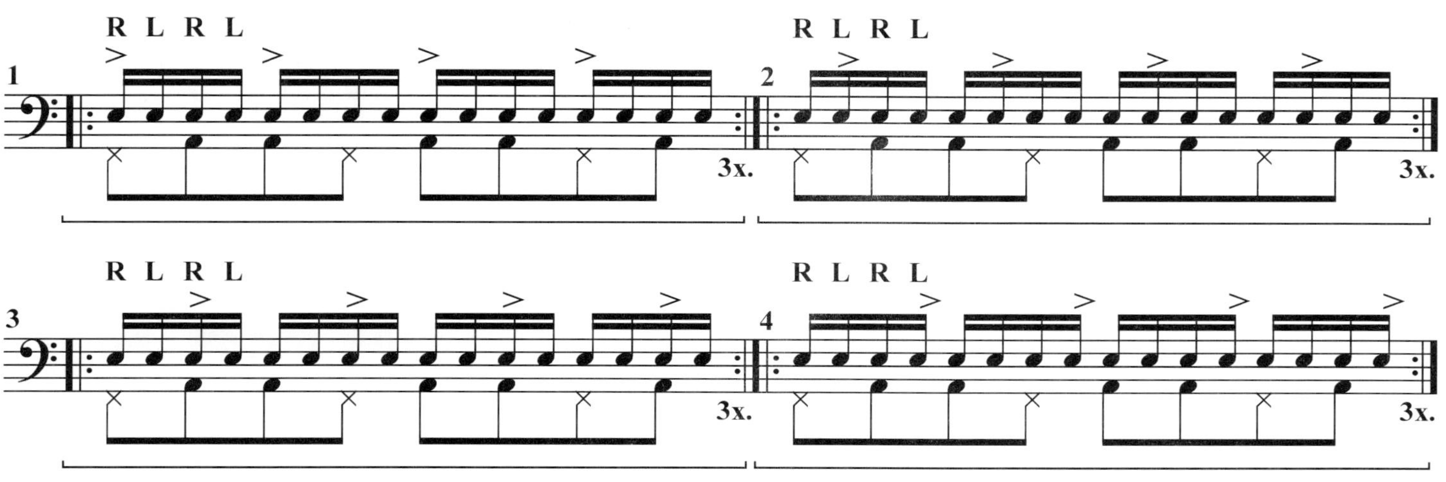

플램 손모양

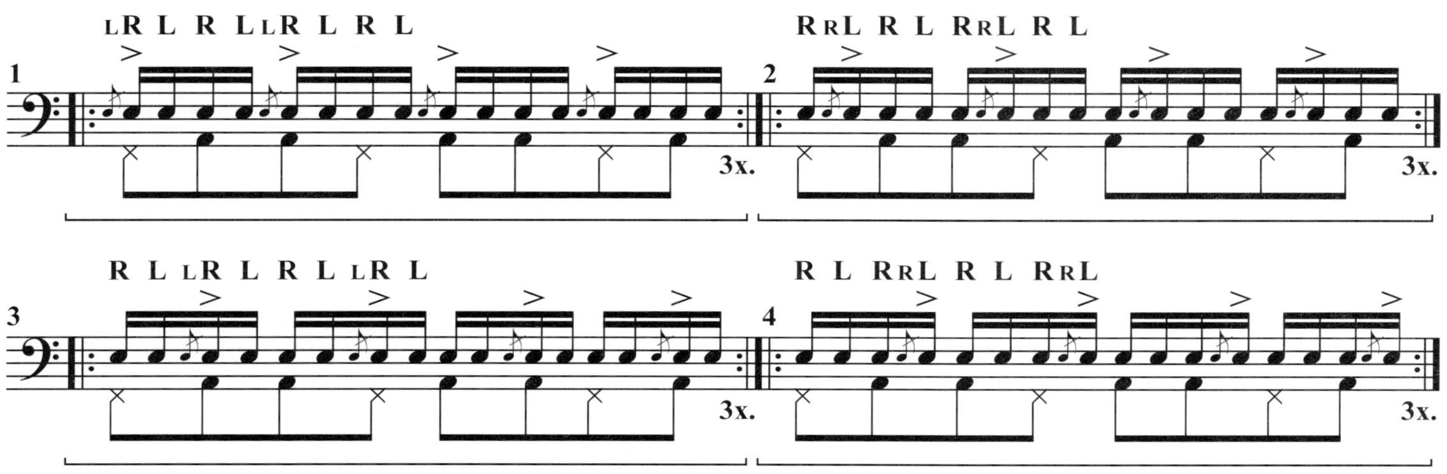

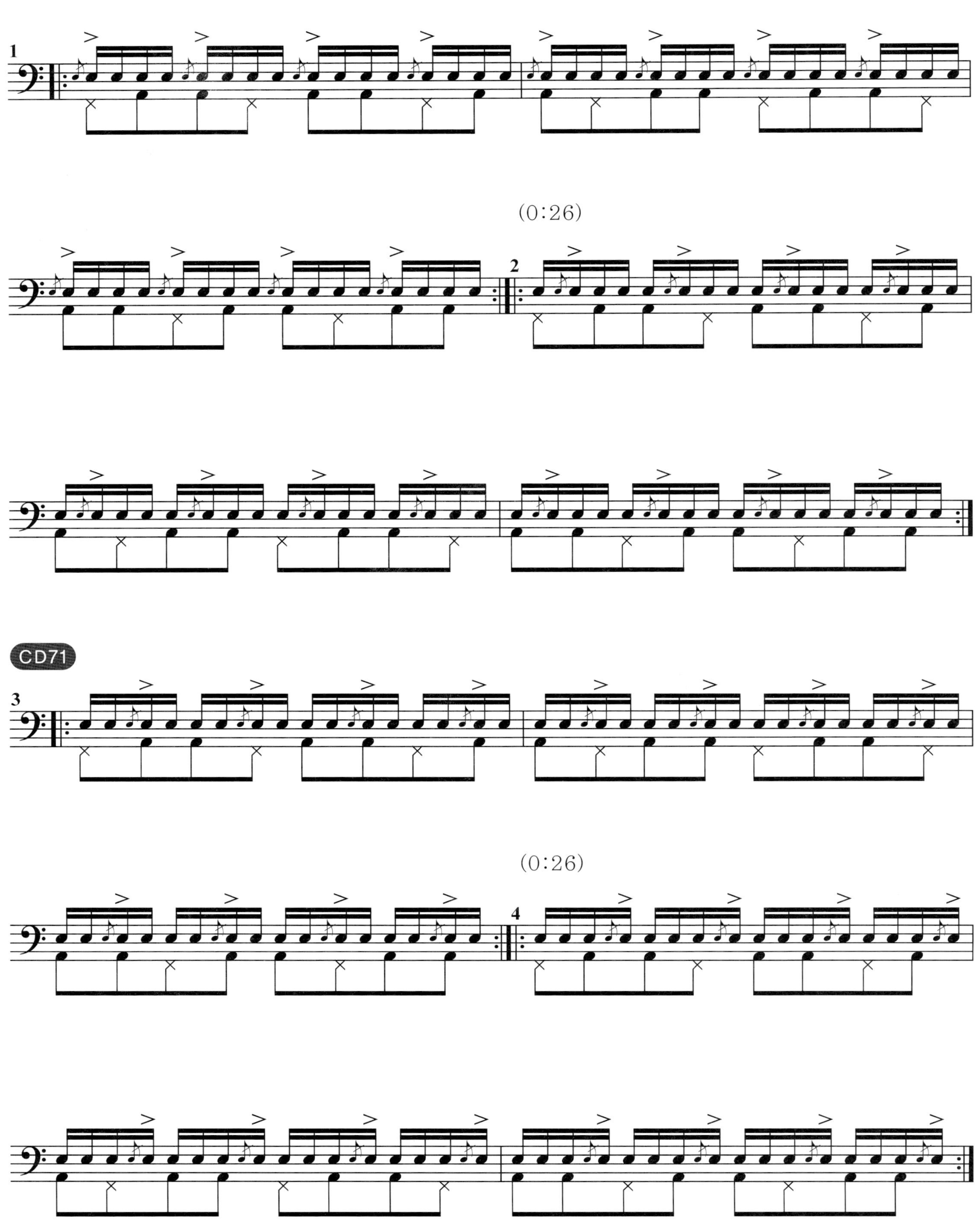

(0:26)

(0:26)

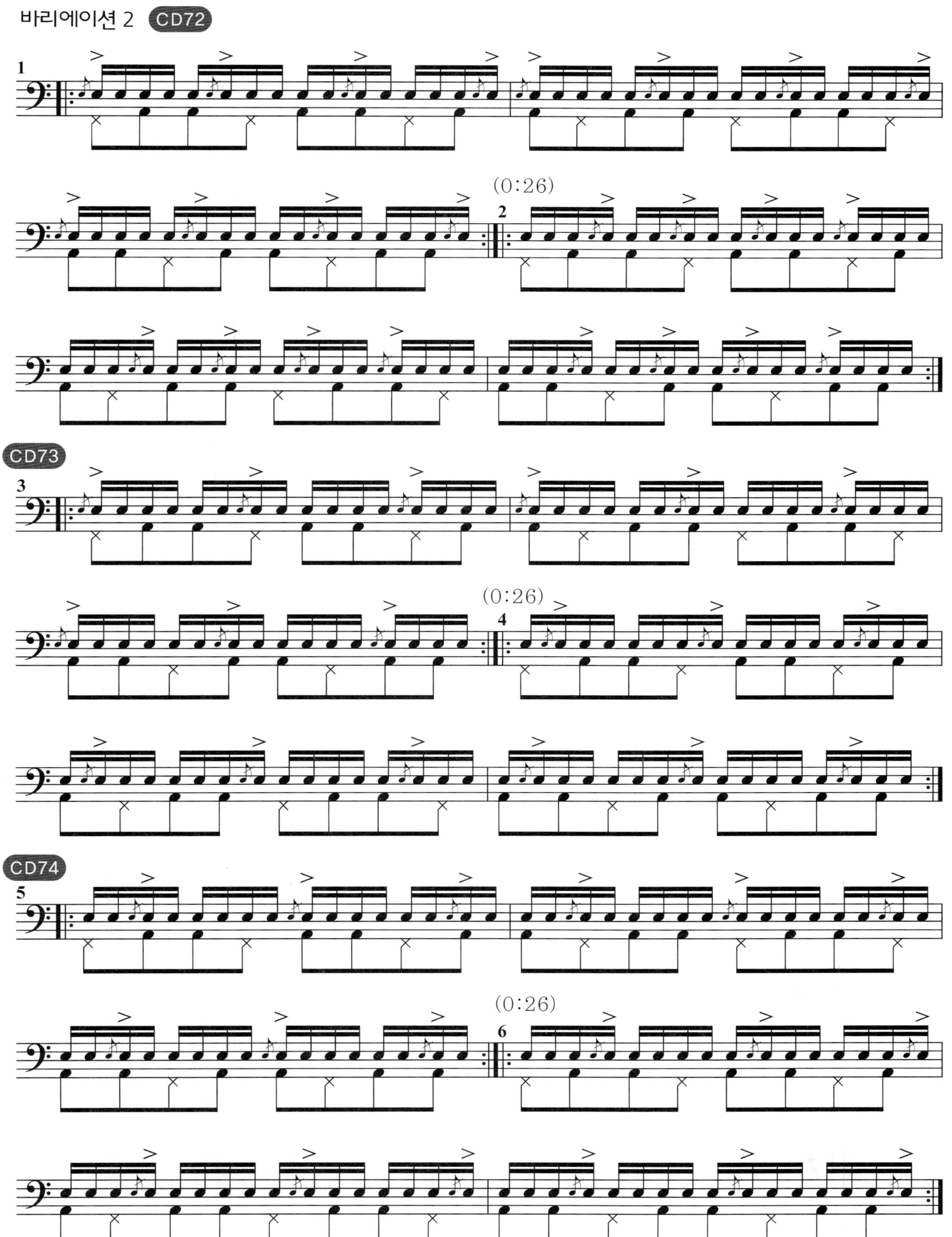
1
(0:26)
2
CD73
3
(0:26)
4
CD74
5
(0:26)
6

패턴 2 CD75

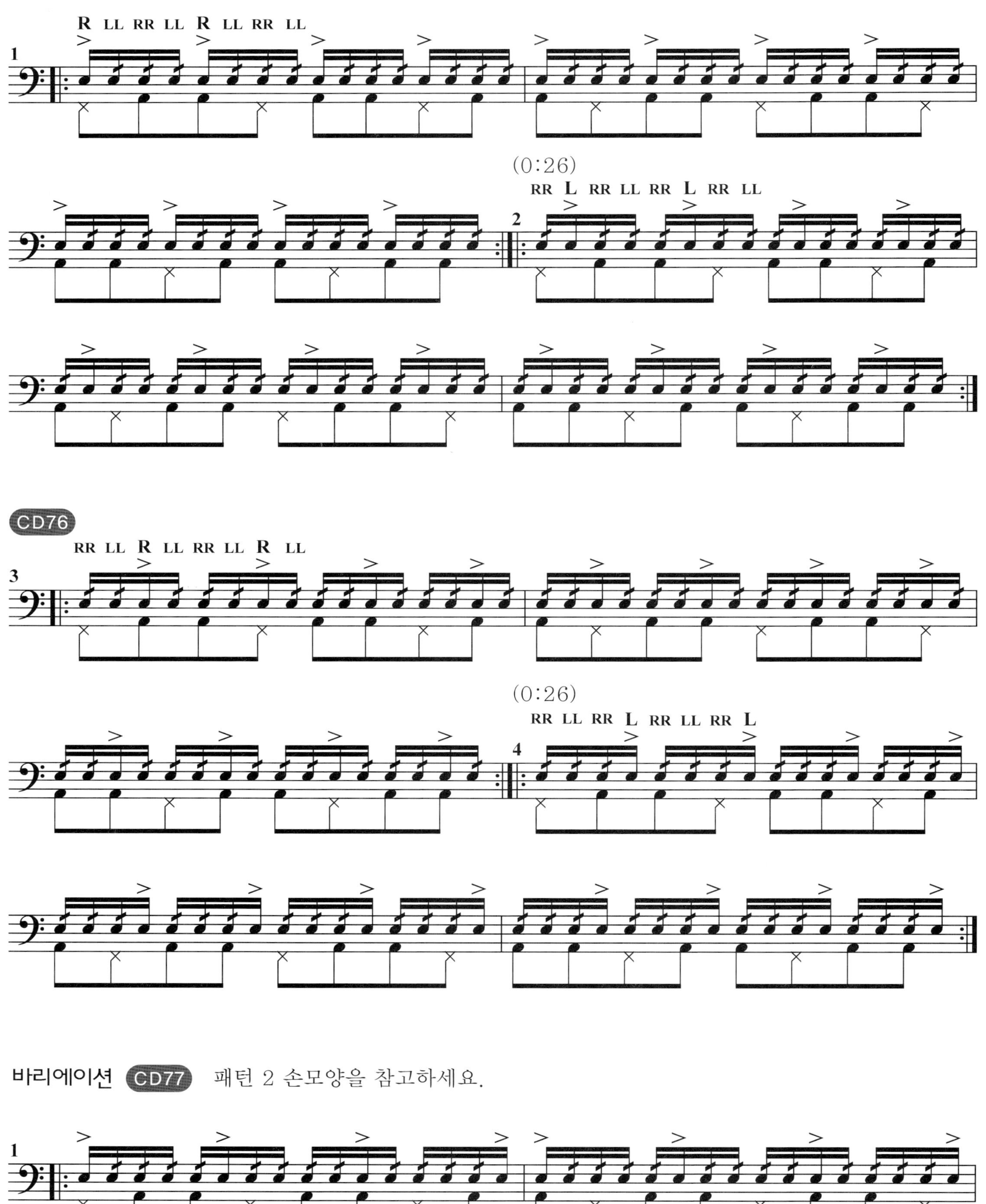

바리에이션 CD77 패턴 2 손모양을 참고하세요.

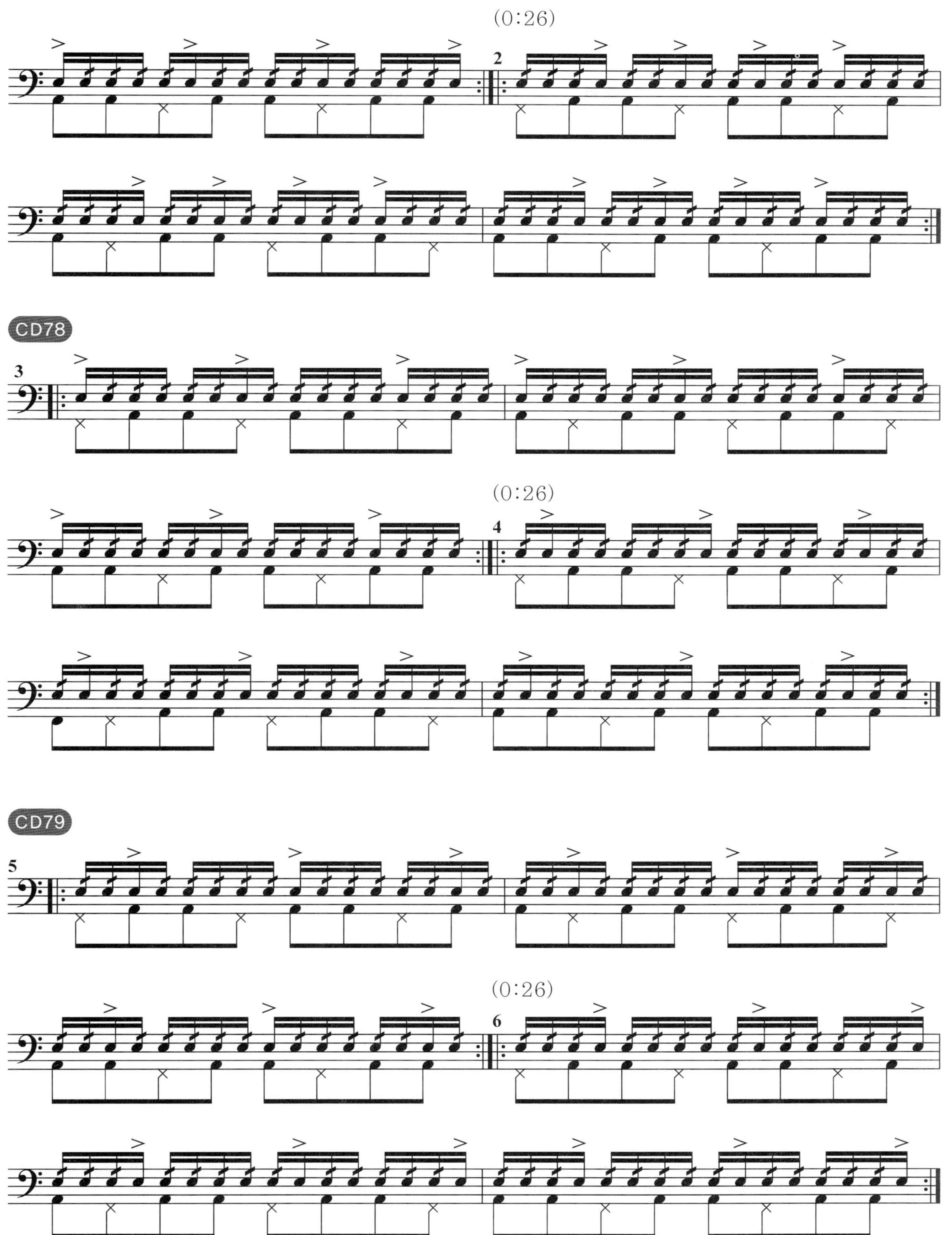
(0:26)
2
CD78
3
(0:26)
4
CD79
5
(0:26)
6

베이직 리듬 CD80

(0:27)

바리에이션 1 CD81

(0:27)

바리에이션 2 CD82

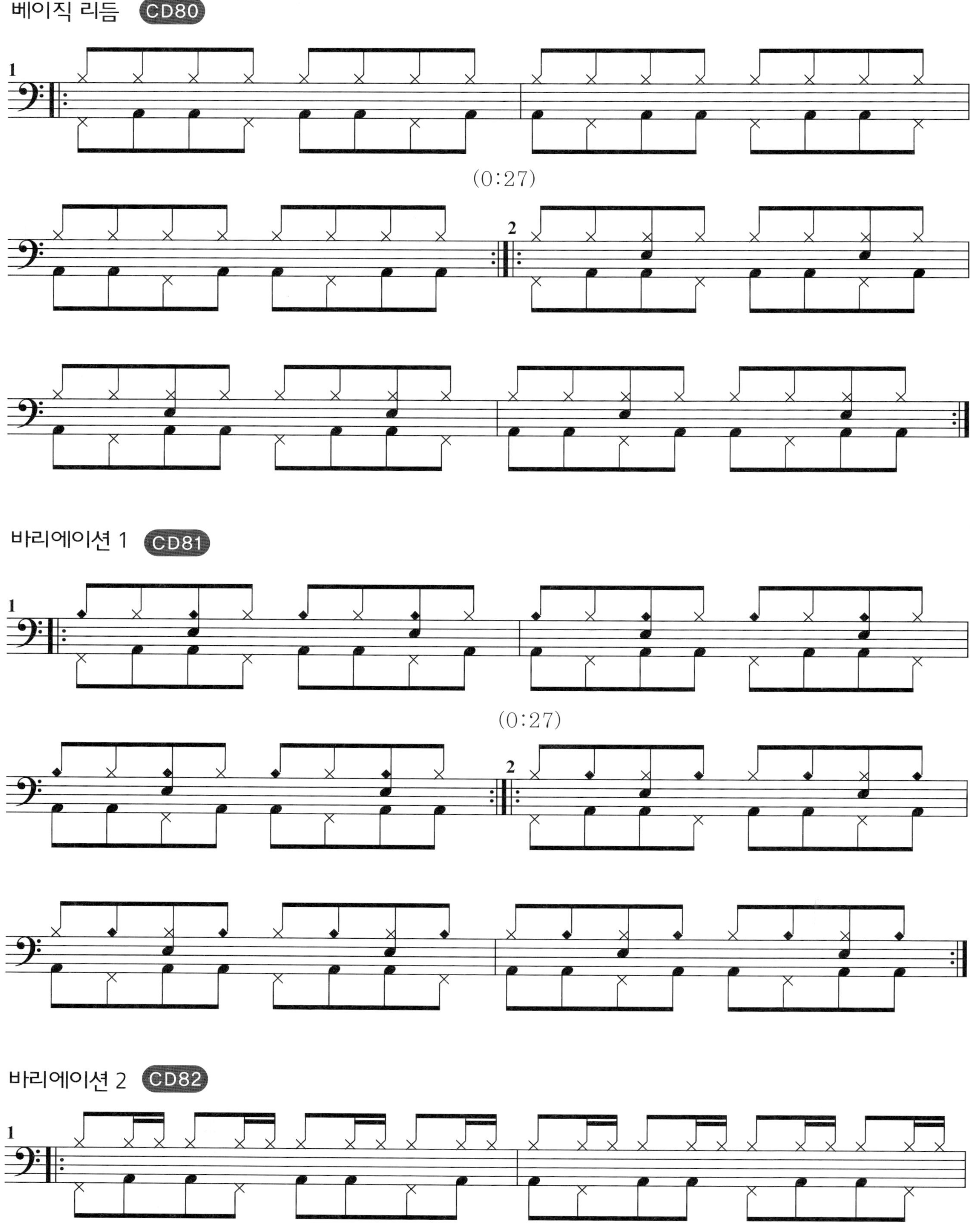

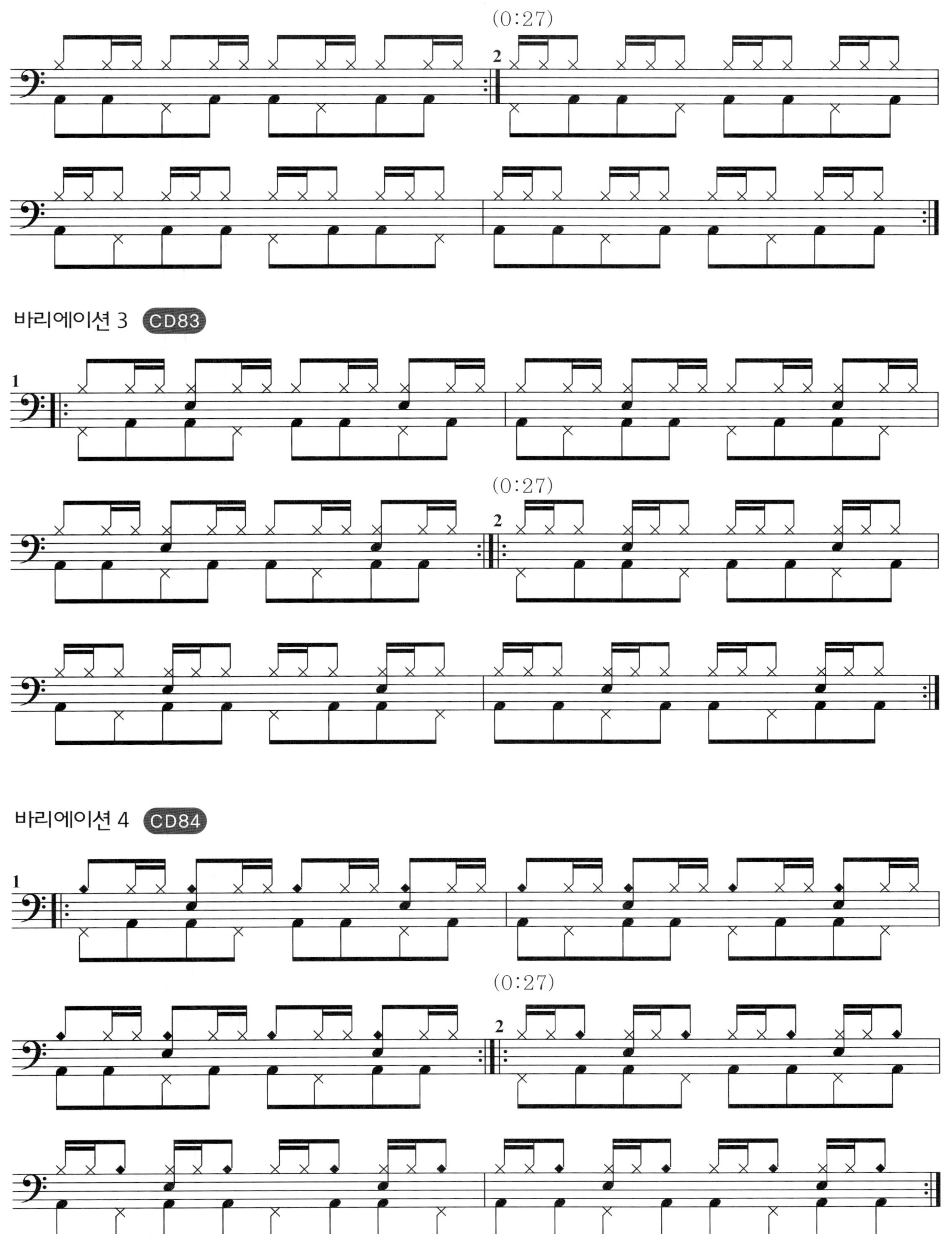

(0:27)
2
바리에이션 3 CD83
1
(0:27)
2
바리에이션 4 CD84
1
(0:27)
2

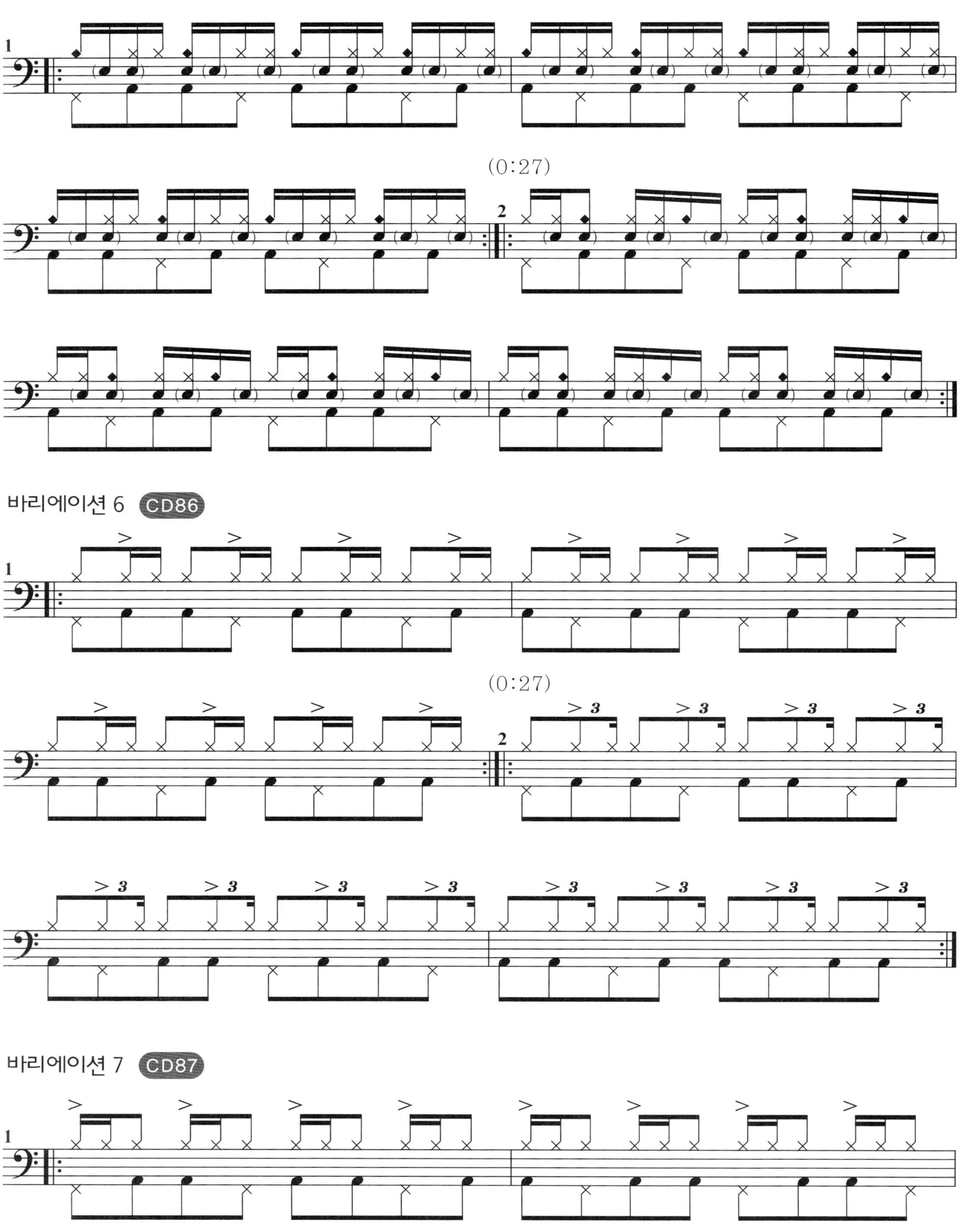

바리에이션 5 CD85
1
(0:27)
2
바리에이션 6 CD86
1
(0:27)
2
3 3 3 3   3 3 3 3
3 3 3 3   3 3 3 3
바리에이션 7 CD87
1

(0:27)
에더라이딩
CD88
CD89

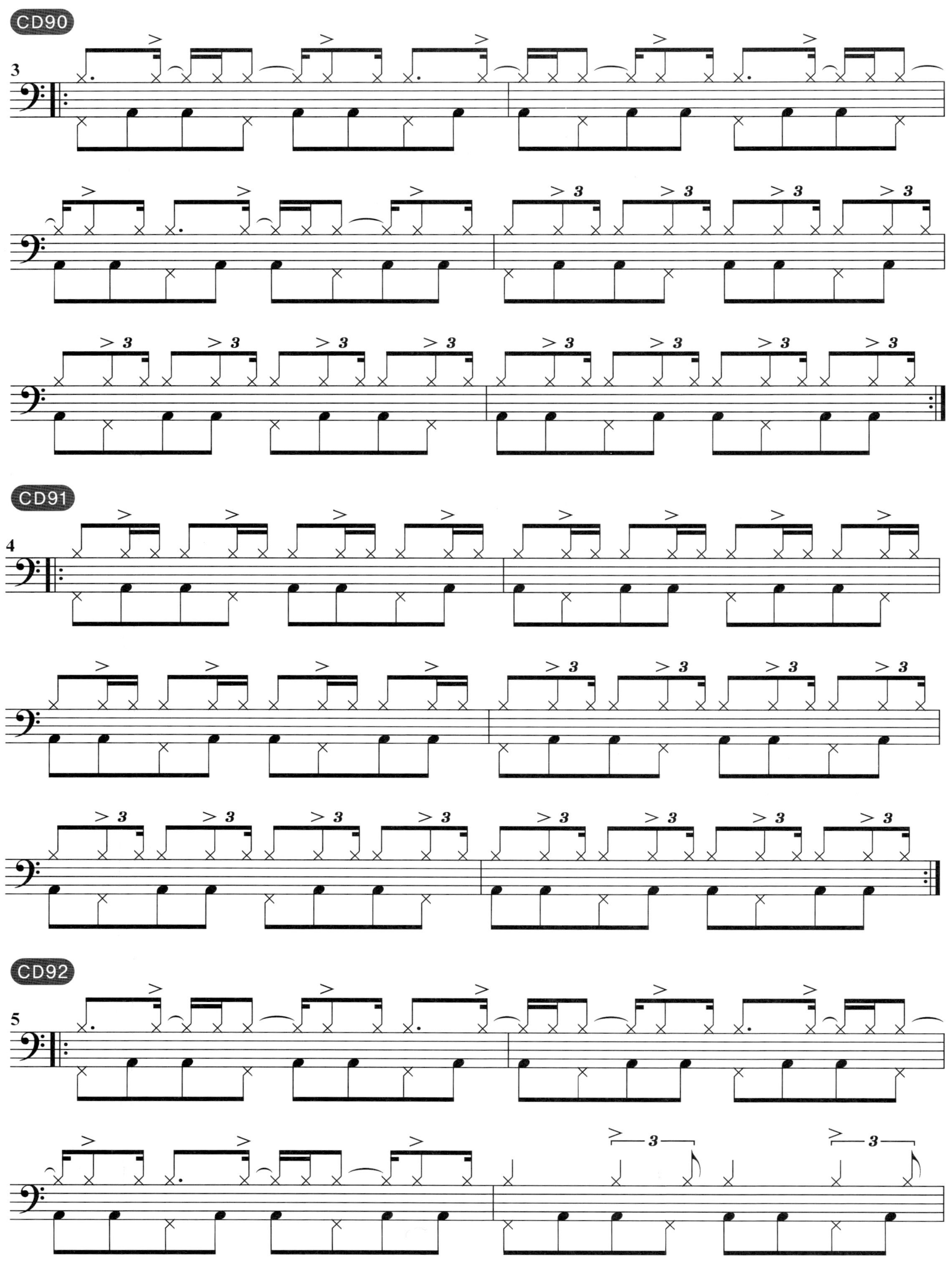

CD90
3
CD91
4
CD92
5

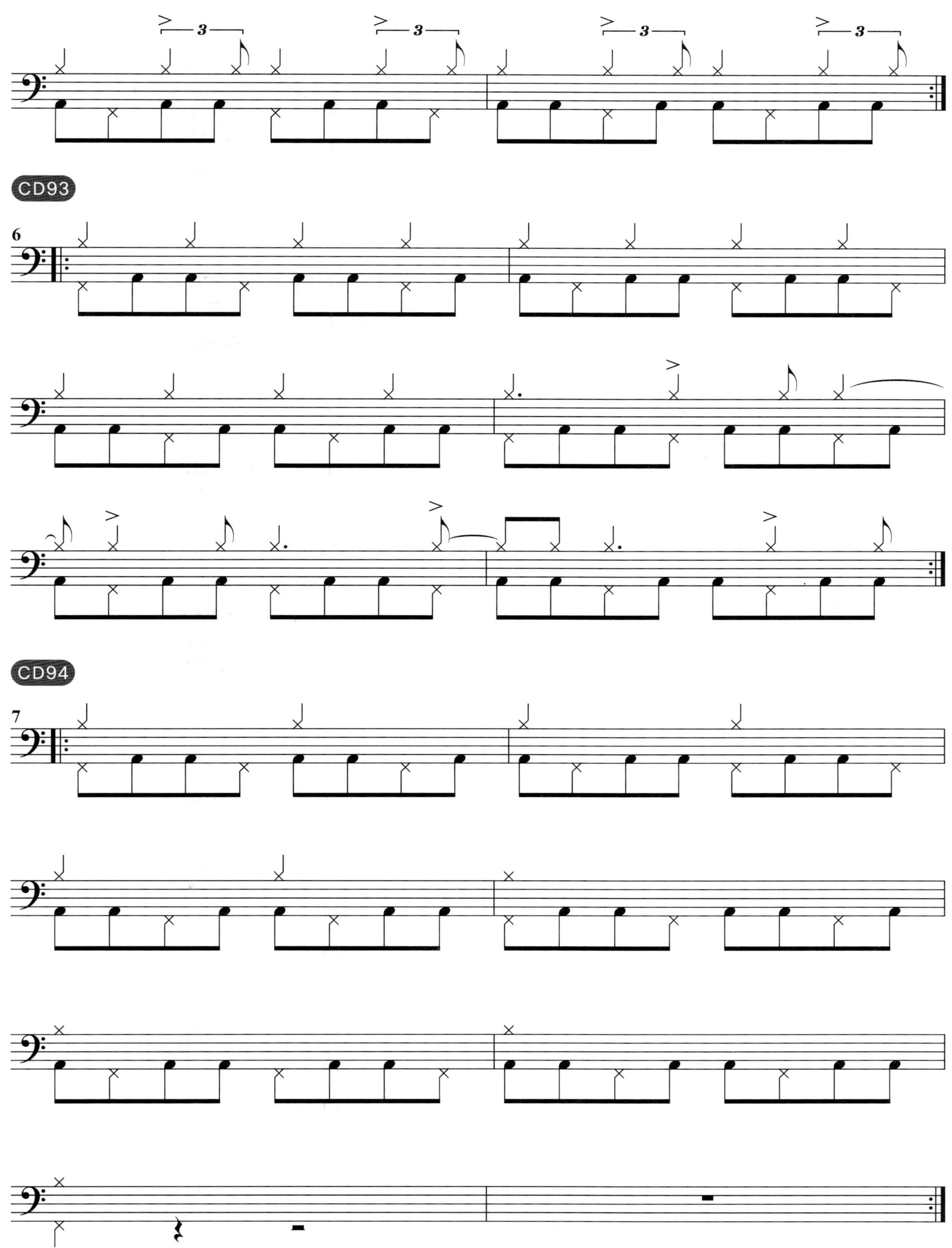
CD93
6
CD94
7
145

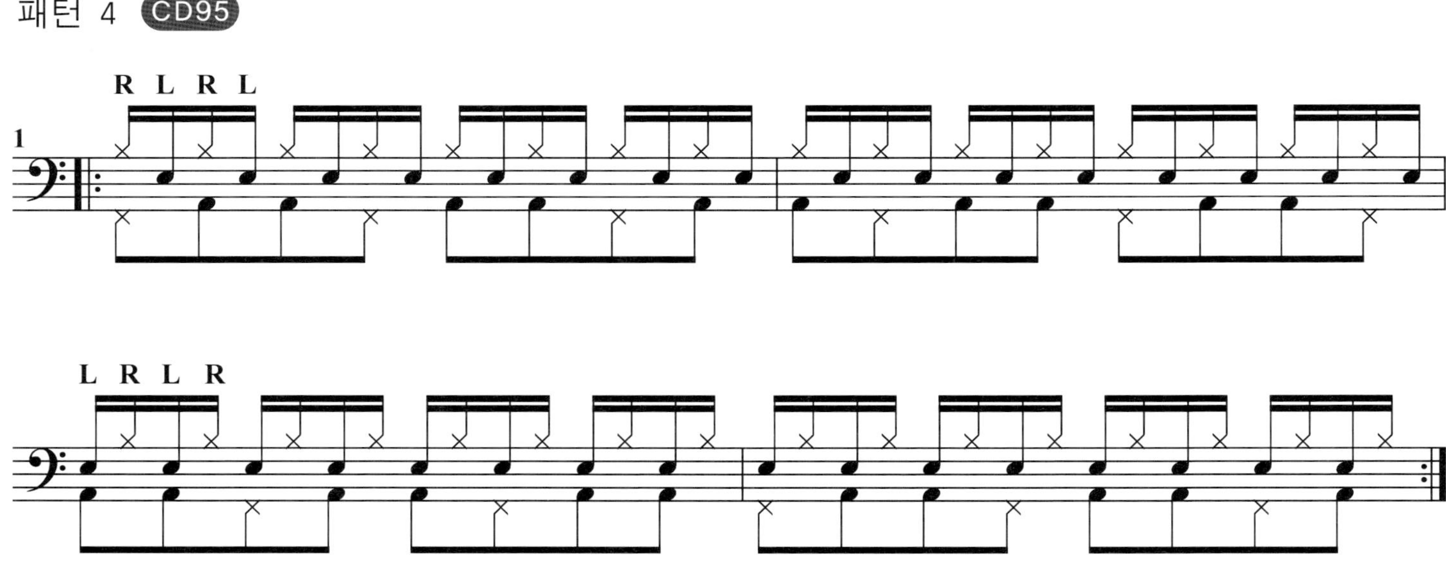

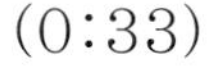

(0:33)

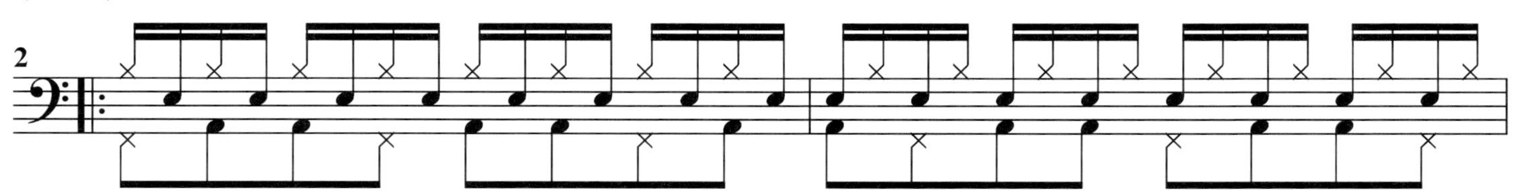

(1:06)

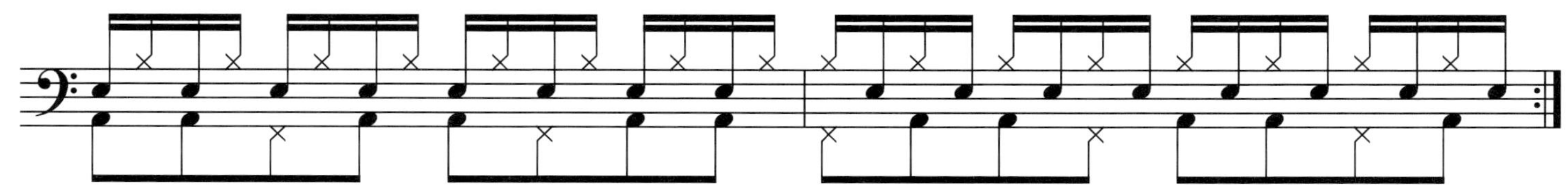

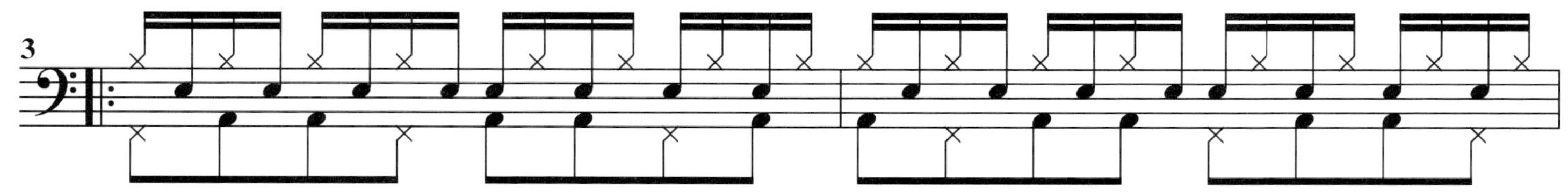

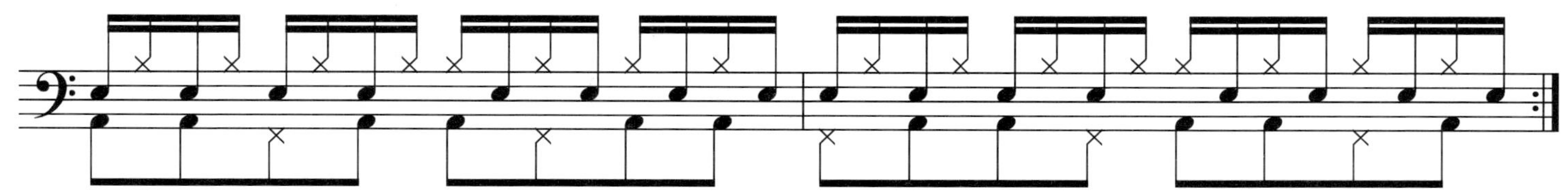

(1:37)

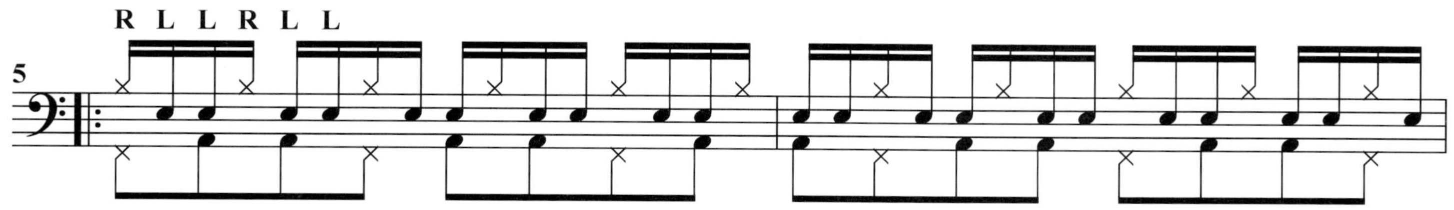

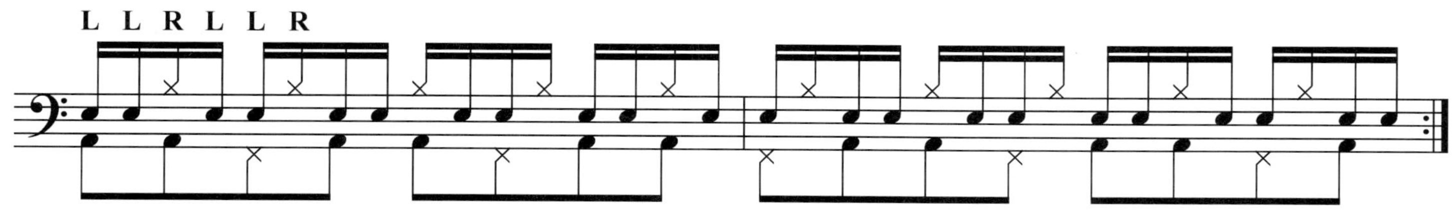

CD96

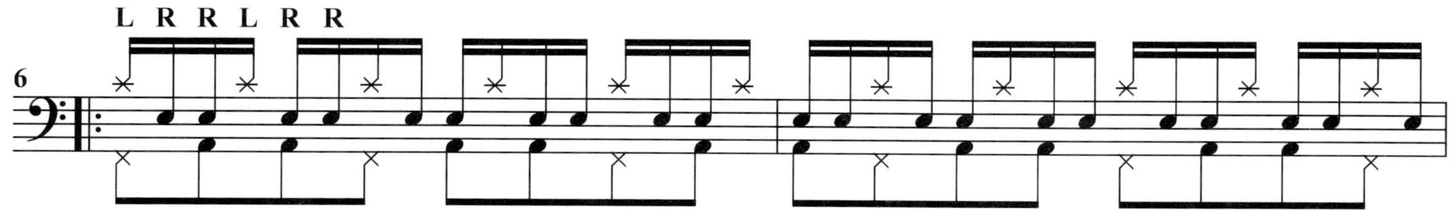

CD97

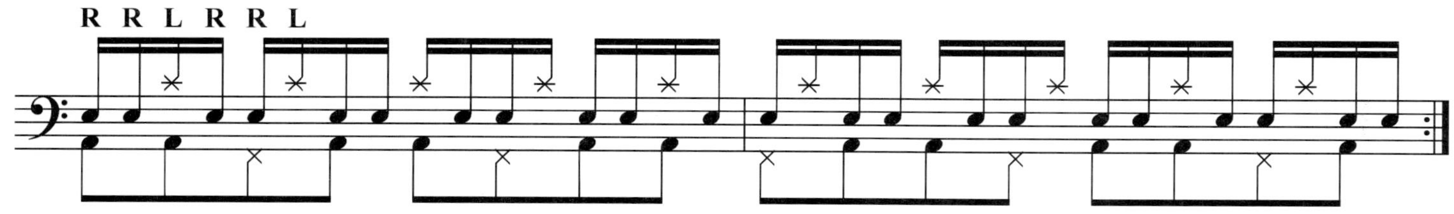

패턴 5 베이직 리듬 CD98
L R L R L L L R L R L L L R L R L L L R L R L
R R L R L L R R L R L L R R L R L L R R L R L
R L L R L R L L R L R L L R L R L L R L
R L R R L R L L R R L R L L R R L R L L R R L
바리에이션 CD99

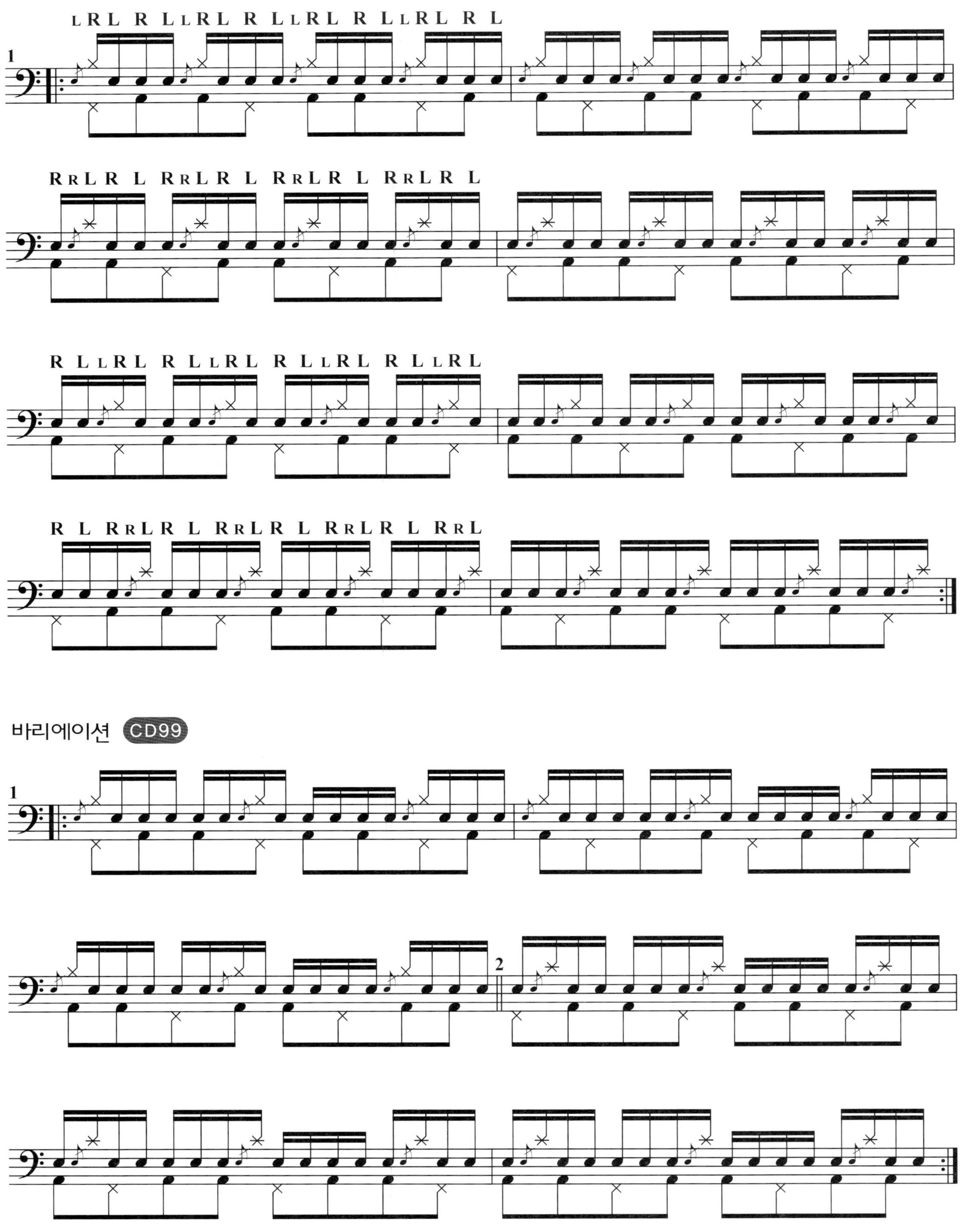

148

CD100

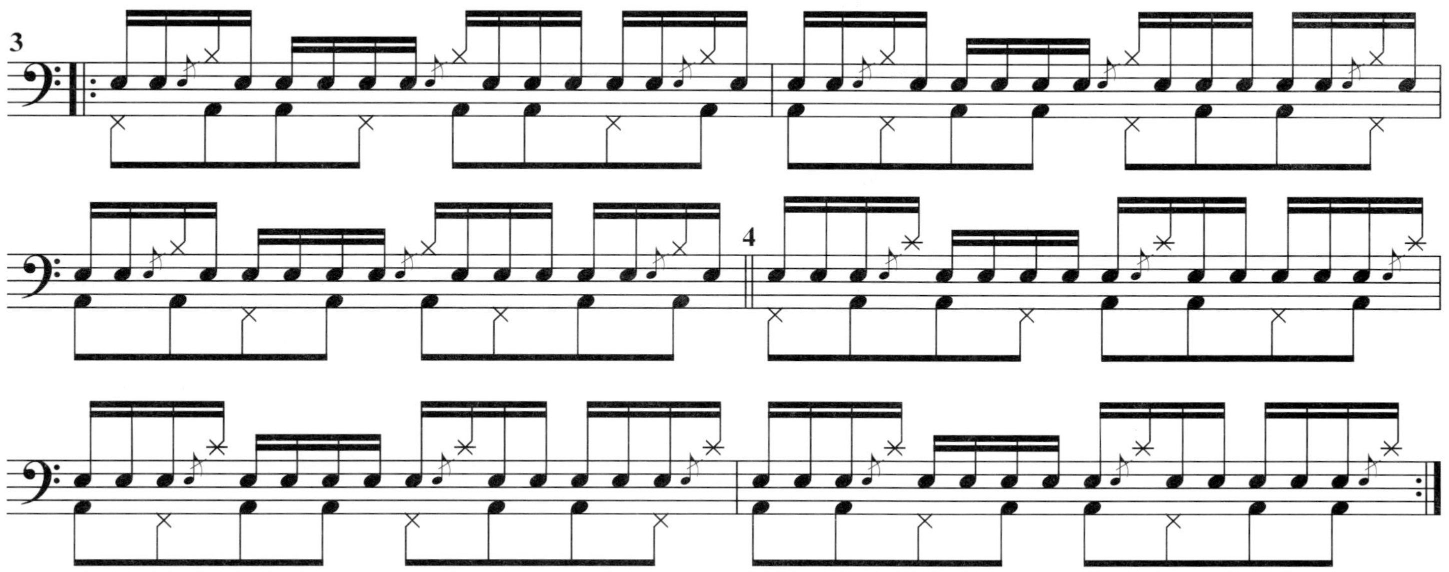

패턴 5를 이용하여 바리에이션을 만든 것처럼 악센트를 자유롭게 만들고 응용하면 됩니다.

연습

베이직 악센트

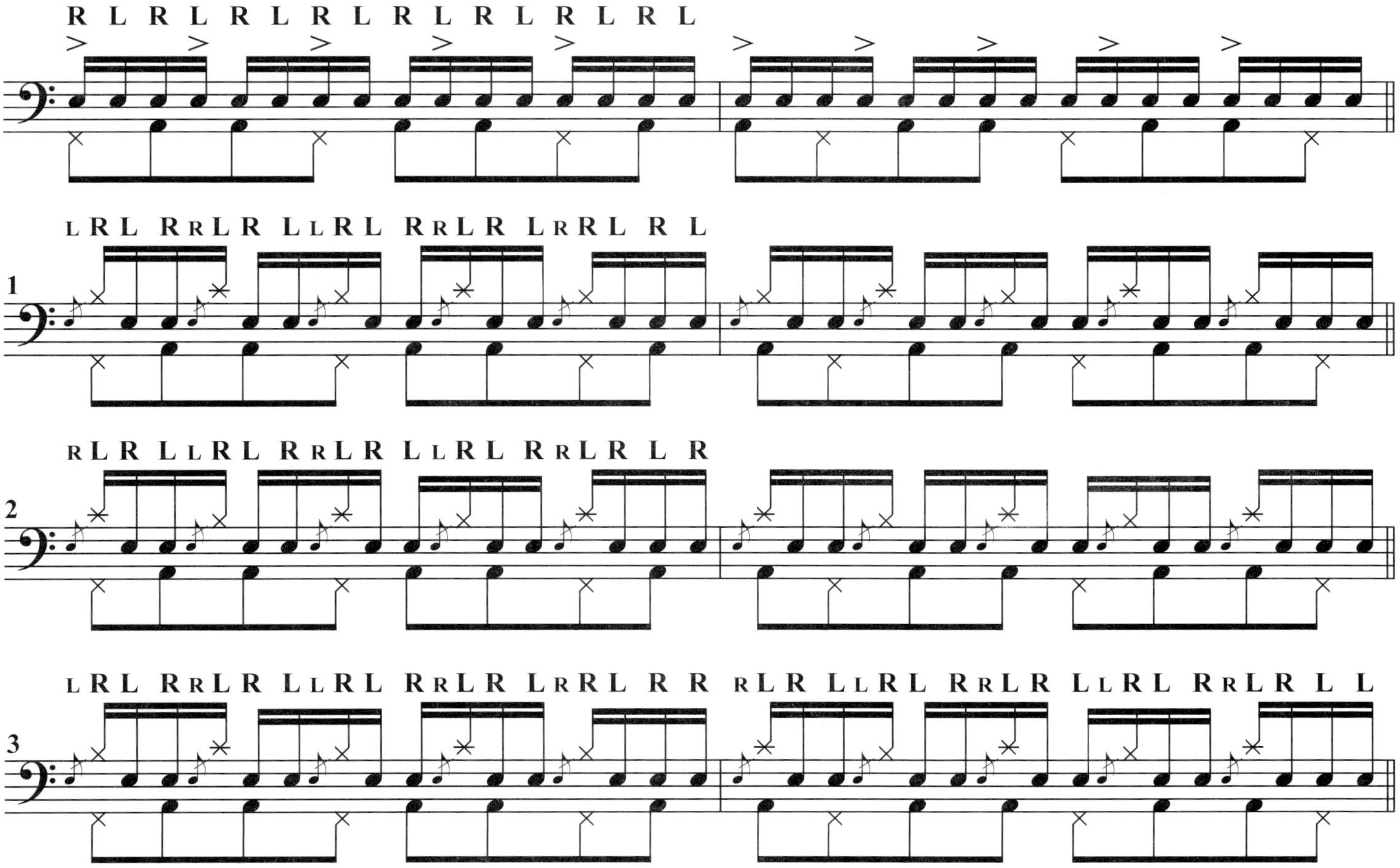

1, 2, 3 패턴은 3마디를 기준으로 하며 3번의 경우 반복시 네 번째 마디에서 왼손으로 시작하게 됩니다. 다시 3마디가 진행되면 처음 시작한 오른손이 오게 됩니다.

양손(L·R) 컴비네이션 리듬과 8분음표 트리플 풋

패턴 6

베이직 리듬　CD101

패턴 7

오른손 리듬

왼손 리듬

양손 리듬

패턴 8

오른손 리듬

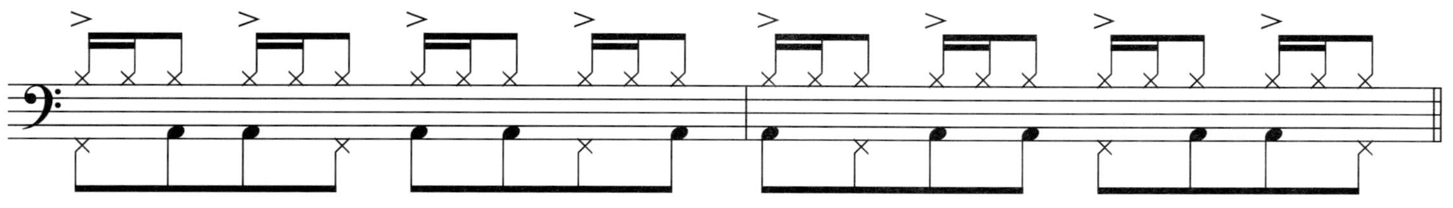

왼손 리듬

양손 리듬

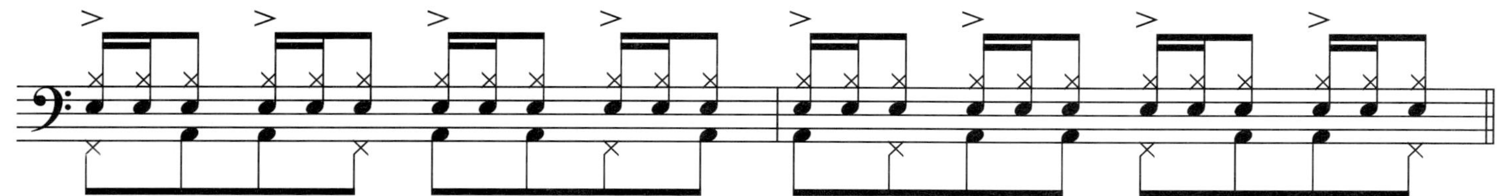

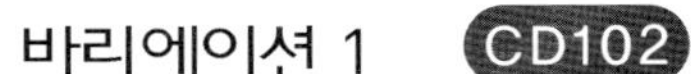

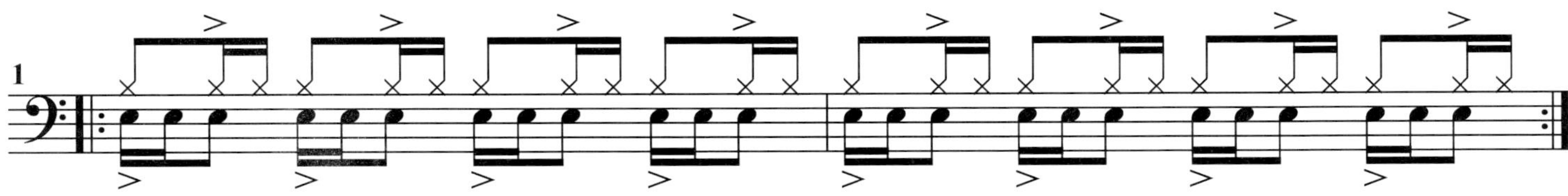

베이스 드럼 4마디 패턴

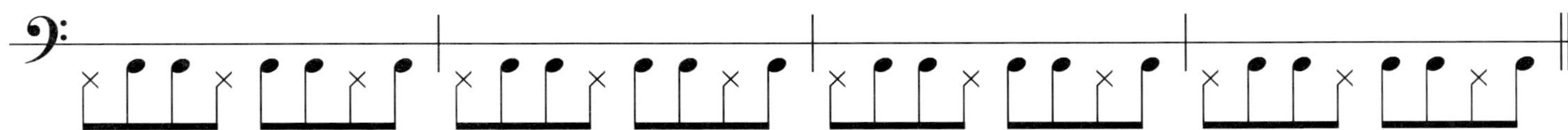

(0:33)

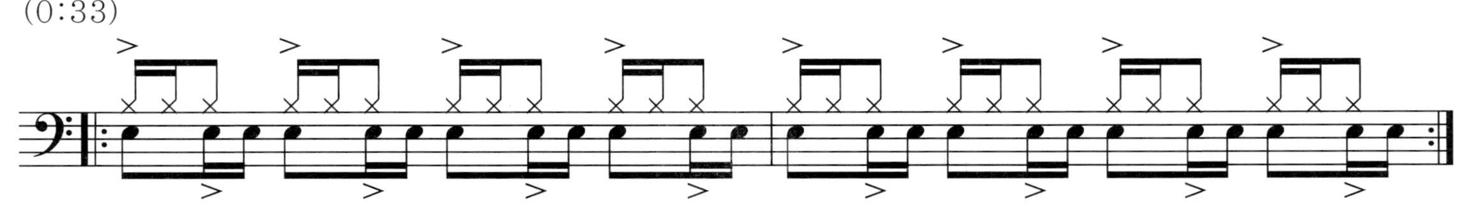

베이스 드럼 4마디 패턴

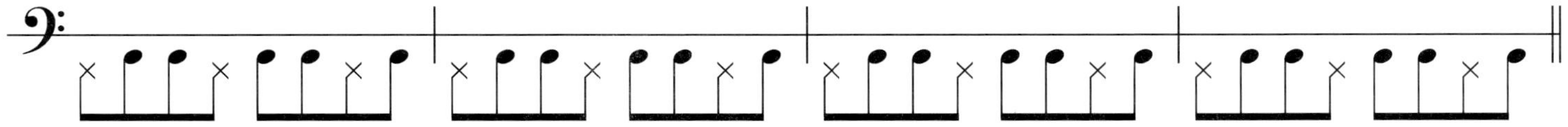

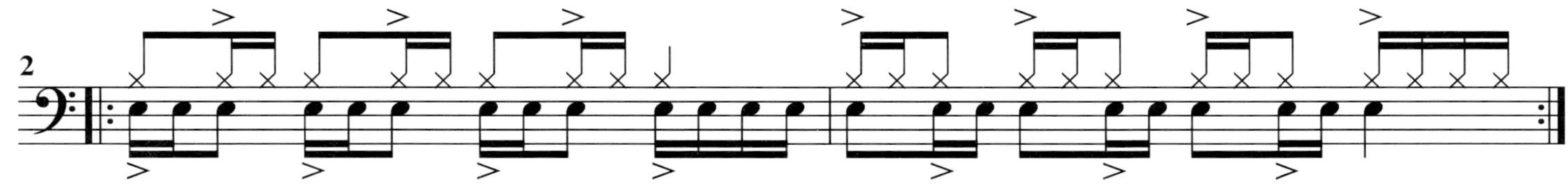

베이스 드럼 4마디 패턴

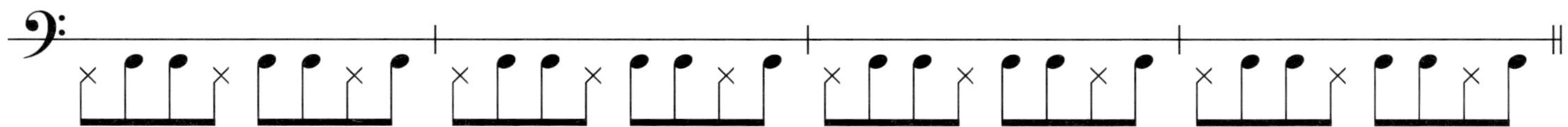

(0:33)

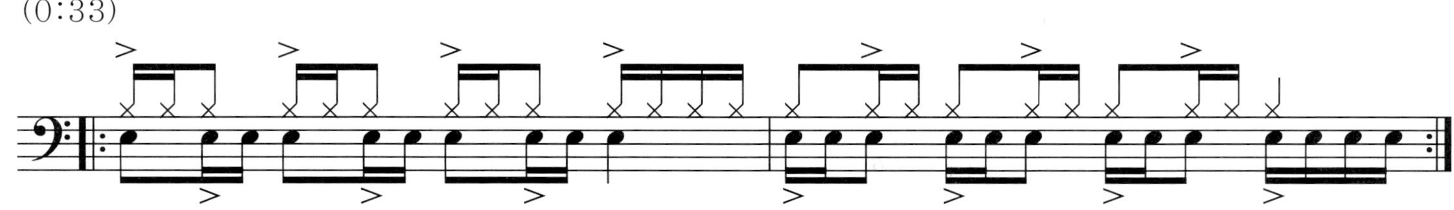

베이스 드럼 4마디 패턴

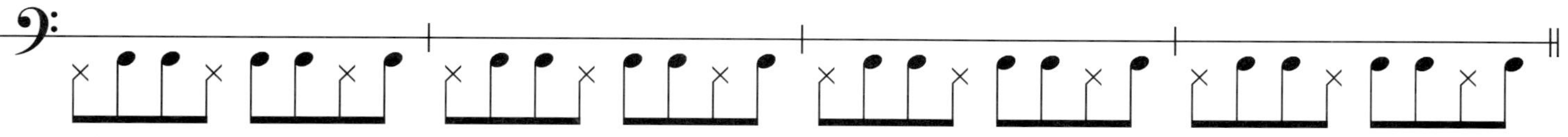

바리에이션 2　CD104

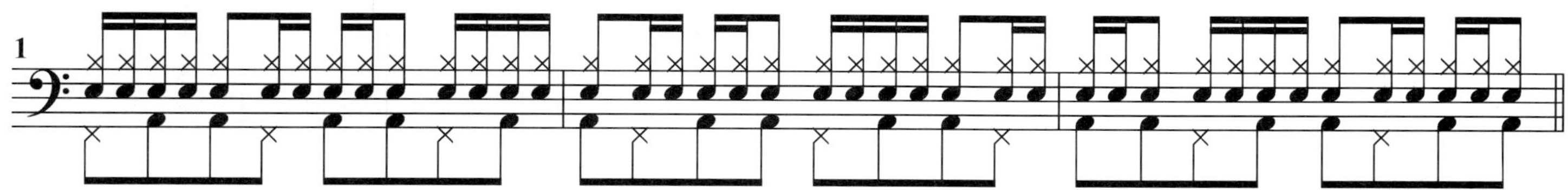

(0:16)

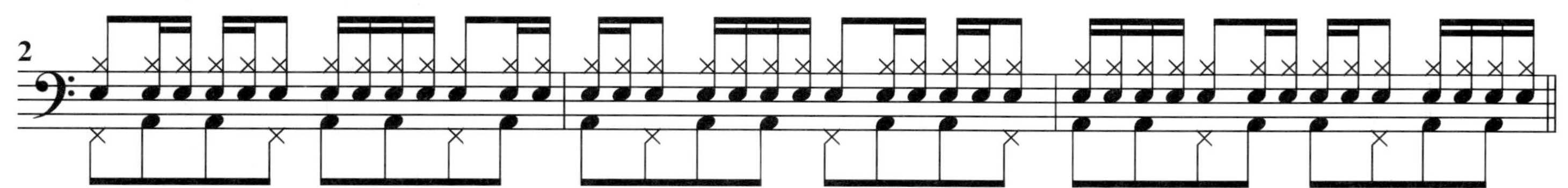

(0:28)

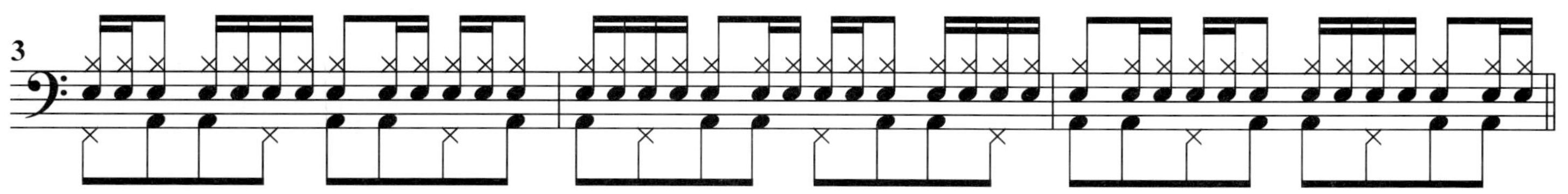

팁

레프트 핸드 연습

베이직 리듬

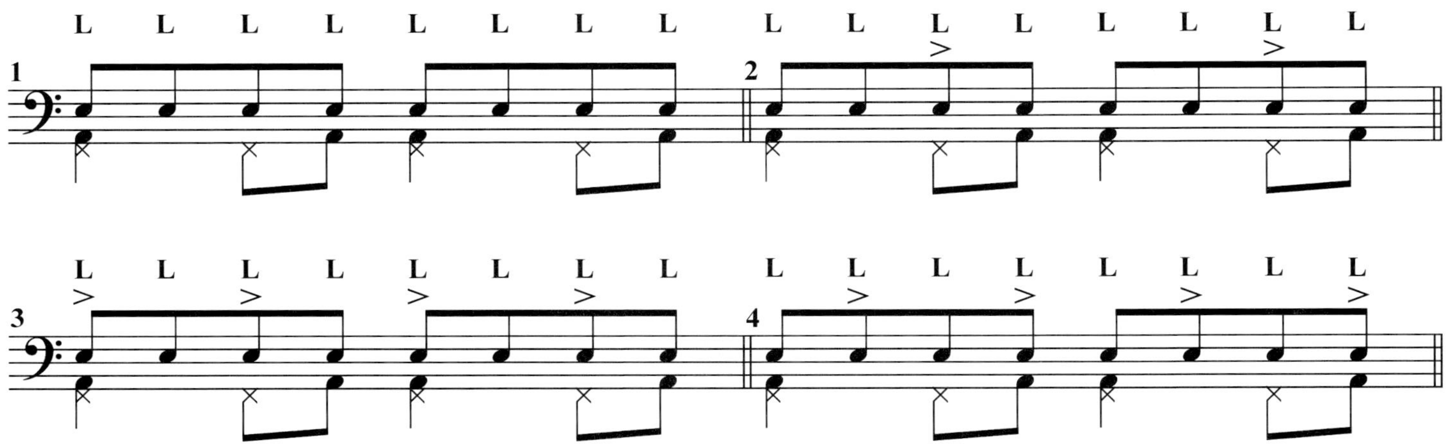

베이직 리듬의 기본 왼손에 라이드 심벌을 넣습니다. 악센트는 모두 왼손으로 연주합니다.

패턴 1 CD105

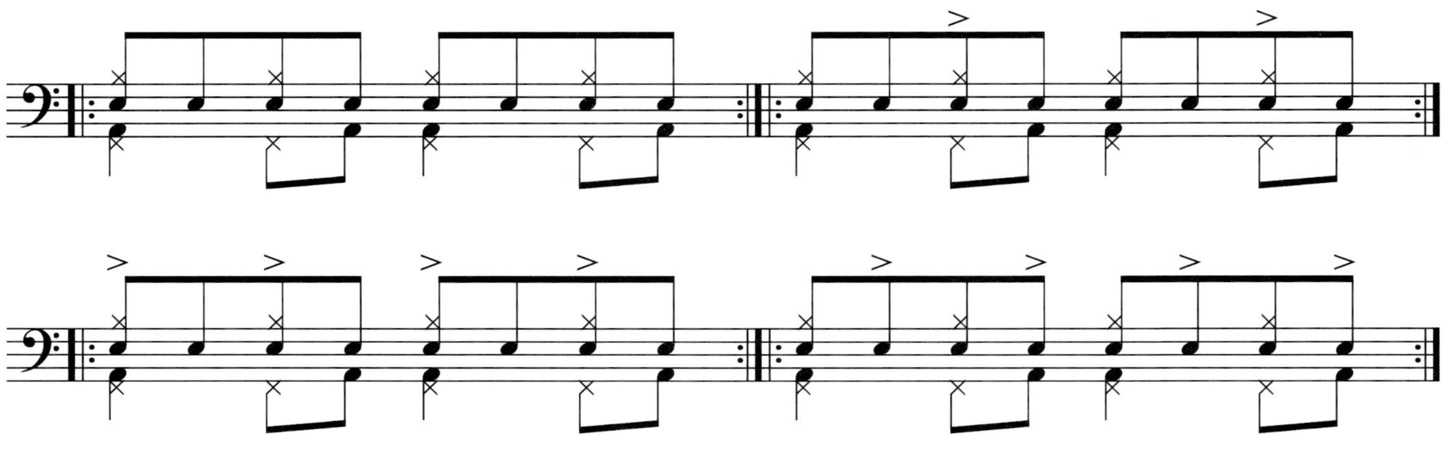

바리에이션 1 CD106

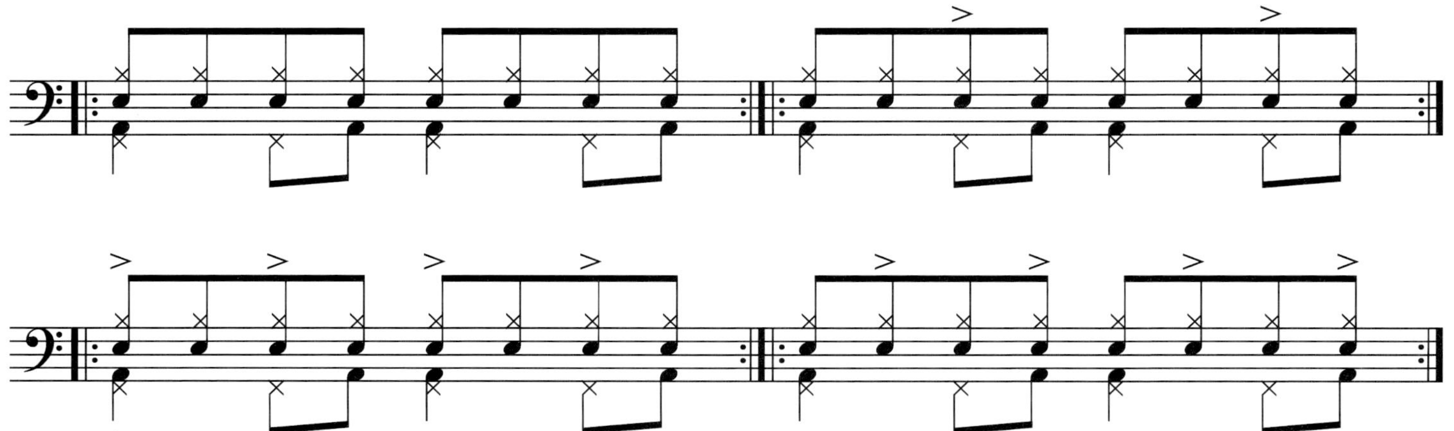

바리에이션 2 CD107

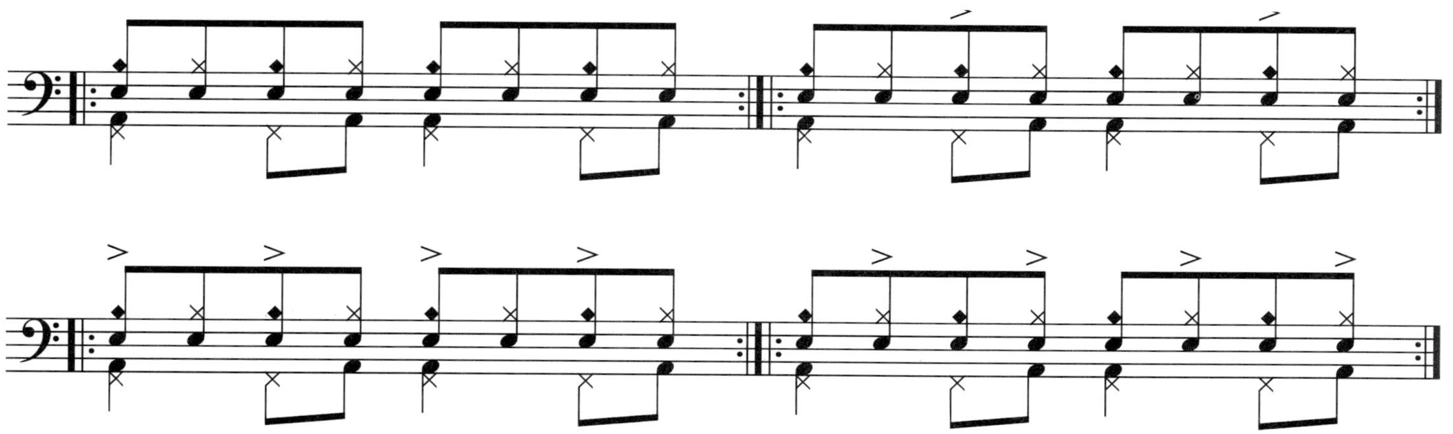

바리에이션 3 CD108

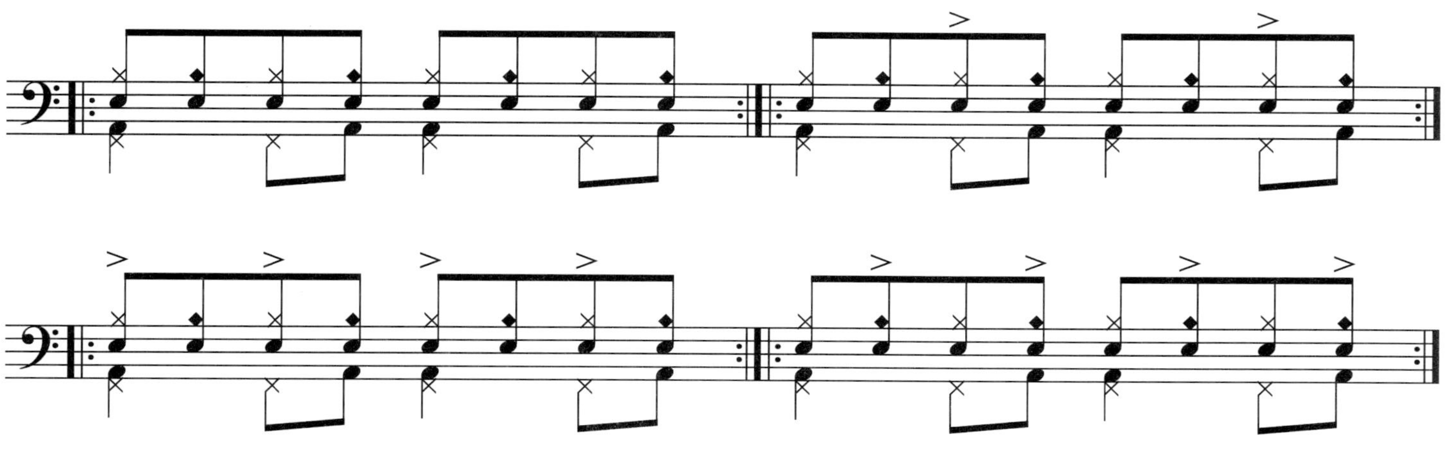

패턴 2 CD109

바리에이션 1

(0:33)

바리에이션 2

(1:06)

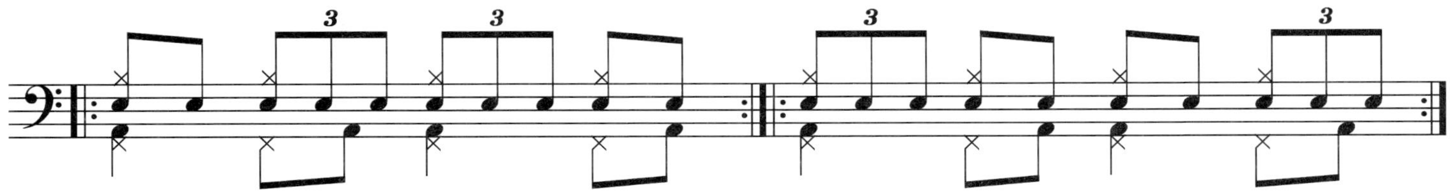

팁

3박자 리듬($\frac{12}{8}$ · $\frac{4}{4}$박자)

베이직 리듬

패턴 1 CD110

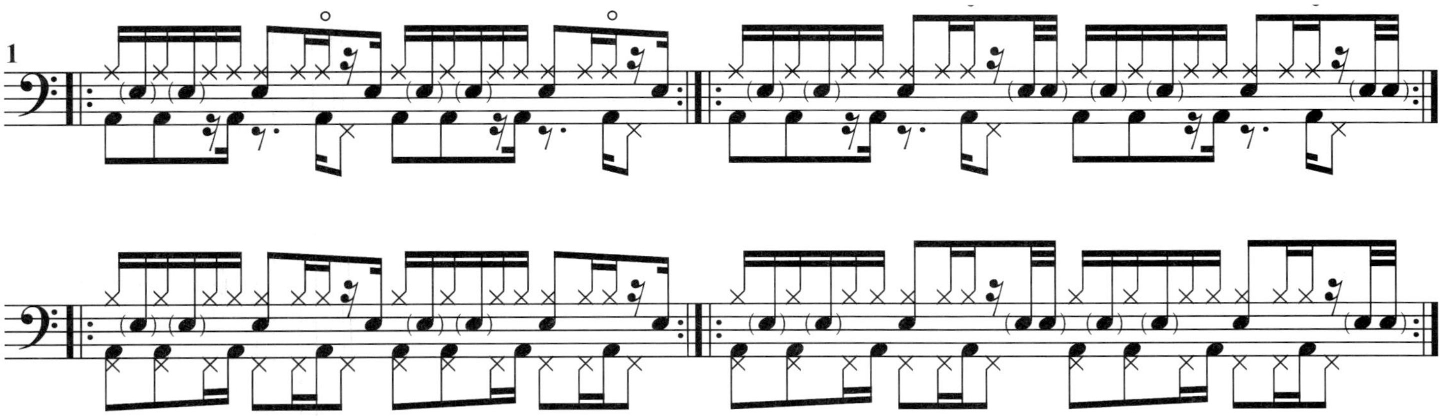

(1:16)

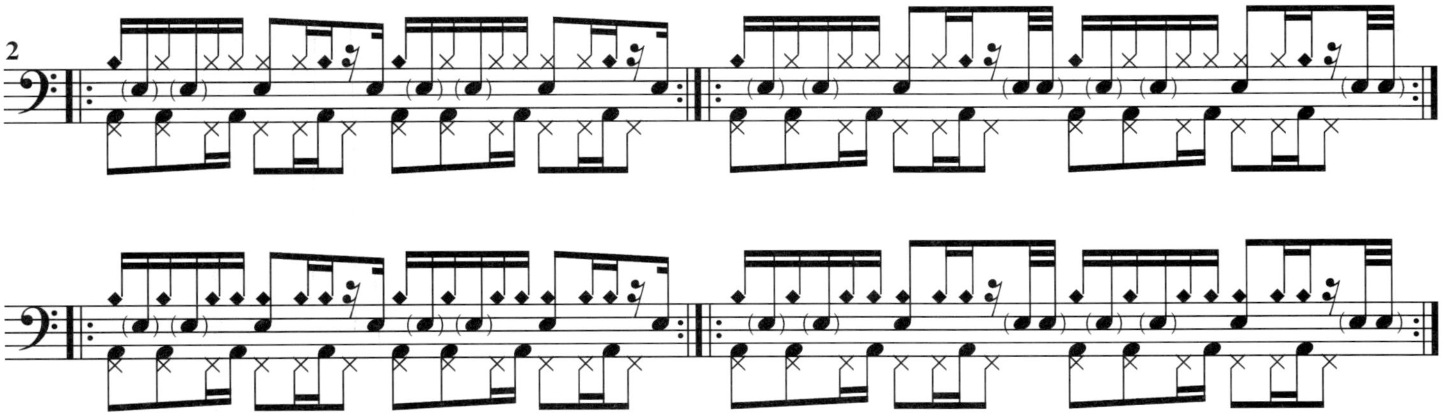

패턴 2 CD111

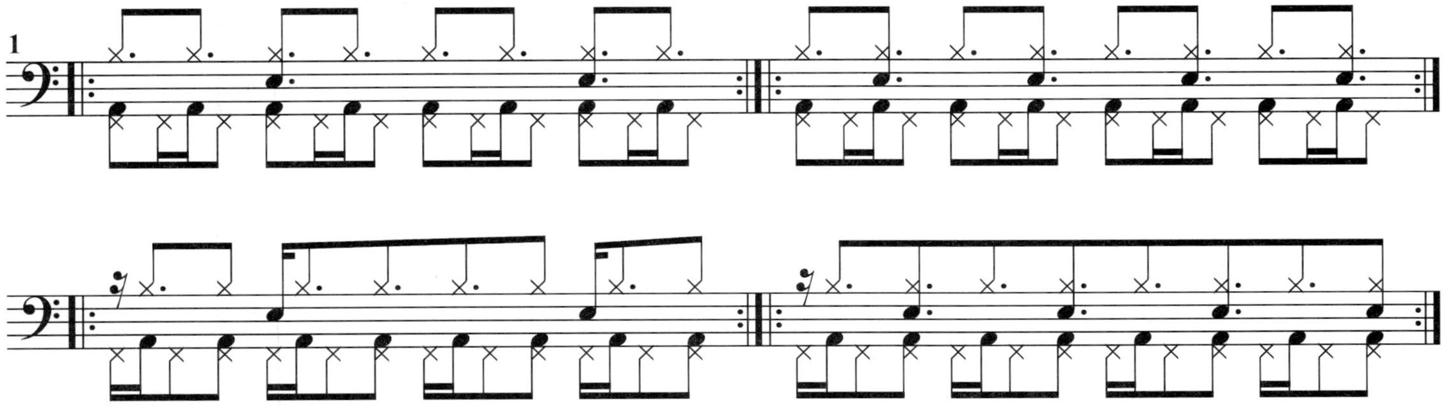

(1:16)

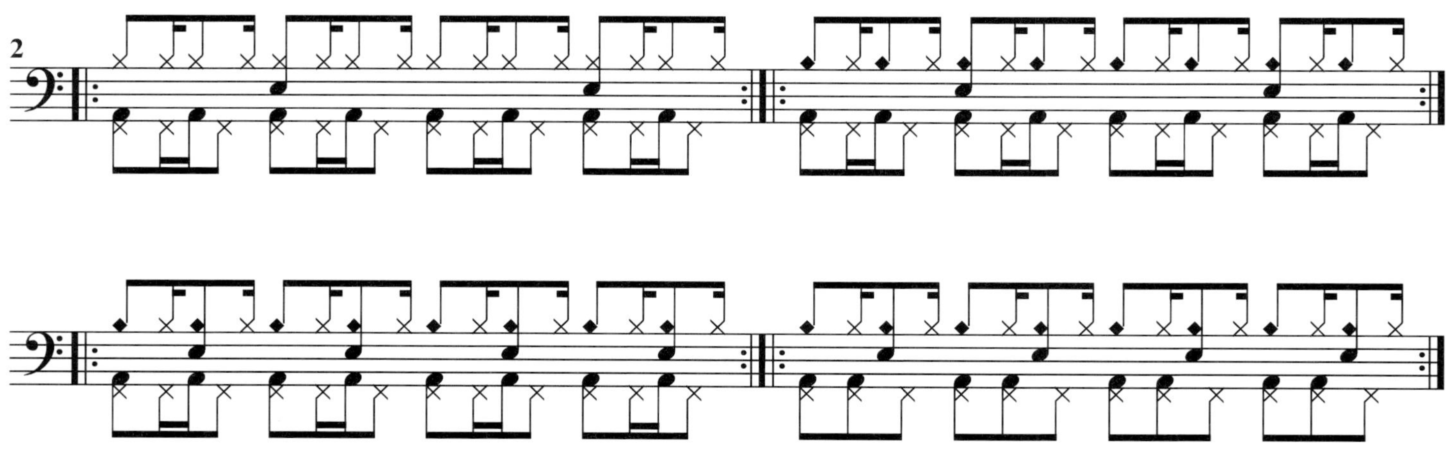

(2:33)

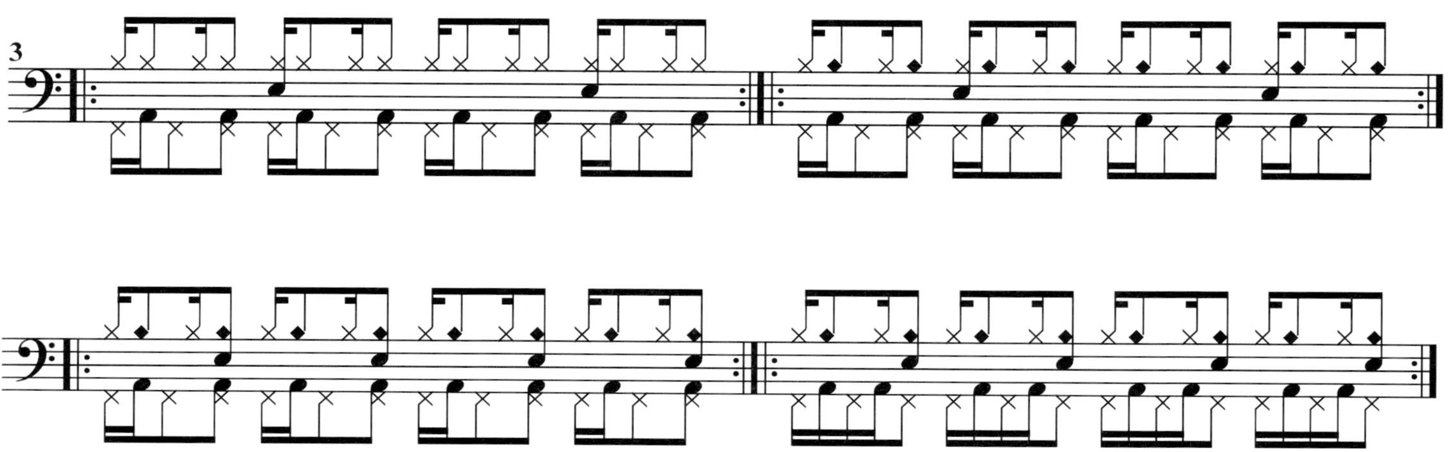

패턴 3 CD112

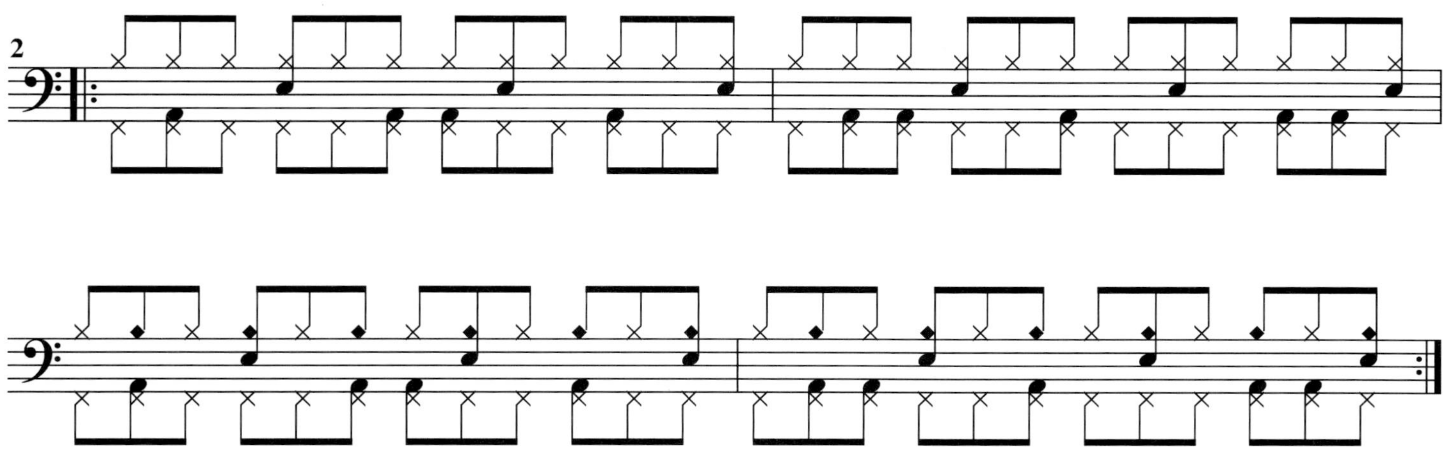

패턴 4 CD113

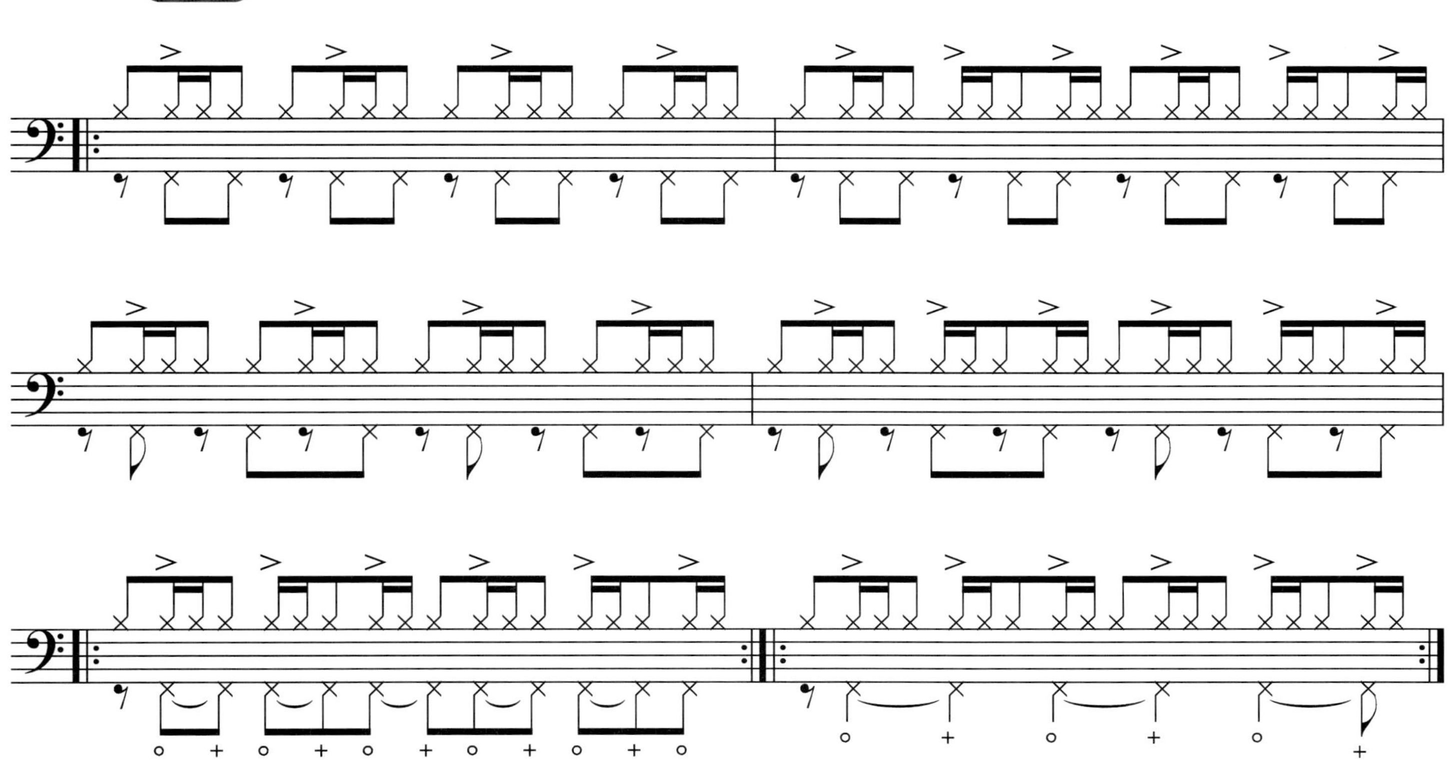

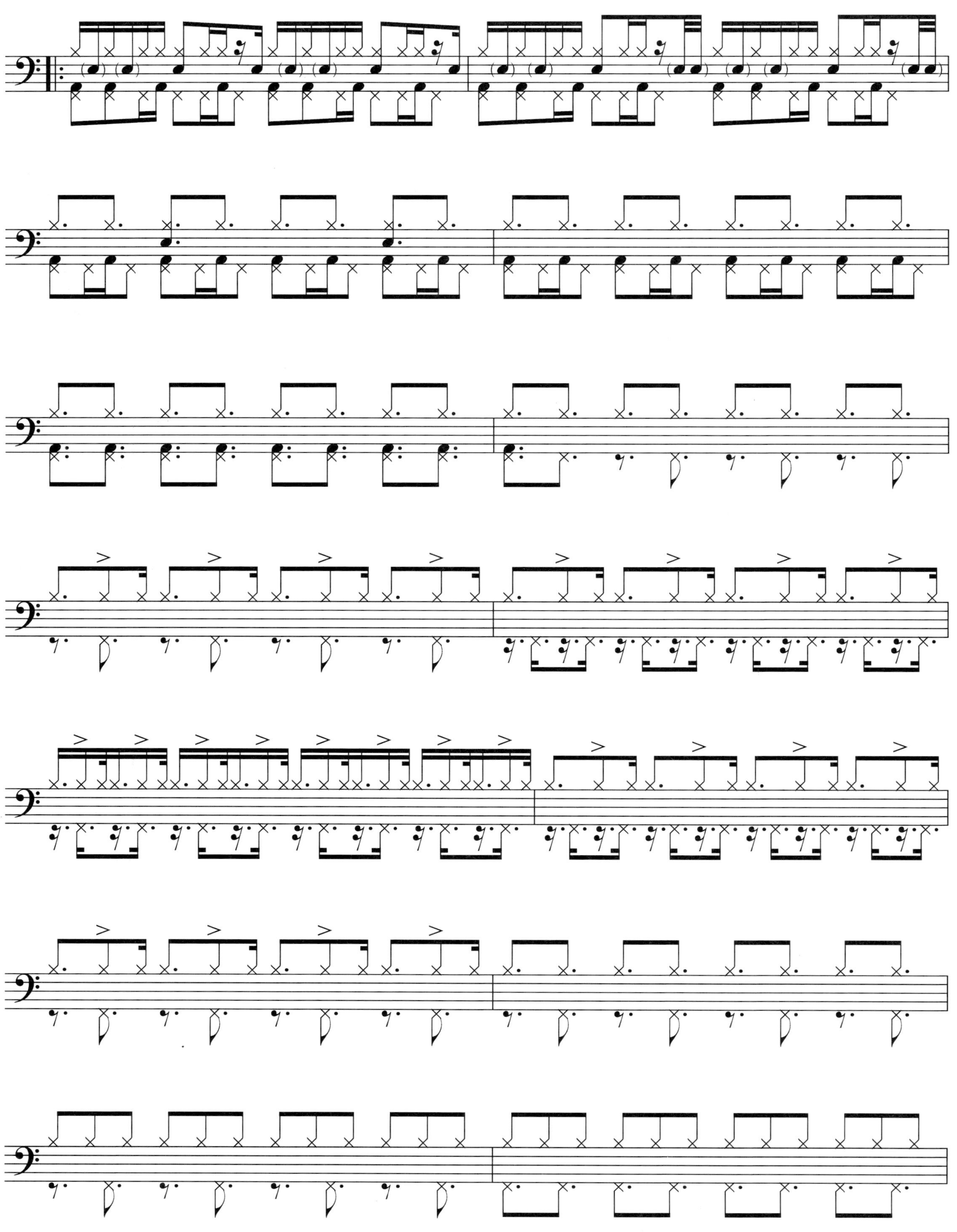

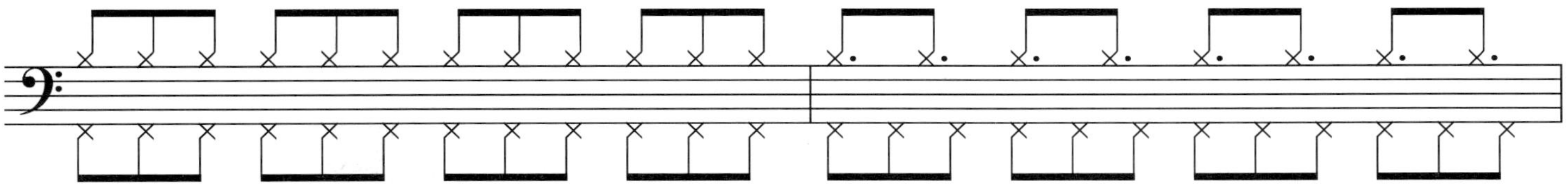

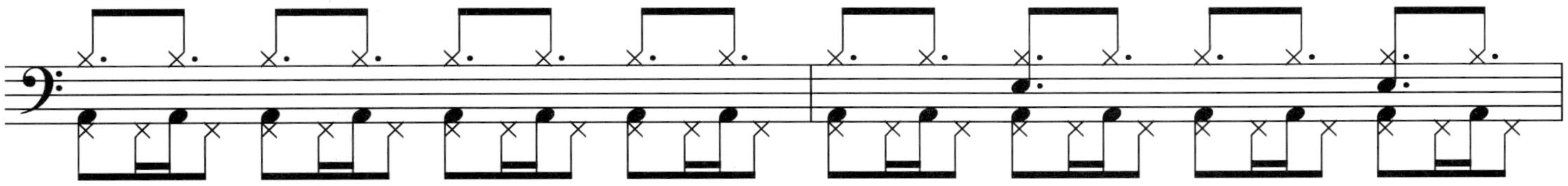

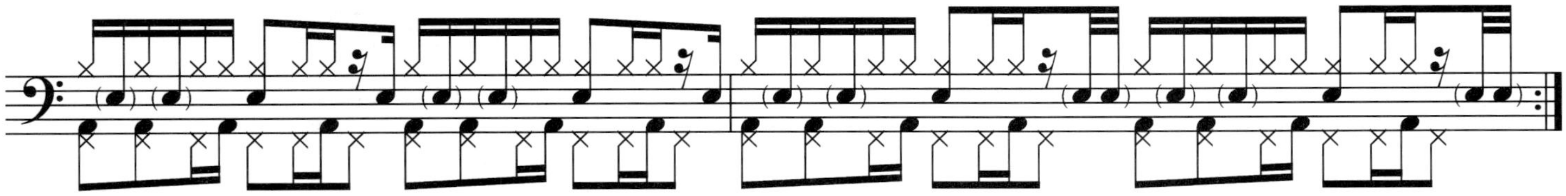

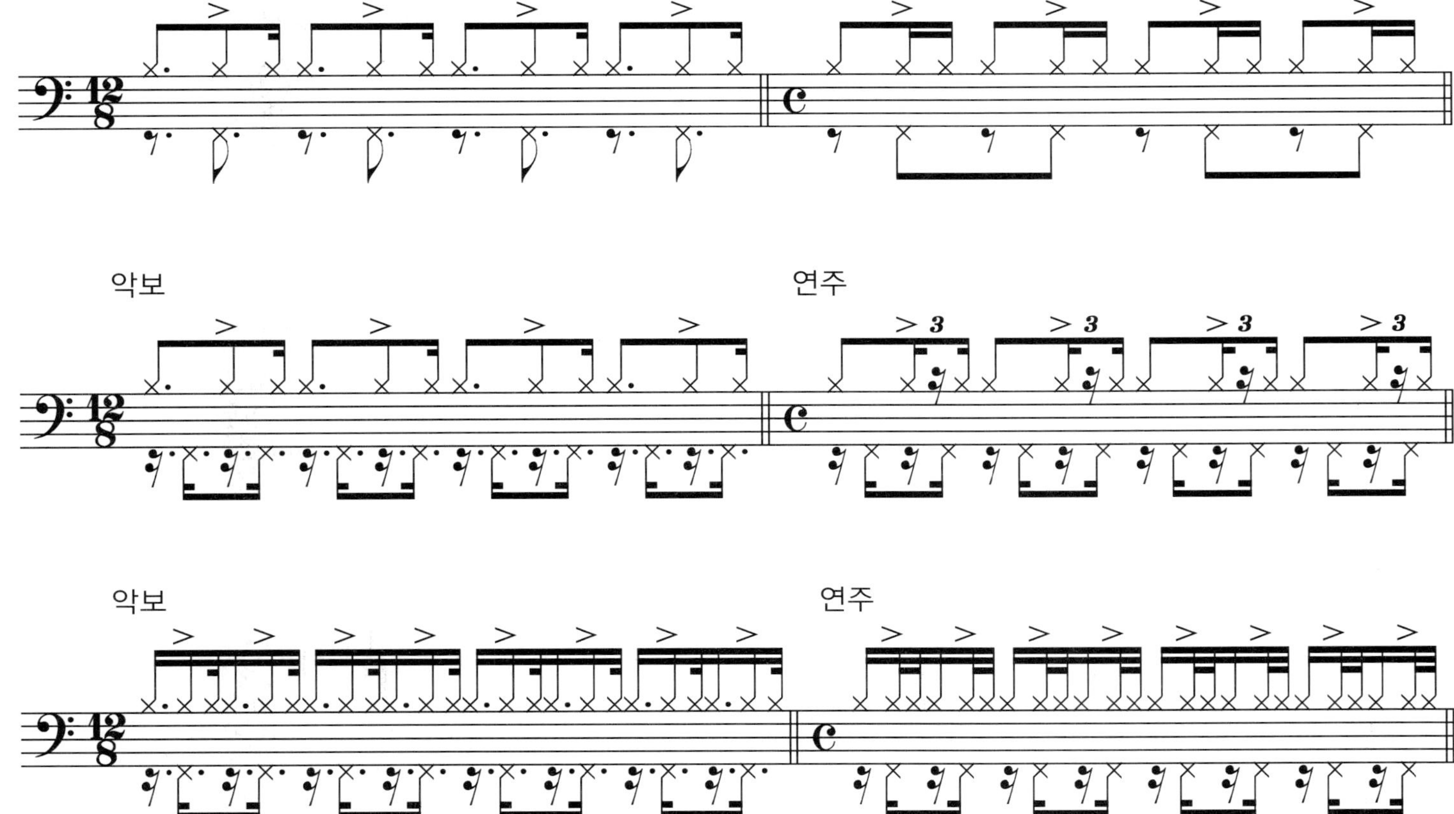

$\frac{12}{8}$박과 $\frac{4}{4}$박의 이해

16분음표 피라디들(싱글·더블·트리플)

패턴 1

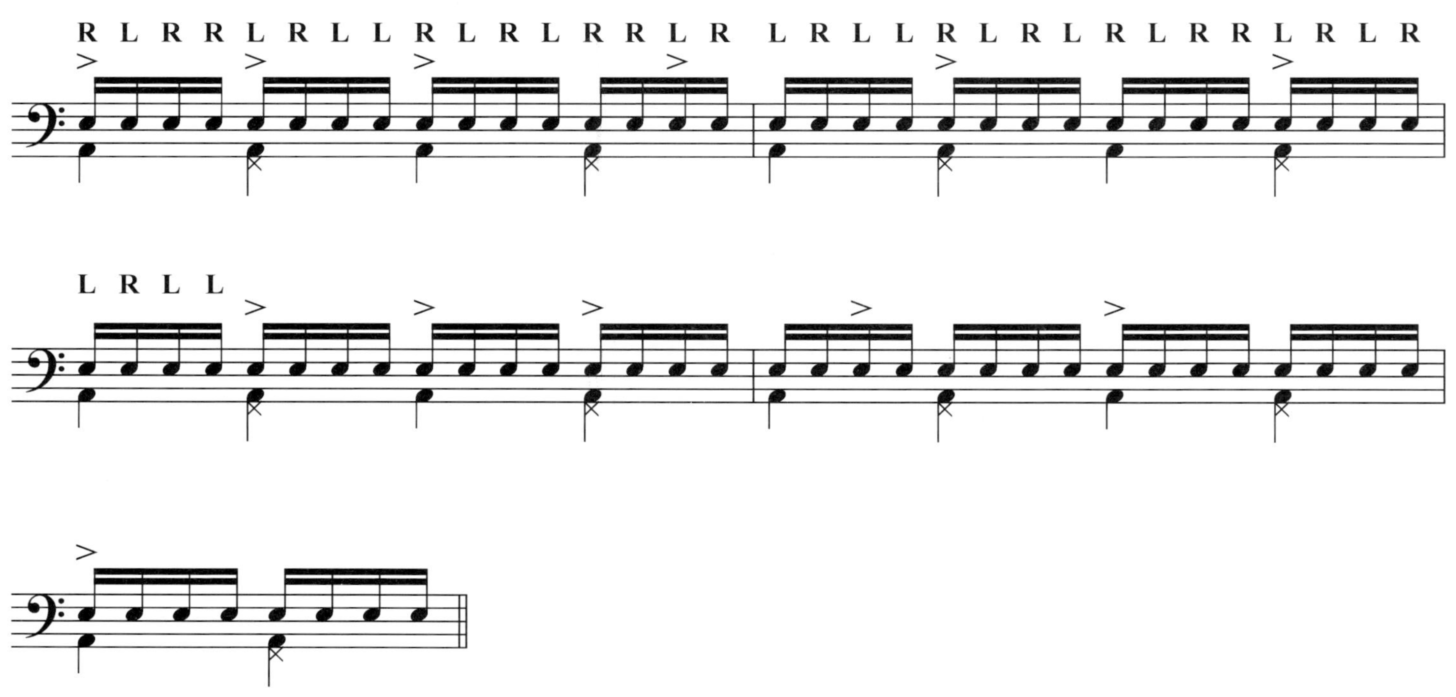

패턴 2

바리에이션 1

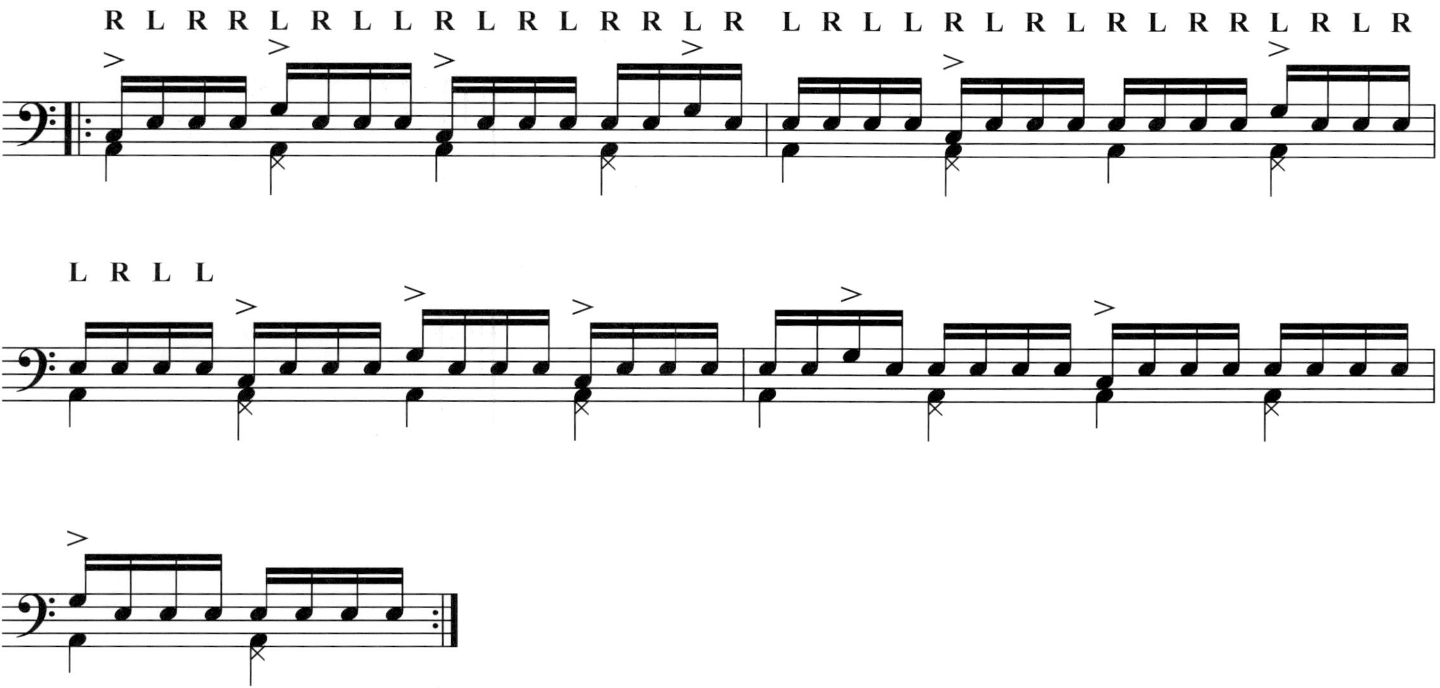

바리에이션 2

(0:33)

3잇단음표 파라디들(싱글 · 더블 · 트리플)

패턴 1

패턴 2

바리에이션 1 CD116

바리에이션 2

(0:32)

아이디어 패턴 1

베이직 리듬

패턴 1

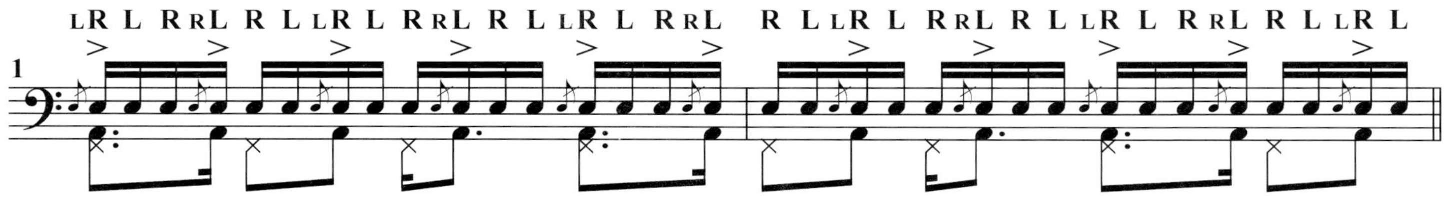

CD117

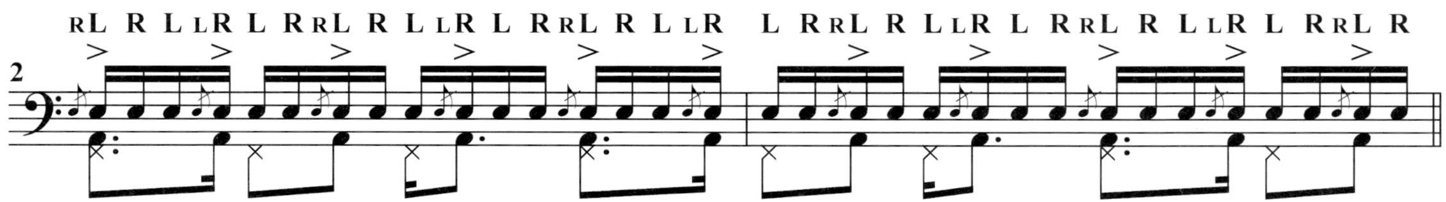

패턴 2 패턴 1의 손모양을 참고하세요.

CD118

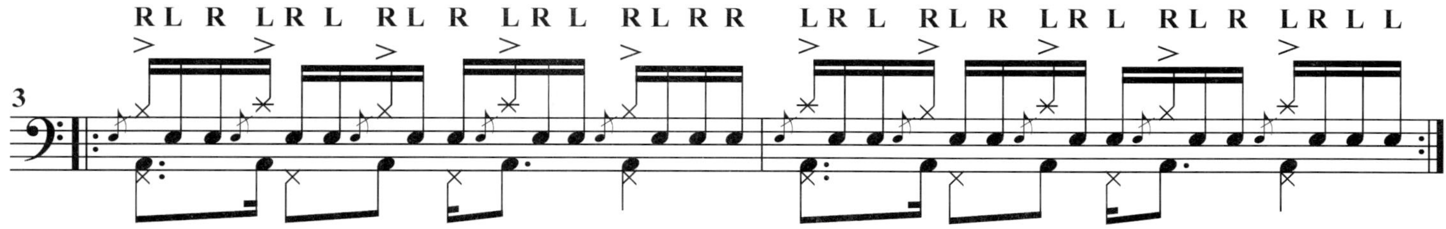

패턴 3 스위스 아미 플램 바레이션

CD119

패턴 4 패턴 3의 손모양을 참고하세요.

CD120
패턴 5 CD121
탐 림 클릭(오른손 기호)

패턴 6
R LL RR L RR LL R LL RR L RR LL R
L RR LL R LL RR L RR LL R LL RR L
CD122
R LL RR L RR LL R LL RR L RR LL R L R R L RR LL R LL RR L RR LL R LL RR L R L L
패턴 7
R L L R L R R L R L R L R
R L L R L R R L R L R L R
L R R L R L L L R L R L R L
L R R L R L L L R L R L R L
CD123
R L L R L R R L R L R R L
L R R L R L L L R L R L L R
패턴 8
CD124
R L R L L R L R L R R L

패턴 9 패턴 1의 손모양을 참고하세요.

패턴 9, 10 바리에이션 1

바리에이션 2 CD127

패턴 11

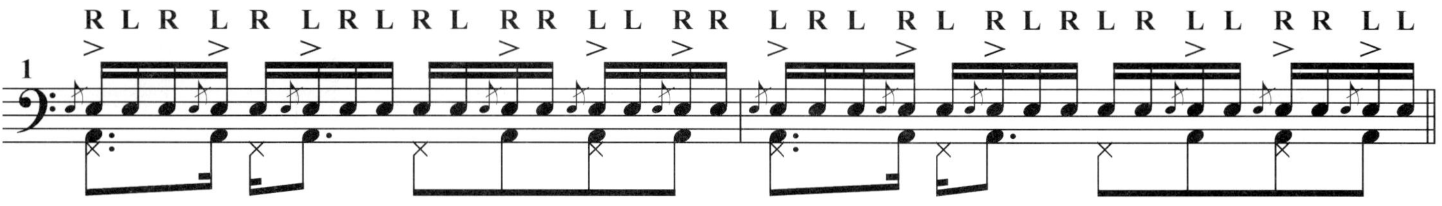

CD128 반복시 플램 없음

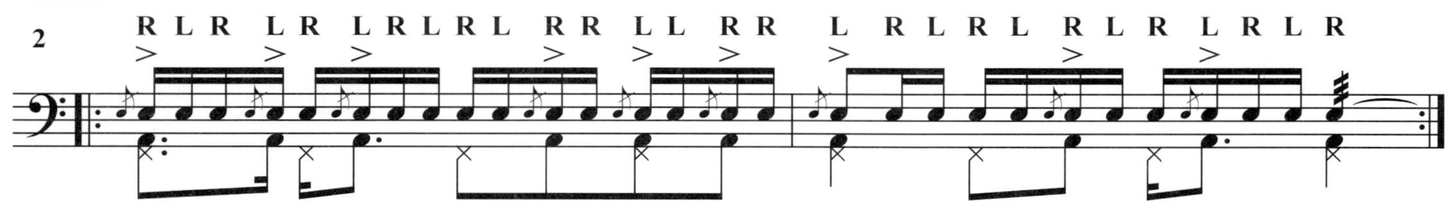

아이디어 패턴 2

플램의 손모양은 스틱 컨트롤(79p)의 패턴 1과 아이디어 패턴 1(166p)을 참고하세요.

CD129

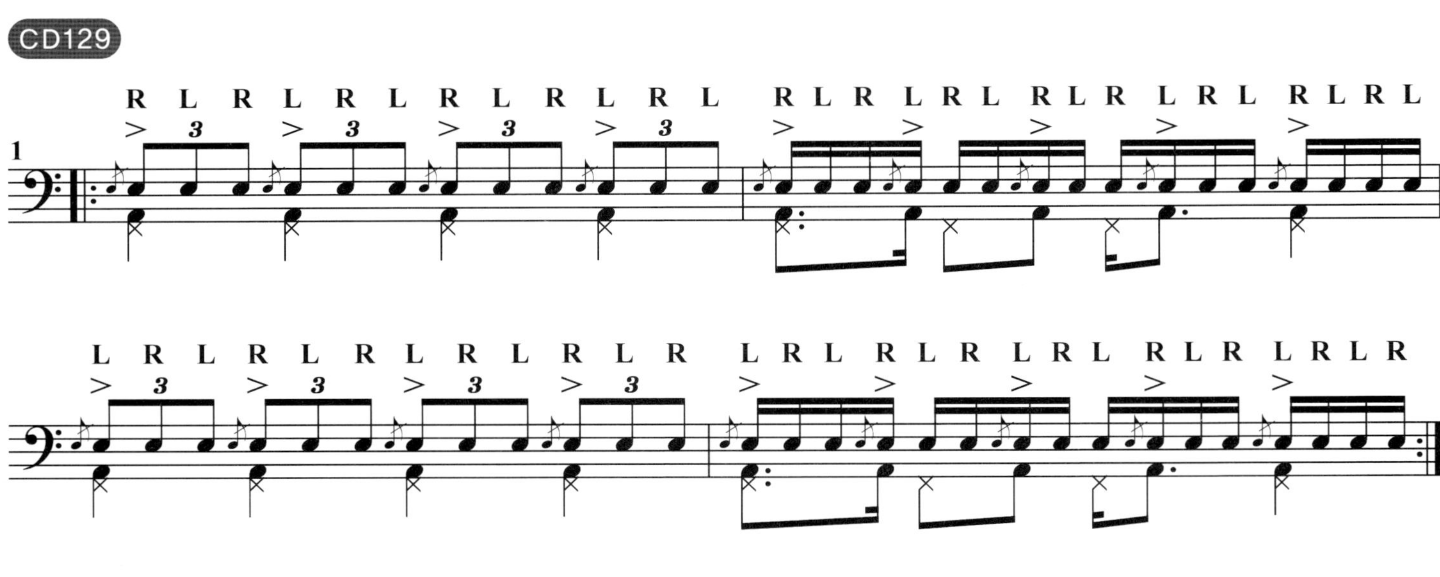

(0:29)

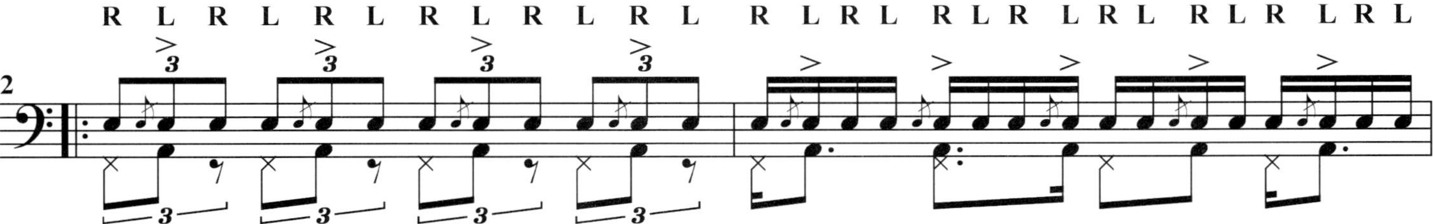

(0:57)

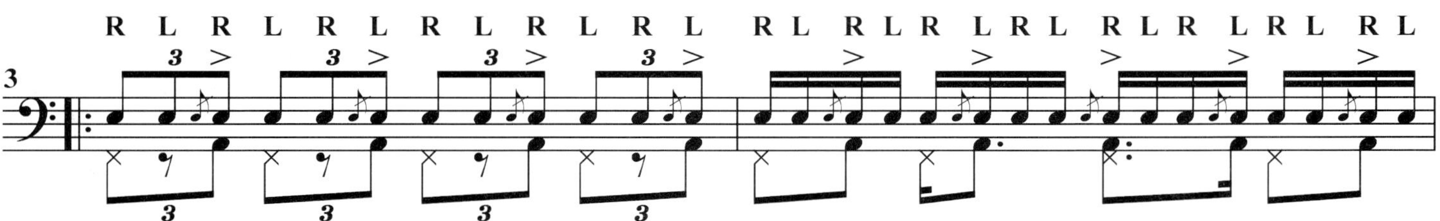

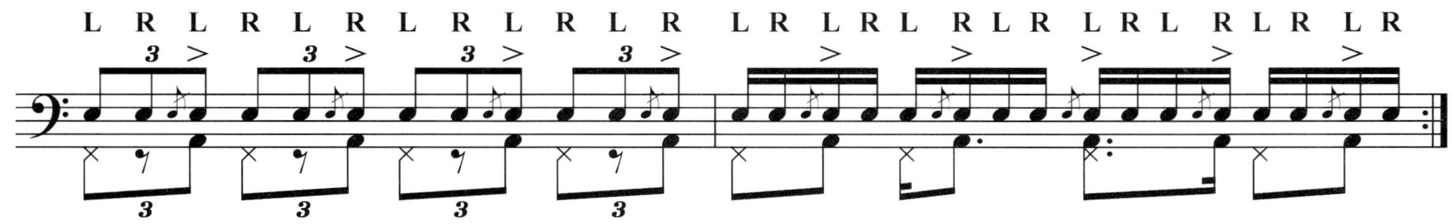

패턴 3

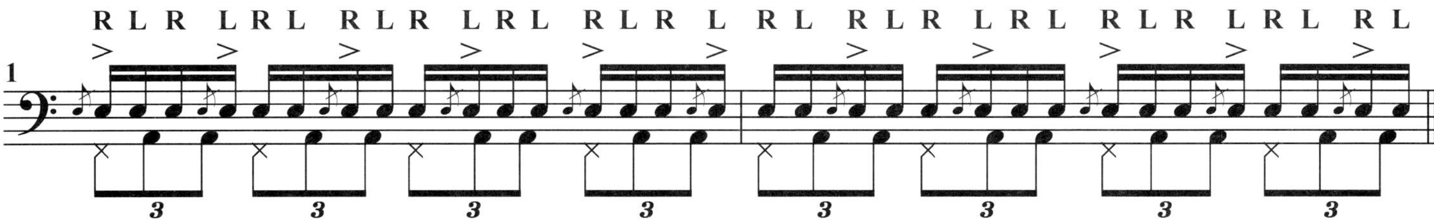

CD131

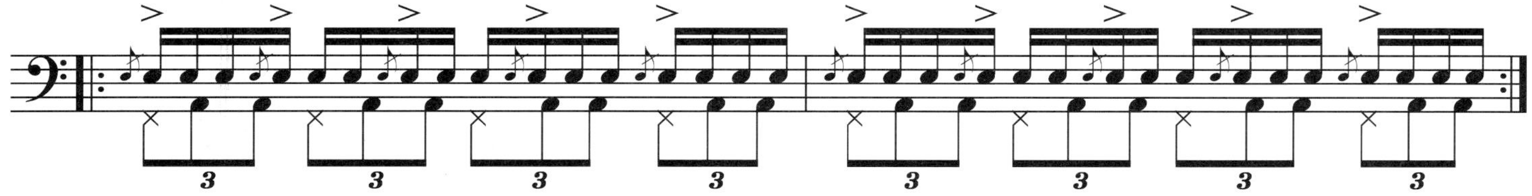

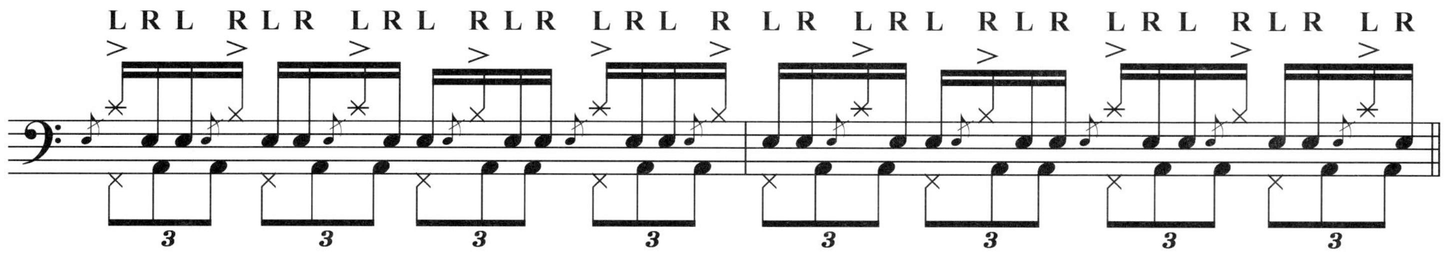

(0:18)

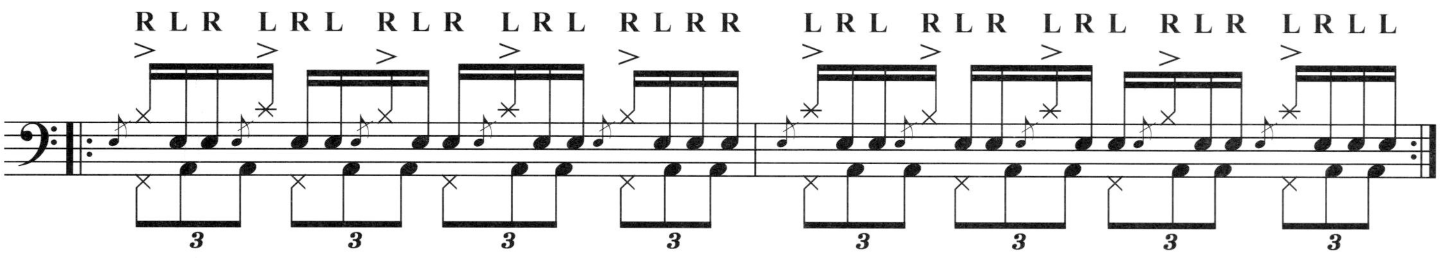

아이디어 패턴 1에 있는 패턴 3(167p) 스위스 아미 플램을 참고하세요.

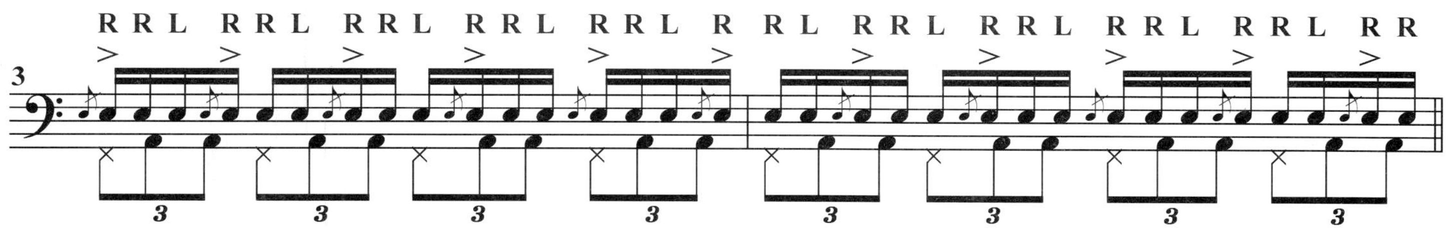

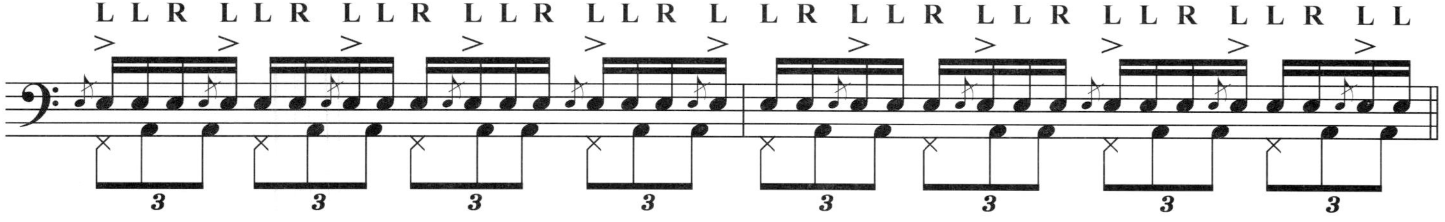

CD132

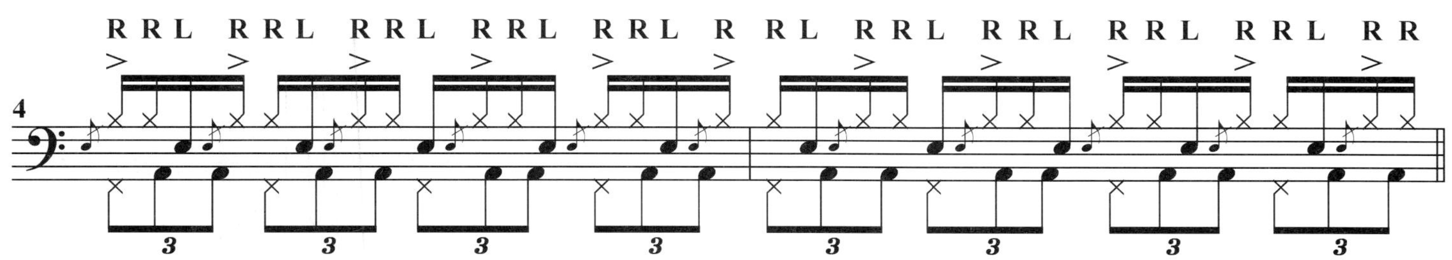

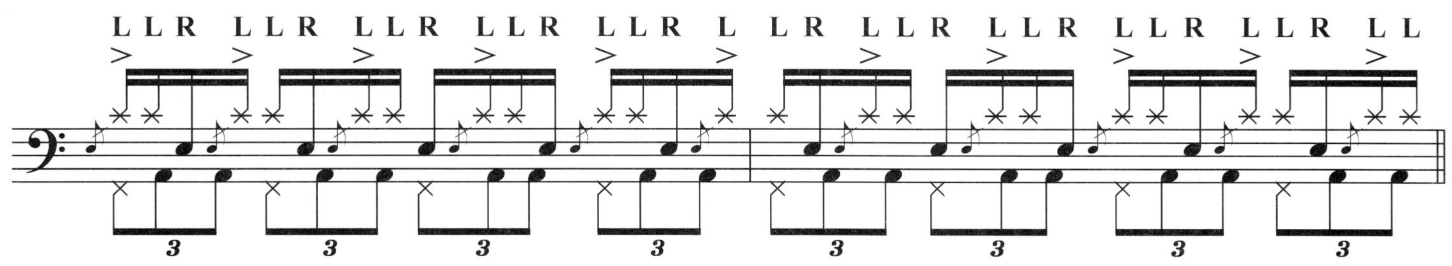

(0:18)

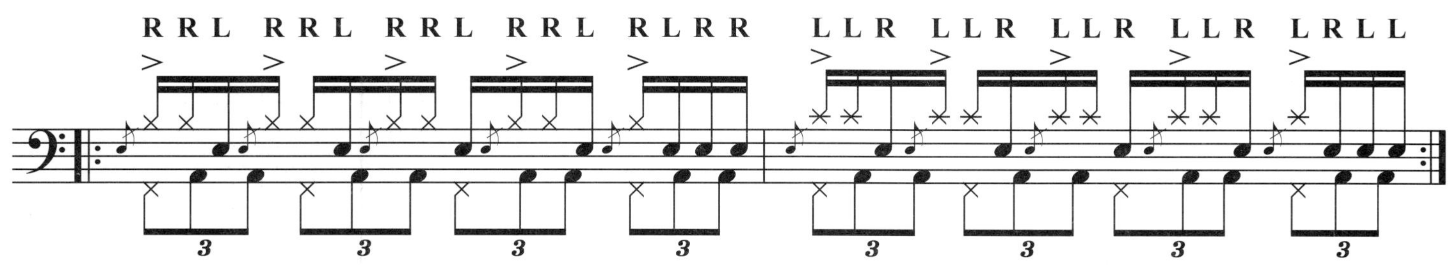

세븐 폴리 루디멘트(스위스 아미 패턴 응용)

패턴 1

CD133

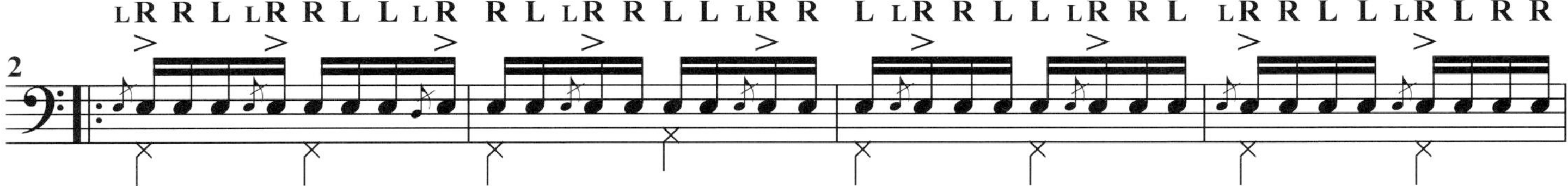

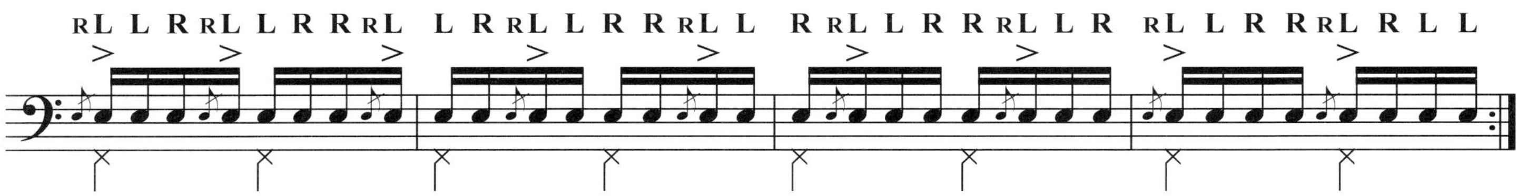

패턴 2

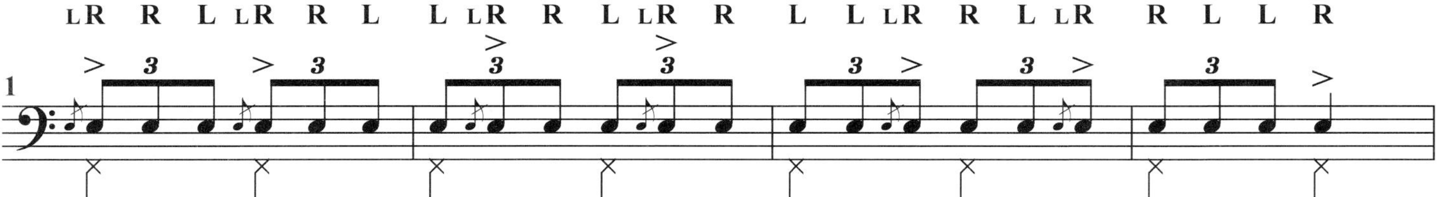

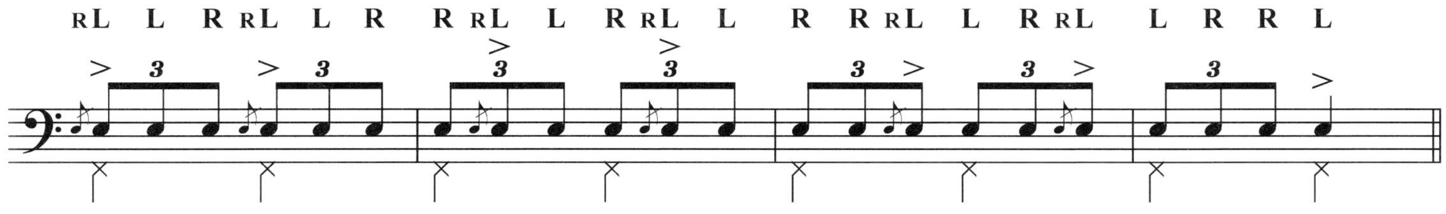

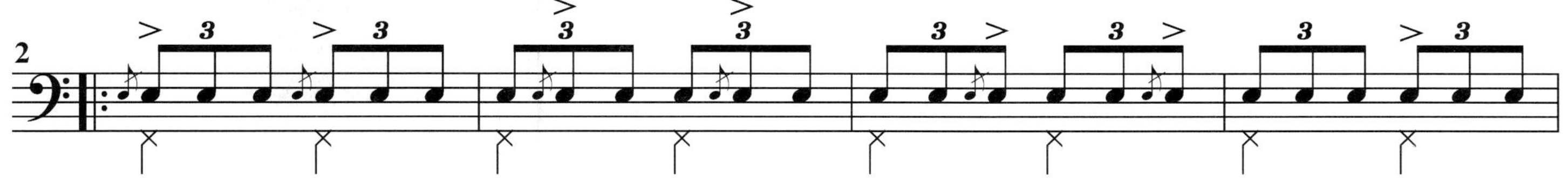

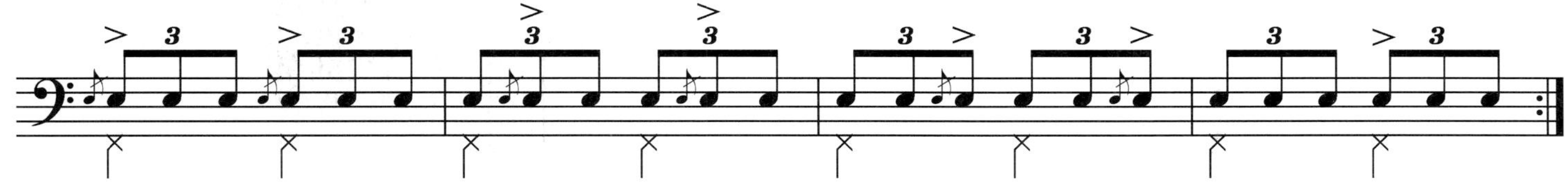

패턴 3

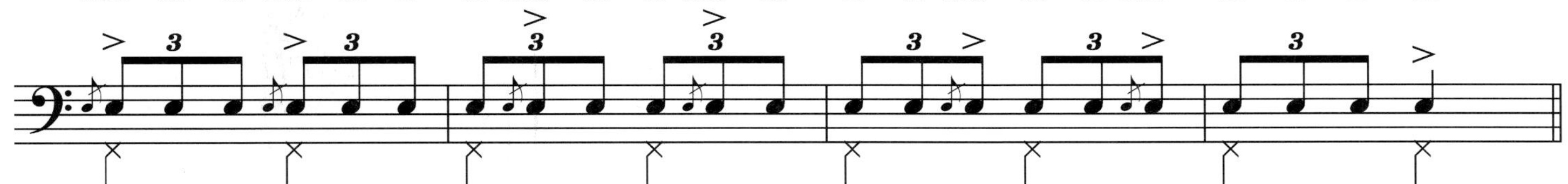

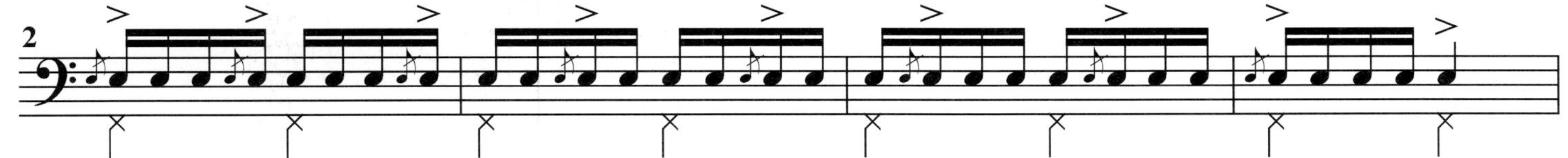

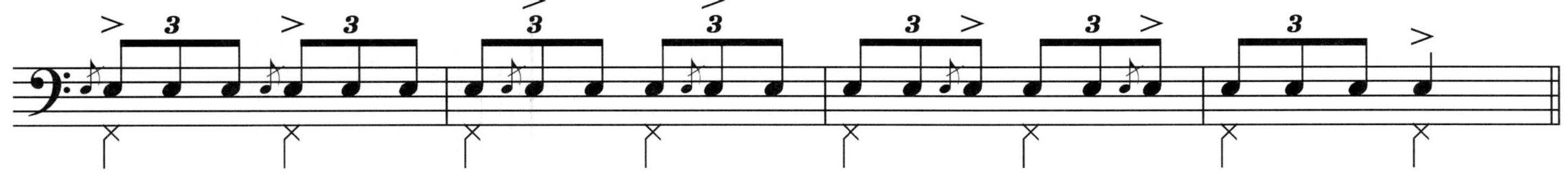

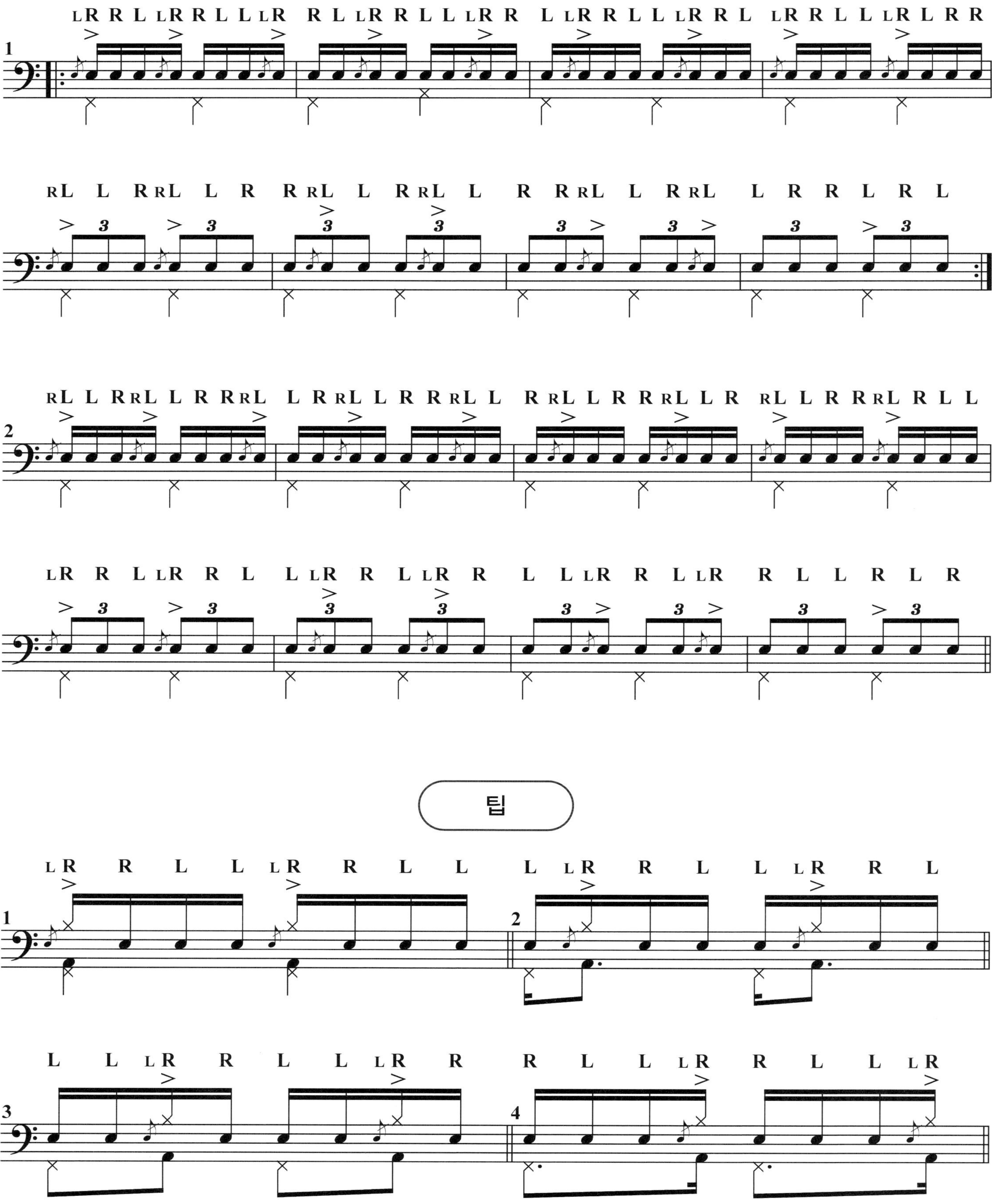

세븐 폴리 바리에이션

베이직 리듬 1

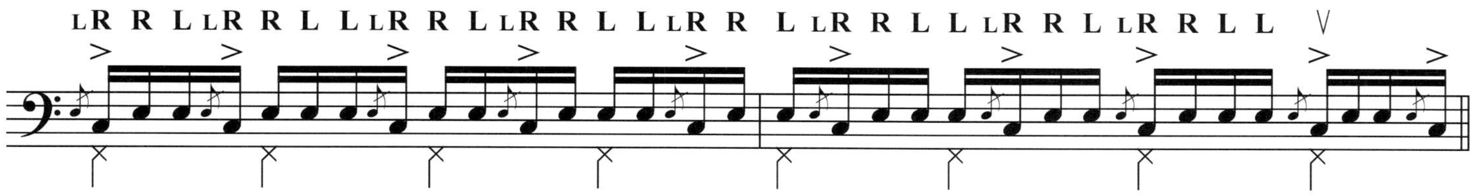

패턴 1

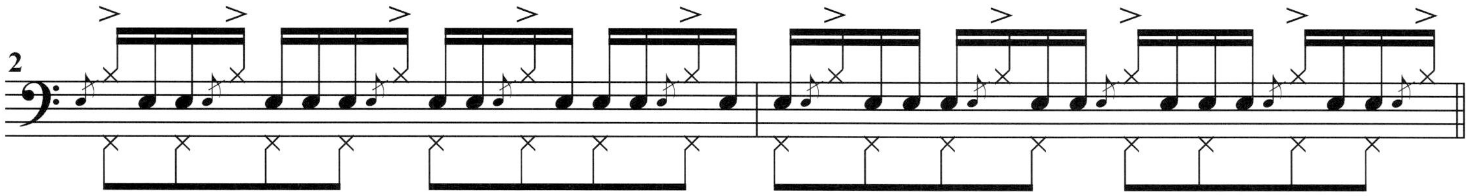

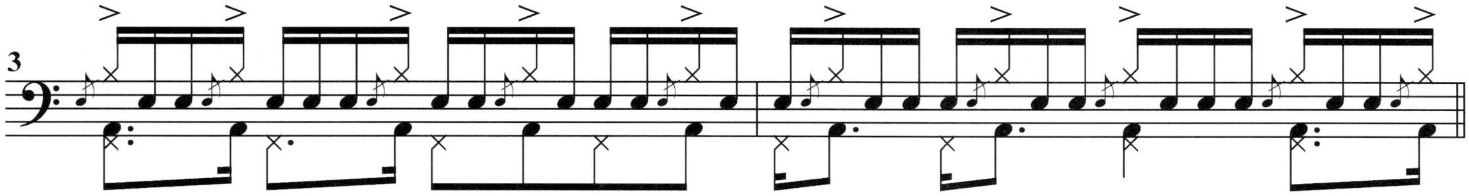

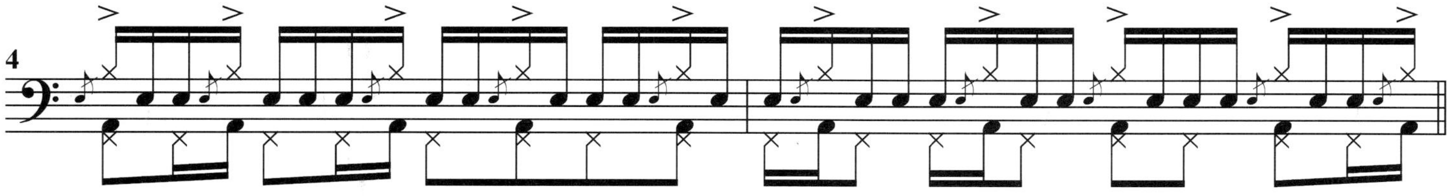

베이직 리듬 2

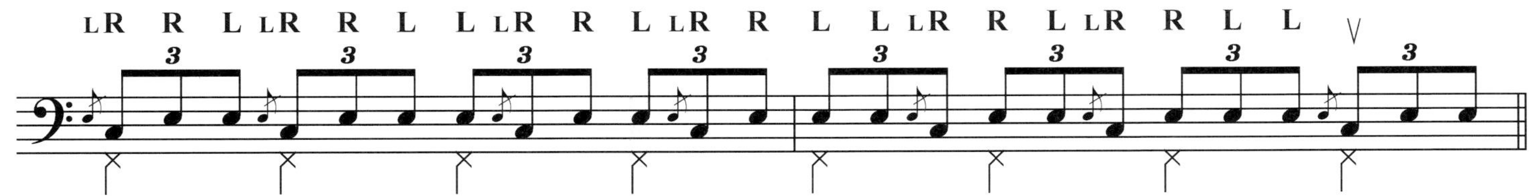

패턴 2

패턴 1, 2 바리에이션 (손모양은 패턴 1, 2를 참고하세요.)

CD136

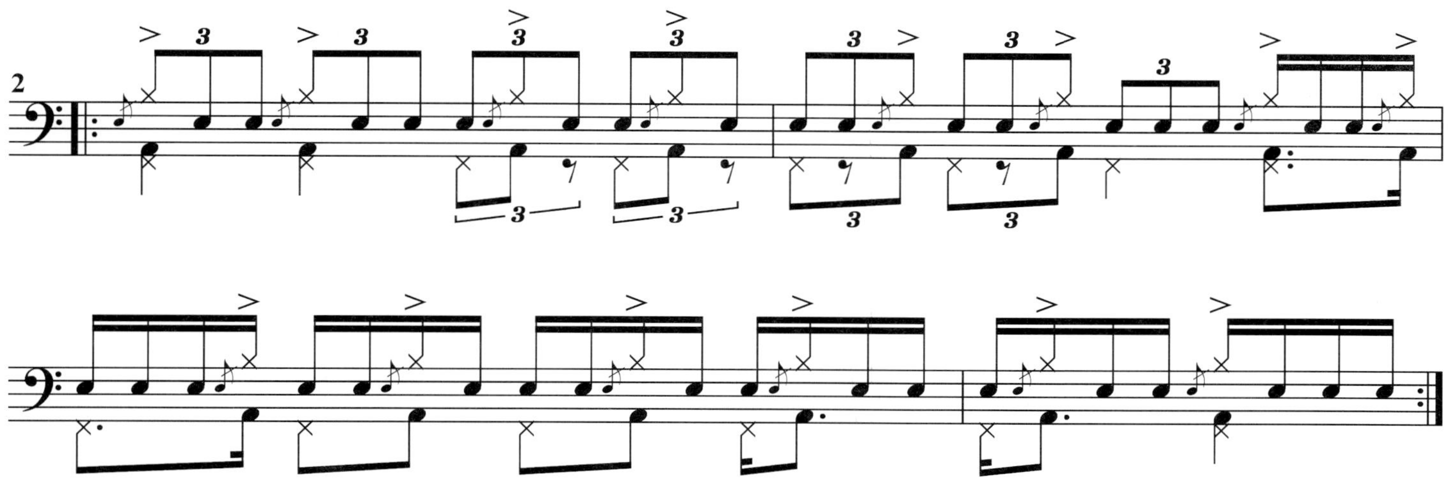

폴리 바리에이션 1

16분음표 악센트를 이용한 프레이즈 연습입니다.

(한 프레이즈가 끝나고
다시 시작되는 지점)

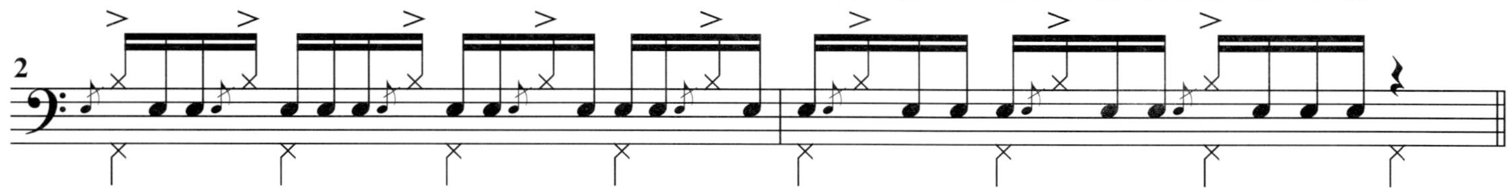

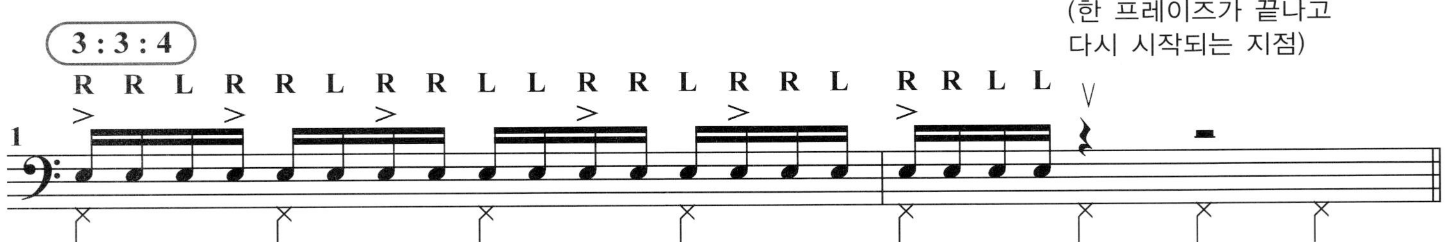
3 : 3 : 4
R R L R R L R R L L R R L R R L R R L L
(한 프레이즈가 끝나고
다시 시작되는 지점)
1

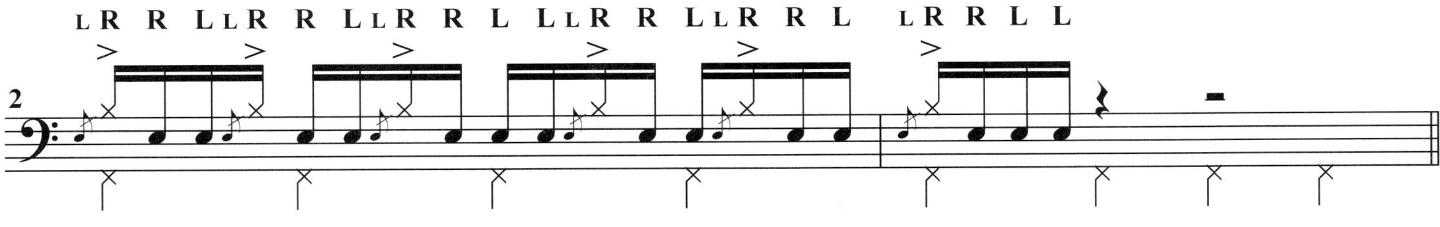
L R R L L R R L L R R L L L R R L L R R L L R R L L
2

CD139
L R R L L R R L L R R L L L R R L L R R L L R R L L
3
4X.

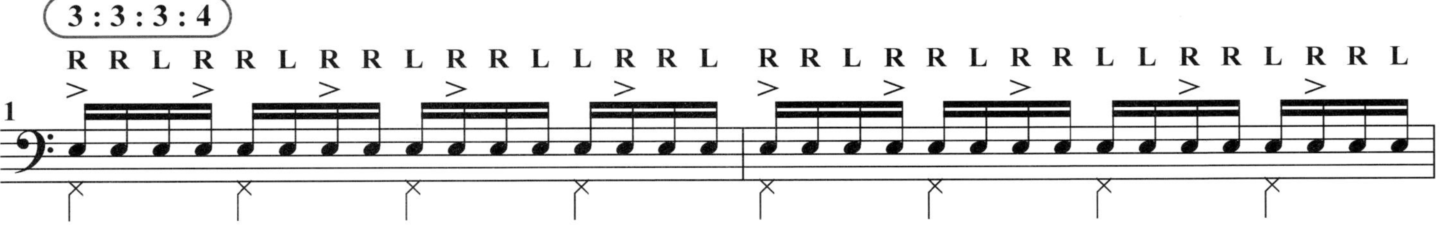
3 : 3 : 3 : 4
R R L R R L R R L R R L L R R L R R L R R L R R L L R R L R R L
1

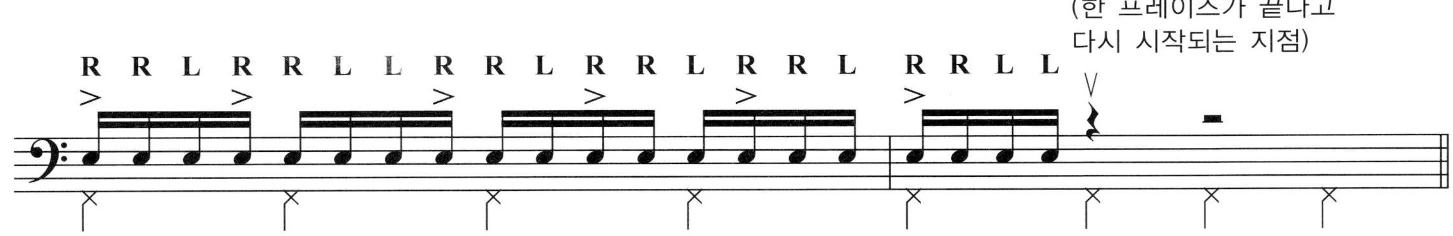
R R L R R L L R R L R R L R R L R R L L
(한 프레이즈가 끝나고
다시 시작되는 지점)
2

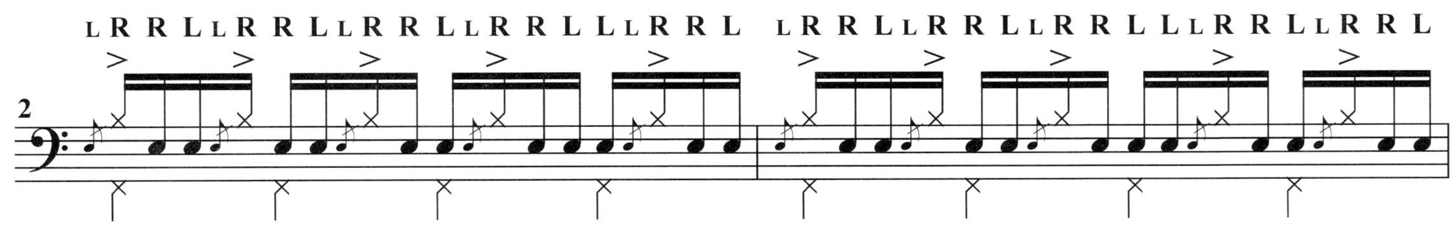
L R R L L R R L L R R L L R R L L L R R L L R R L L R R L L R R L L L R R L
2

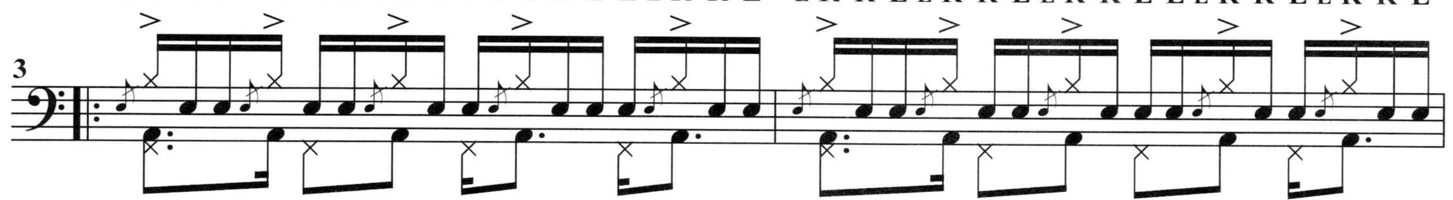

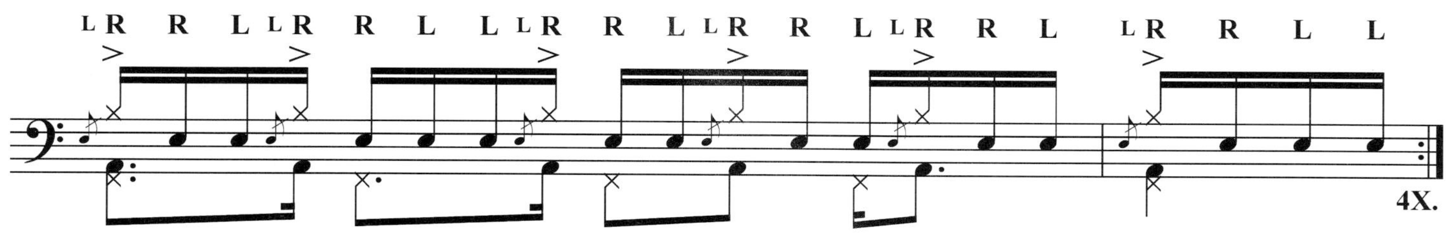

3 : 3 : 3 : 3 : 4

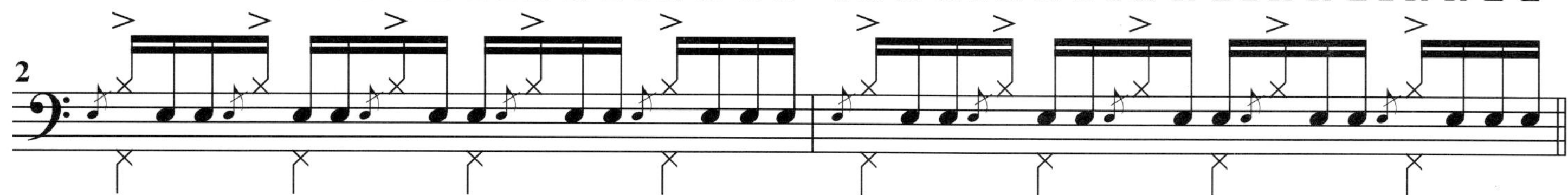

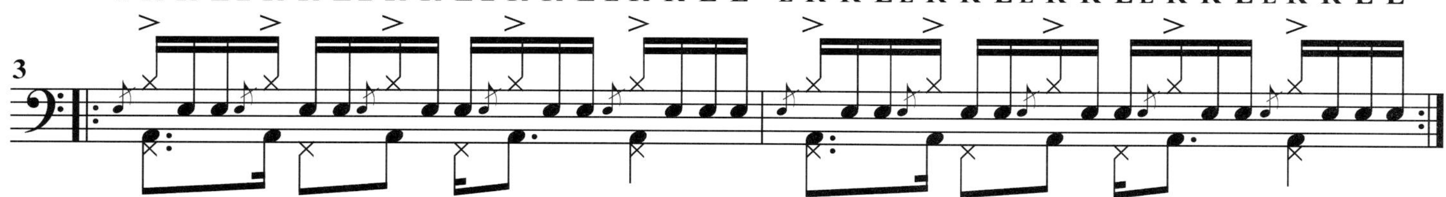

폴리 바리에이션 1을 한 프레이즈씩 정리해 보았습니다.
다시 한 번 잘 이해하고 공부합시다. 각 숫자들은(3:4 · 3:3:4 · 3:3:3:4 · 3:3:3:3:4) 16분음표를 기준으로 악센트의 간격(위치)을 말합니다.

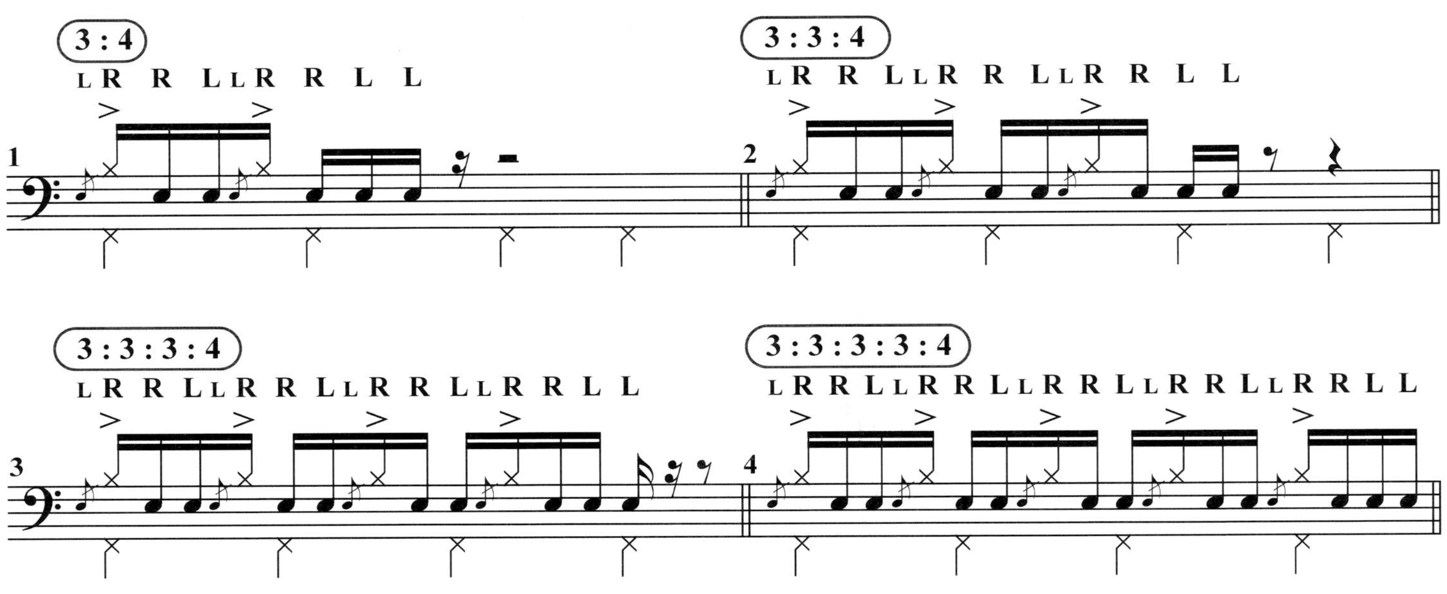

폴리 바리에이션 2

3잇단음표 악센트를 이용한 프레이즈 연습입니다.

(한 프레이즈가 끝나고
다시 시작되는 지점)

184

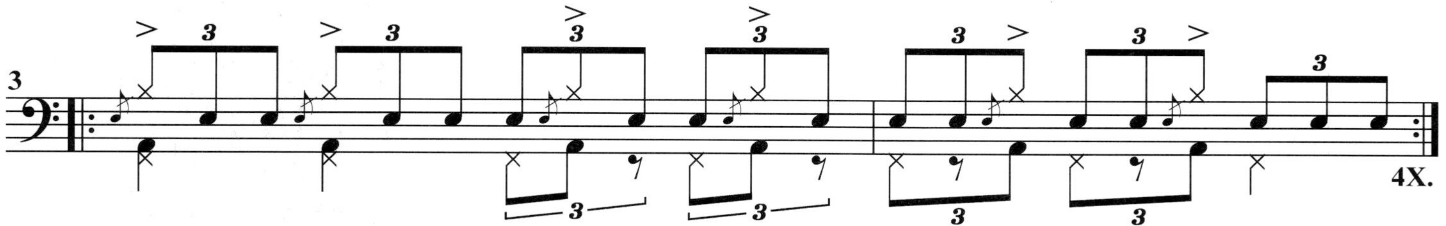

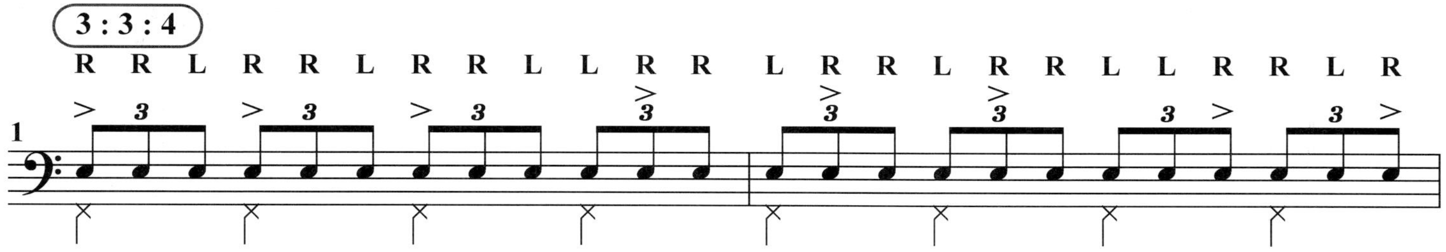

(한 프레이즈가 끝나고
다시 시작되는 지점)

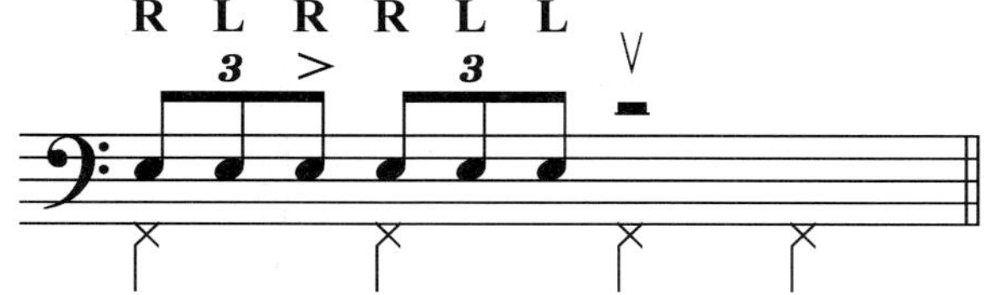

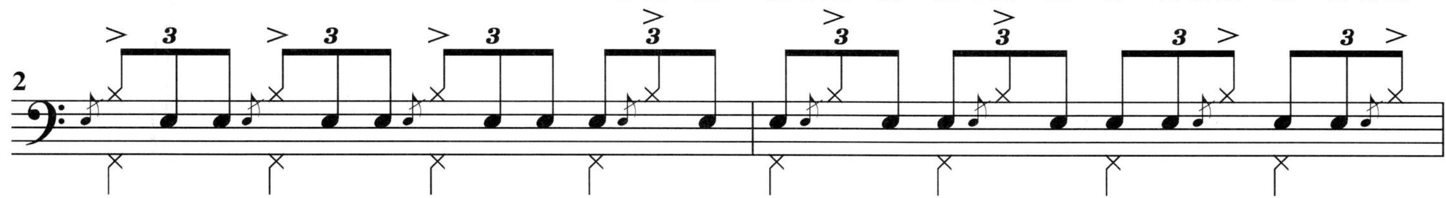

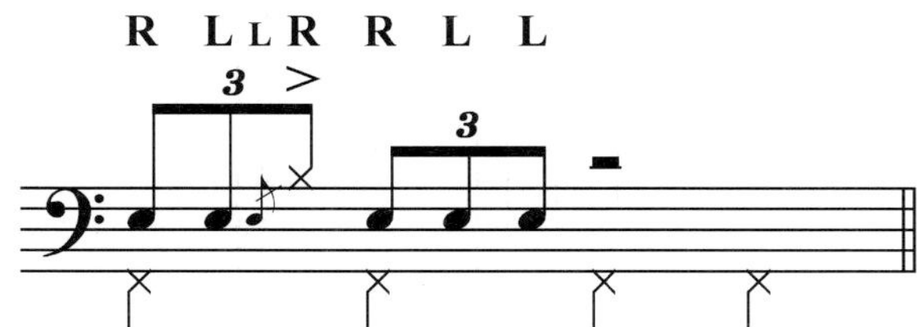

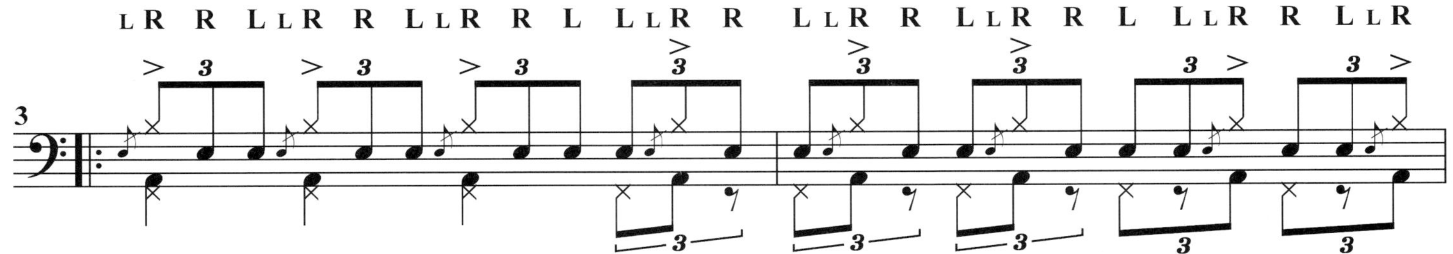

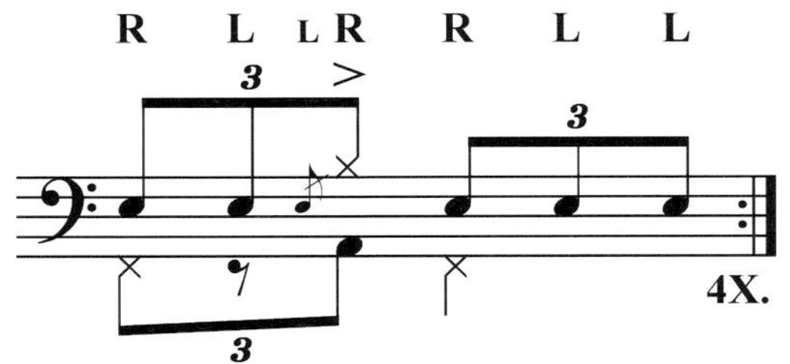

3 : 3 : 3 : 4

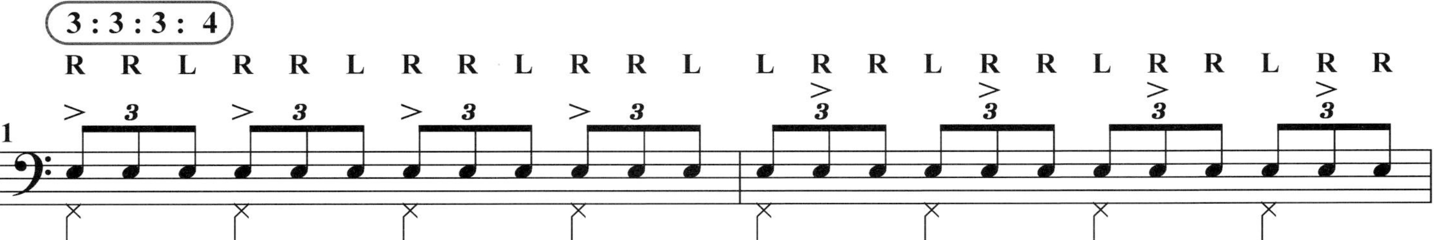

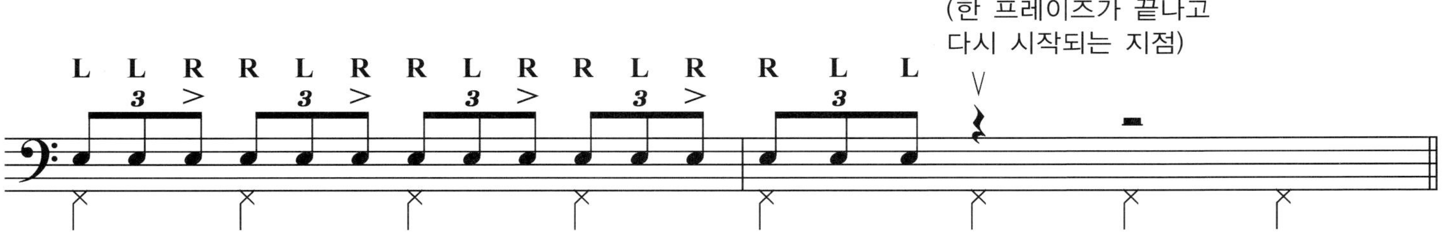

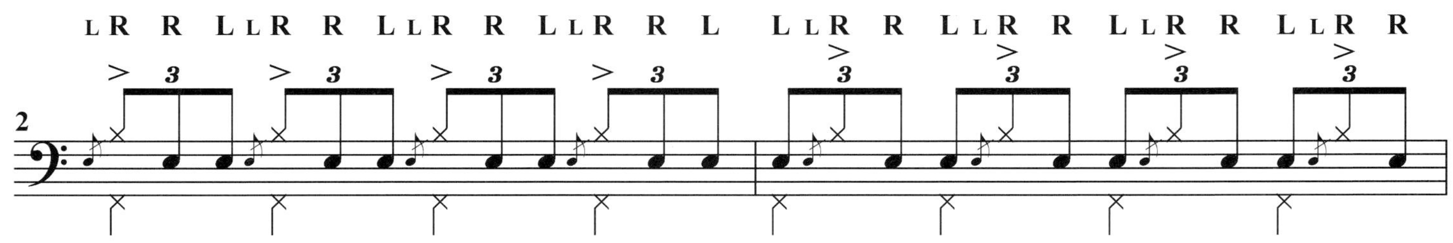

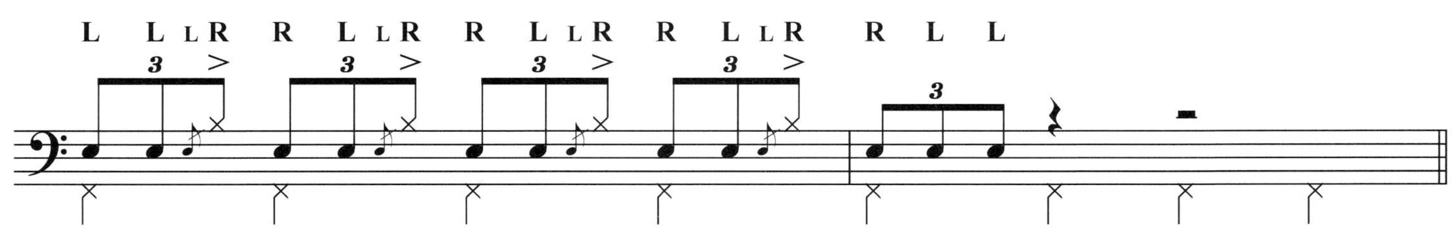

CD144
4X.
3 : 3 : 3 : 3 : 4
187

CD145

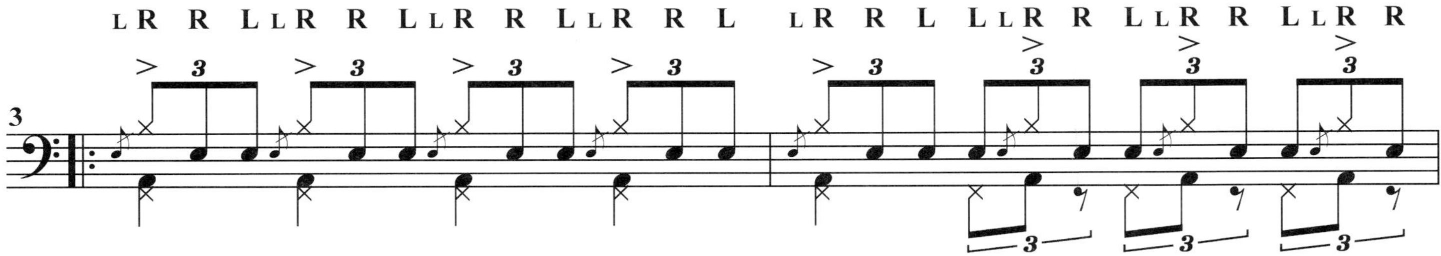

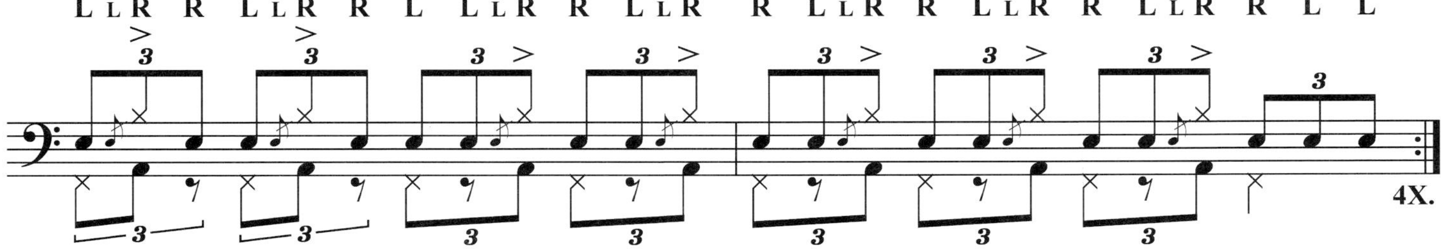

폴리 바리에이션 2 정리

폴리 바리에이션 1과 똑같은 방식으로 한 프레이즈씩 정리해 보았습니다. 각 숫자들은(3:4 · 3:3:4 · 3:3:3:4 · 3:3:3:3:4) 3잇단음표를 기준으로 악센트 간격(위치)를 말합니다.

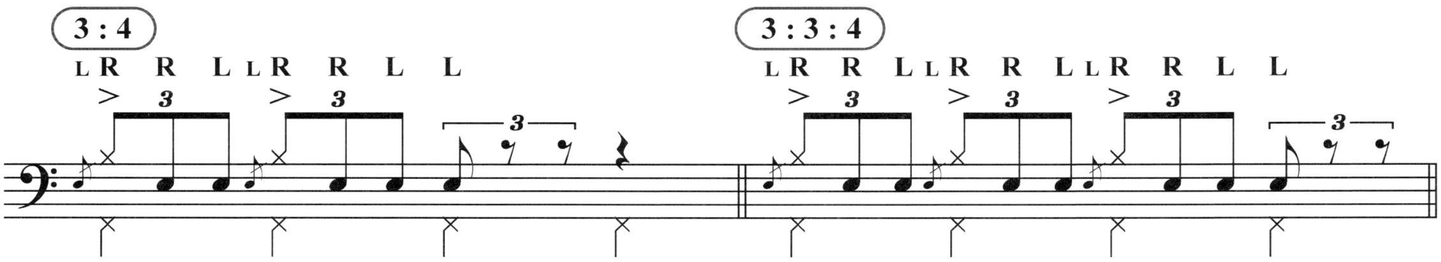

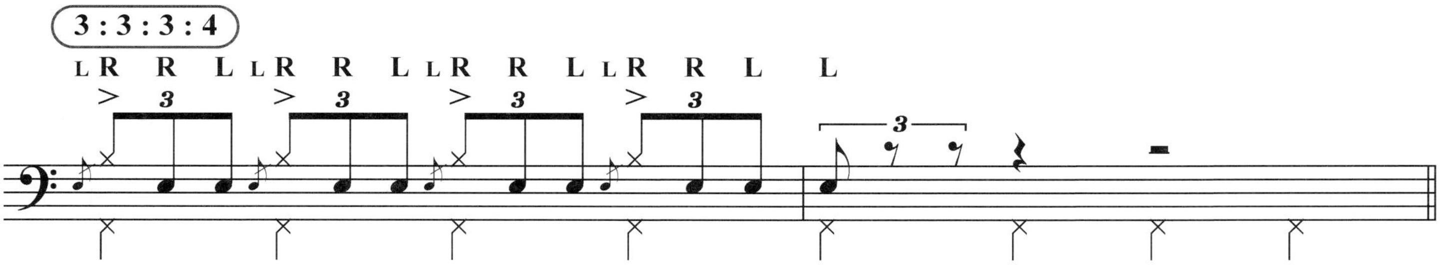

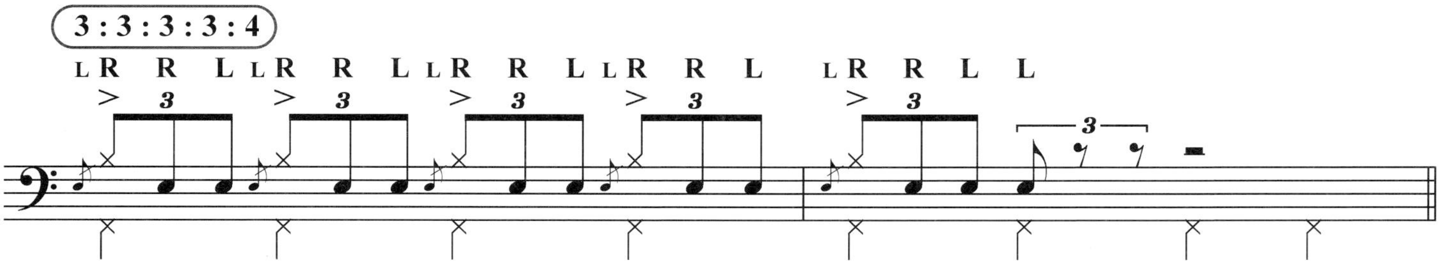

드럼 파트 카피곡

해당하는 곡의 앨범을 참고하여 공부합니다.

Sixteenth-Note Feel

Dave Weckl(Ultimate Paly – Along For Drums)
Drum Solo Part (04:56)

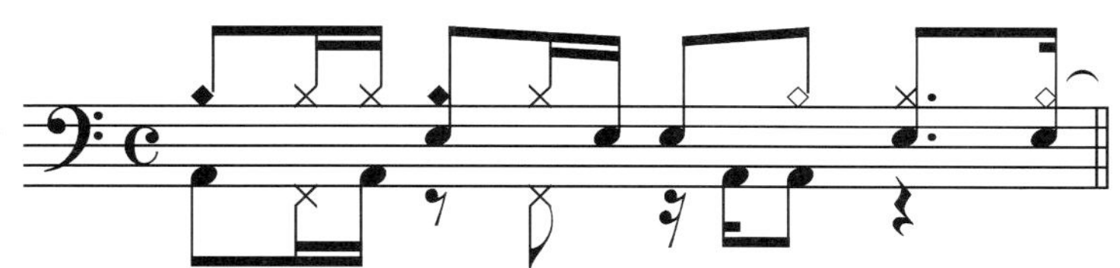

04:56

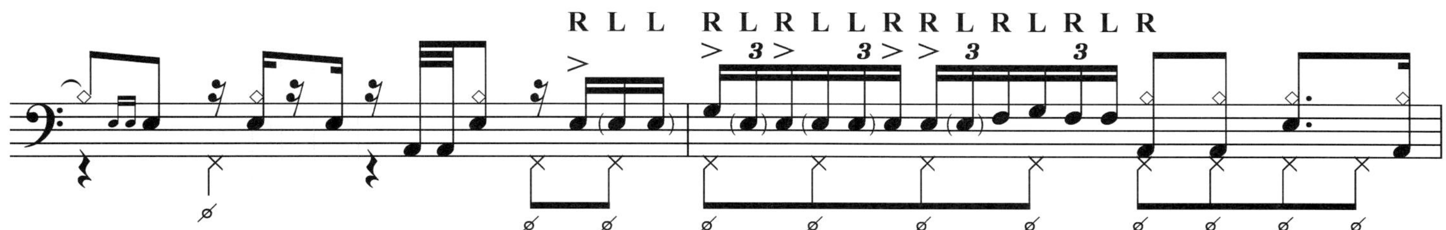

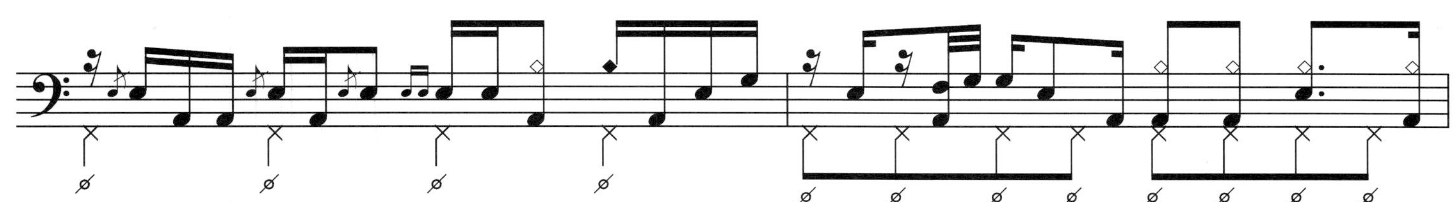

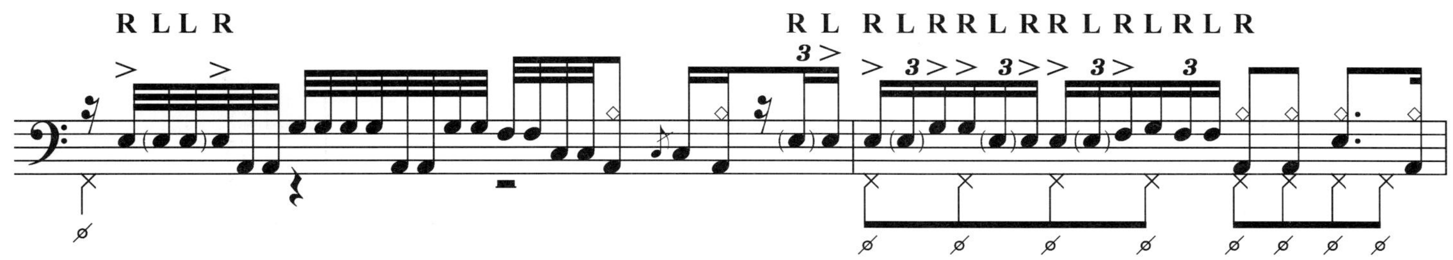

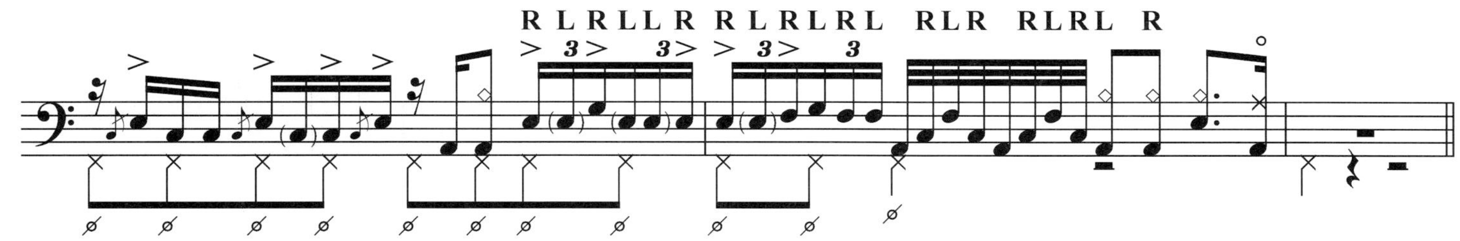

Rhythm Dance

Dave Weckl Band(Rhythm Of The Soul)

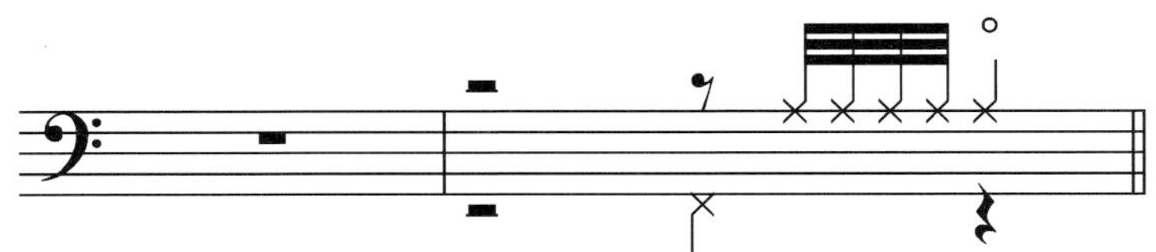

Intro

5

6

7

8

위의(5~8마디) 고스트 노트 참고

A

A'

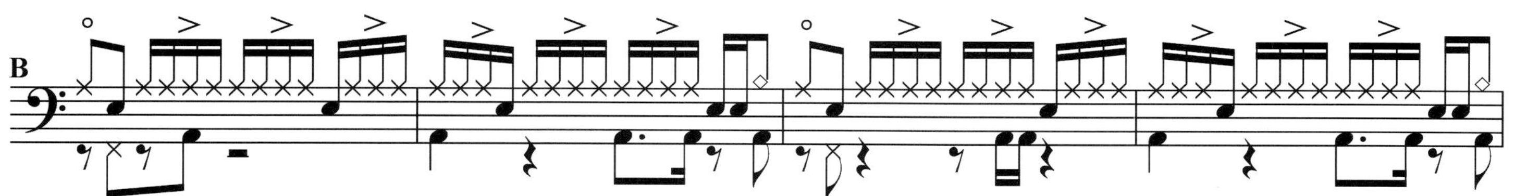
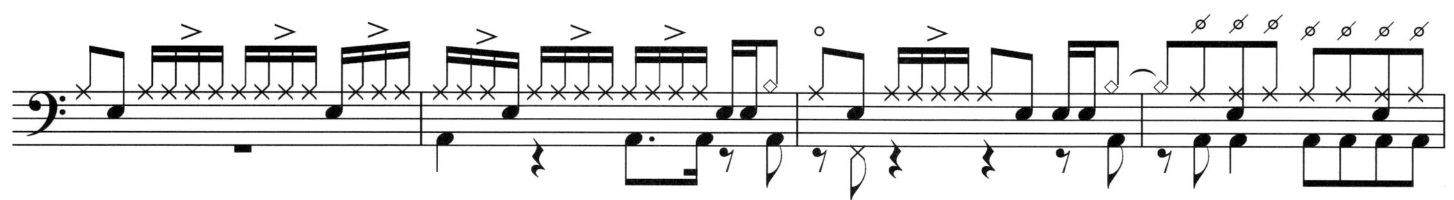
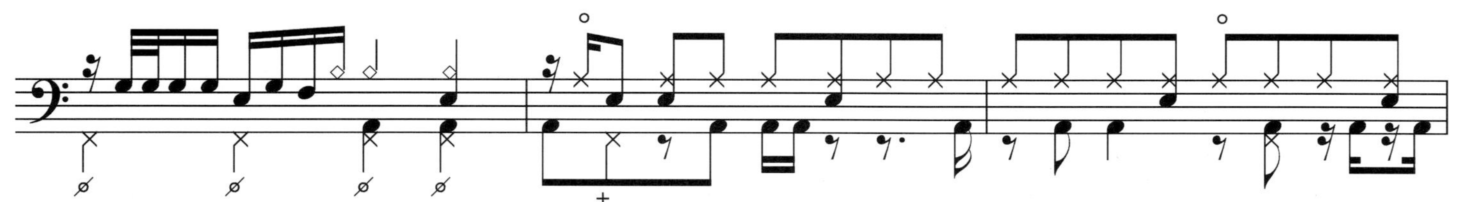
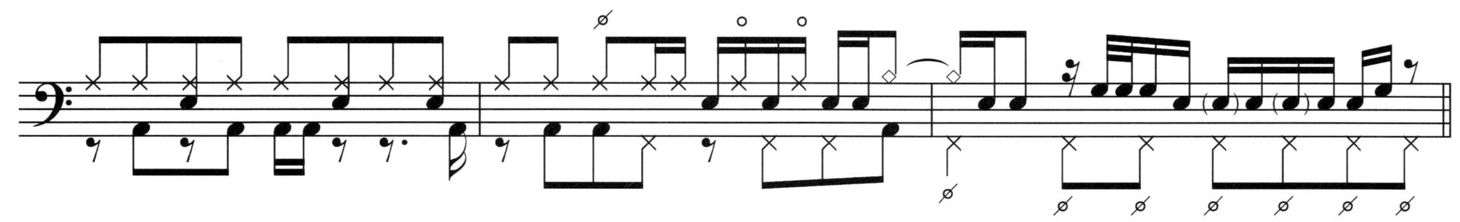
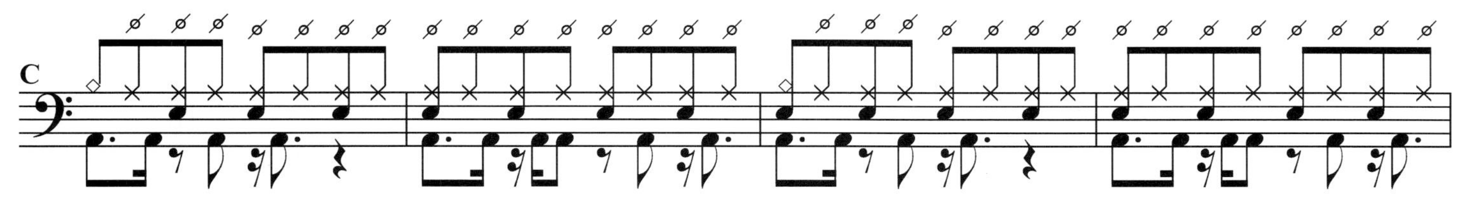
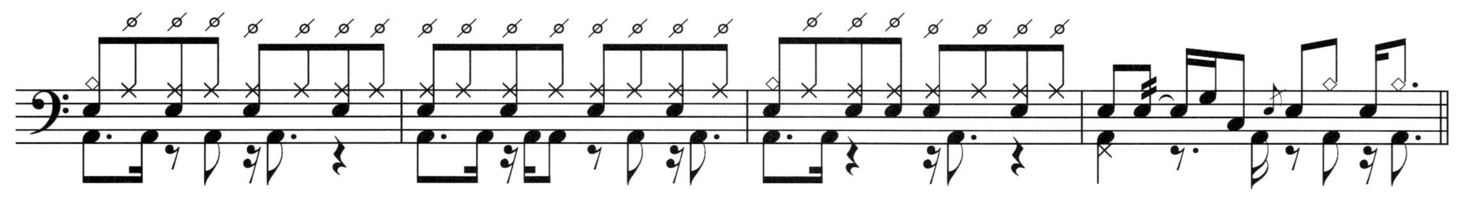

Key. Solo
D

Bridge
Sax.Solo

C'
S
S S
B'
194

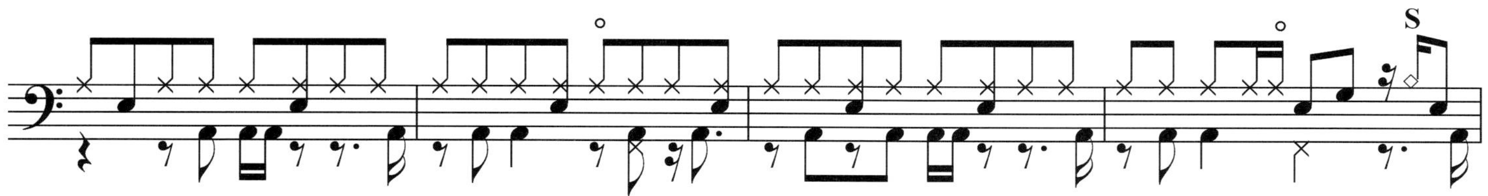

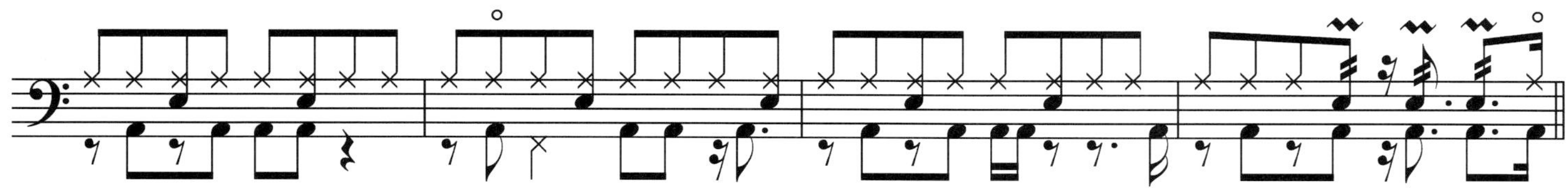

（Sax 4. Syn 4 Repeat）

Sax 4

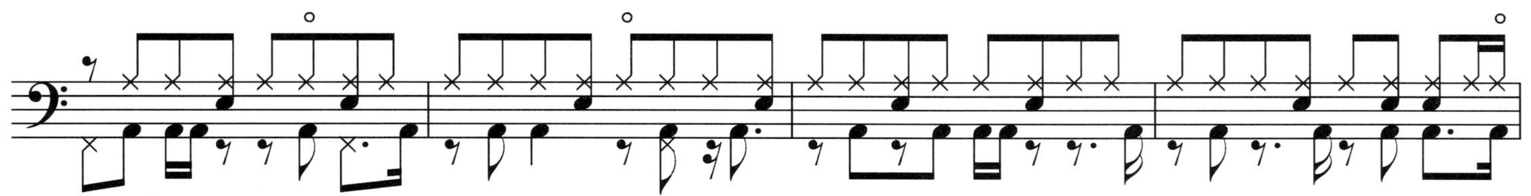

Syn 4

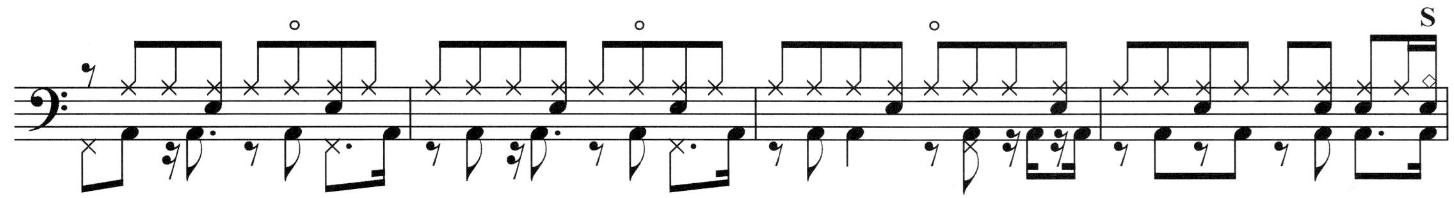

Sax 4

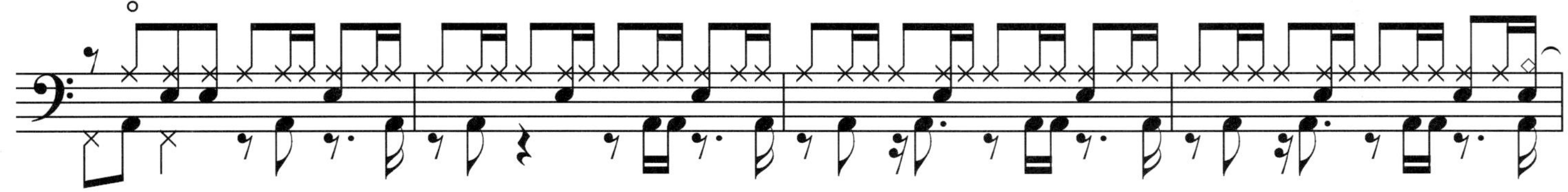

Syn 4

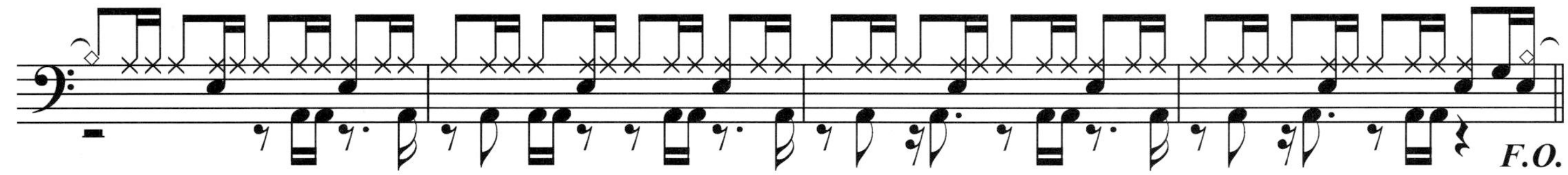

4 − N Matter

David Garibaldi(The Funky Beat)

Intro(main groove)

Bass. Key

A

A'

B
Intro 2
A
197

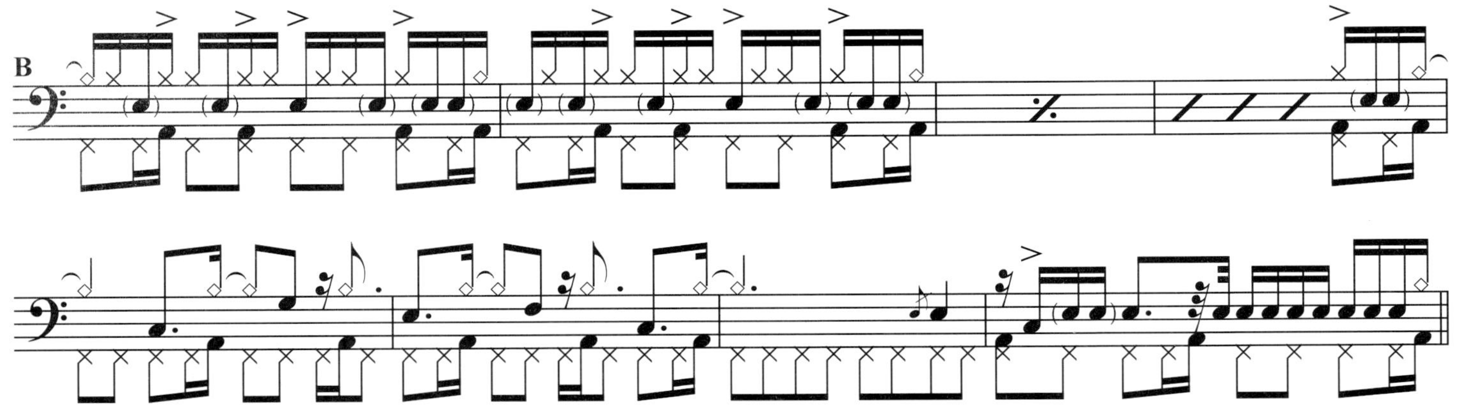

Key. Solo

Bass Walking(Swing Fill)

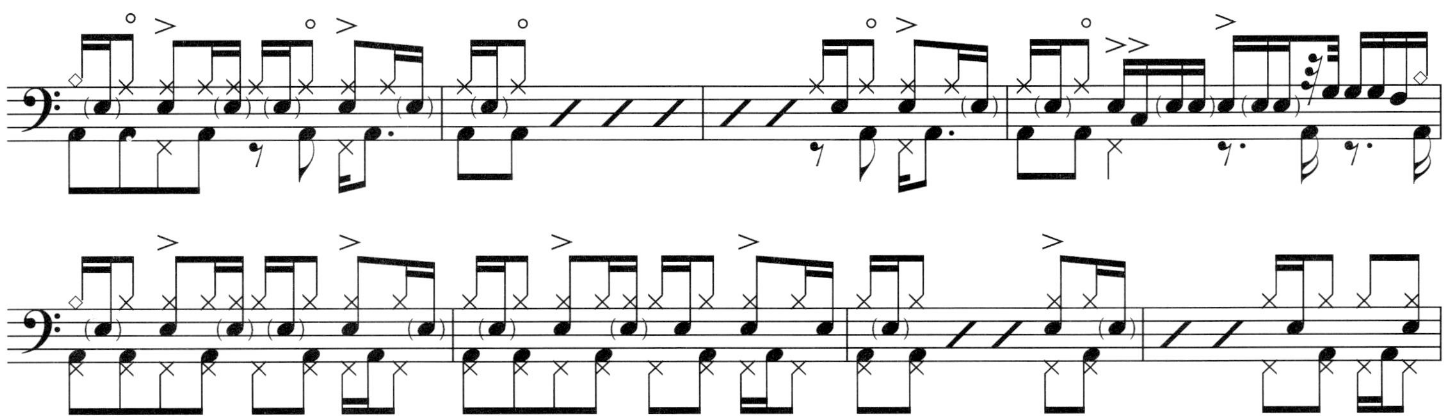

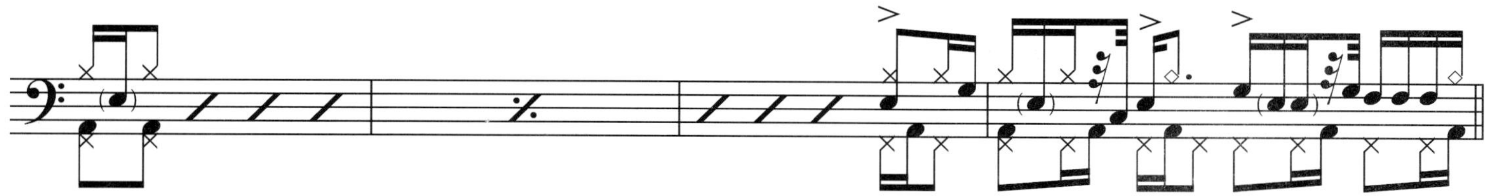

Swing

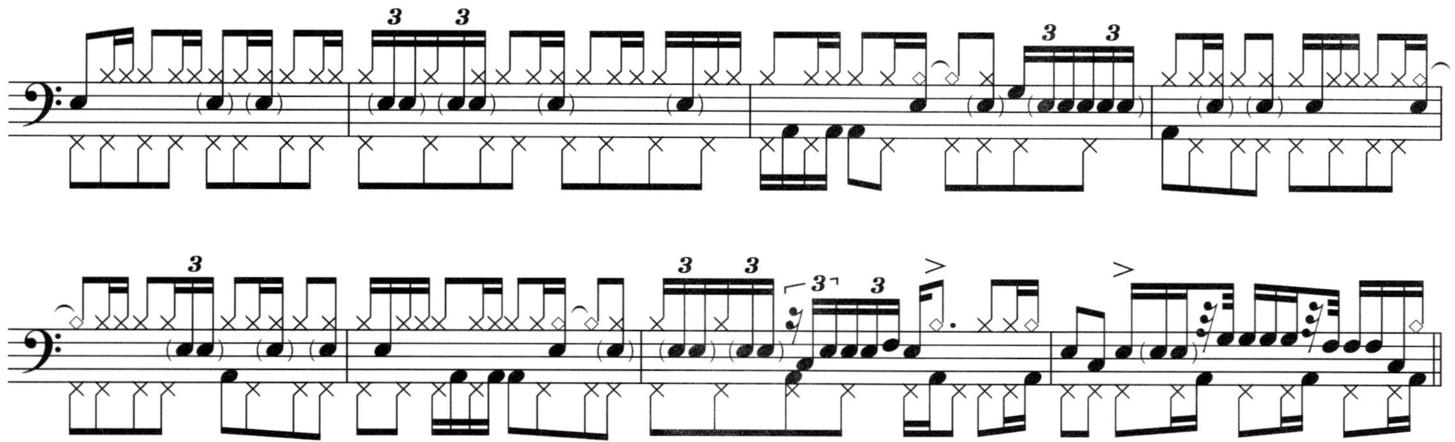

Groove

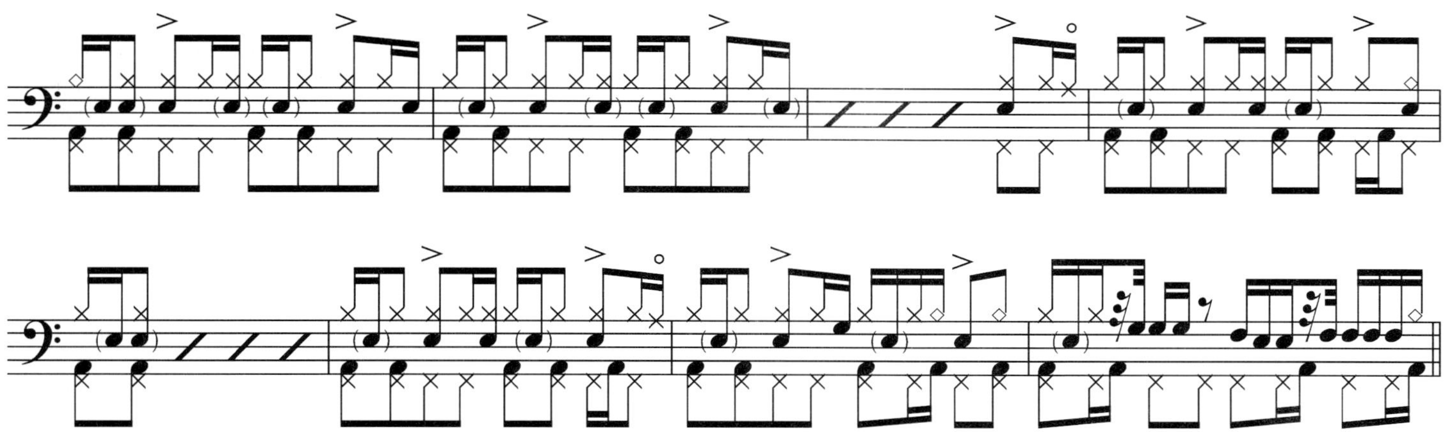

Swing

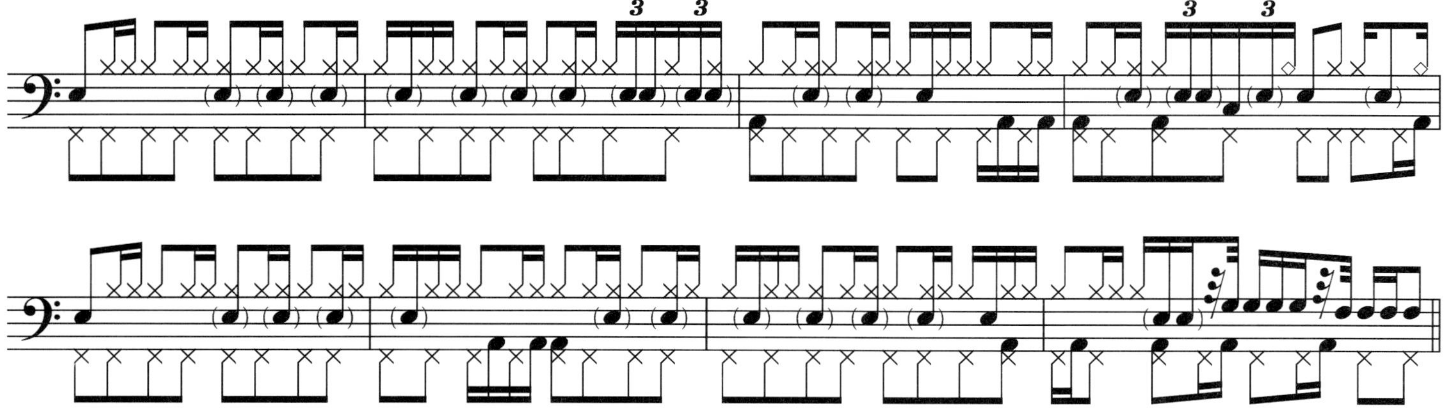

Groove

Intro 3

A
A'
B
FILL IN
201

Straight – Ahead Jazz

Dave Weckl(Ultimate Play – Along For Drums)

Piano Solo / Walking Bass

Drum Solo

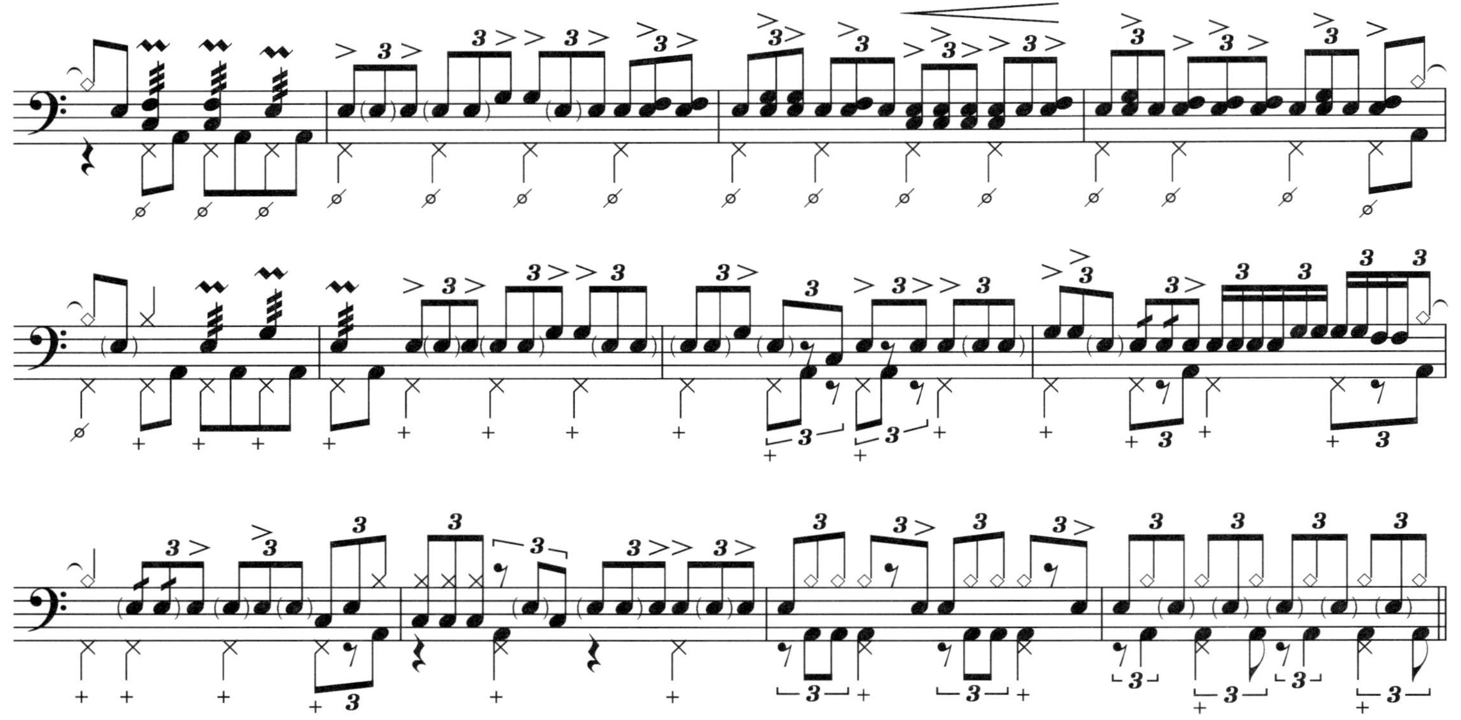

Bass Solo

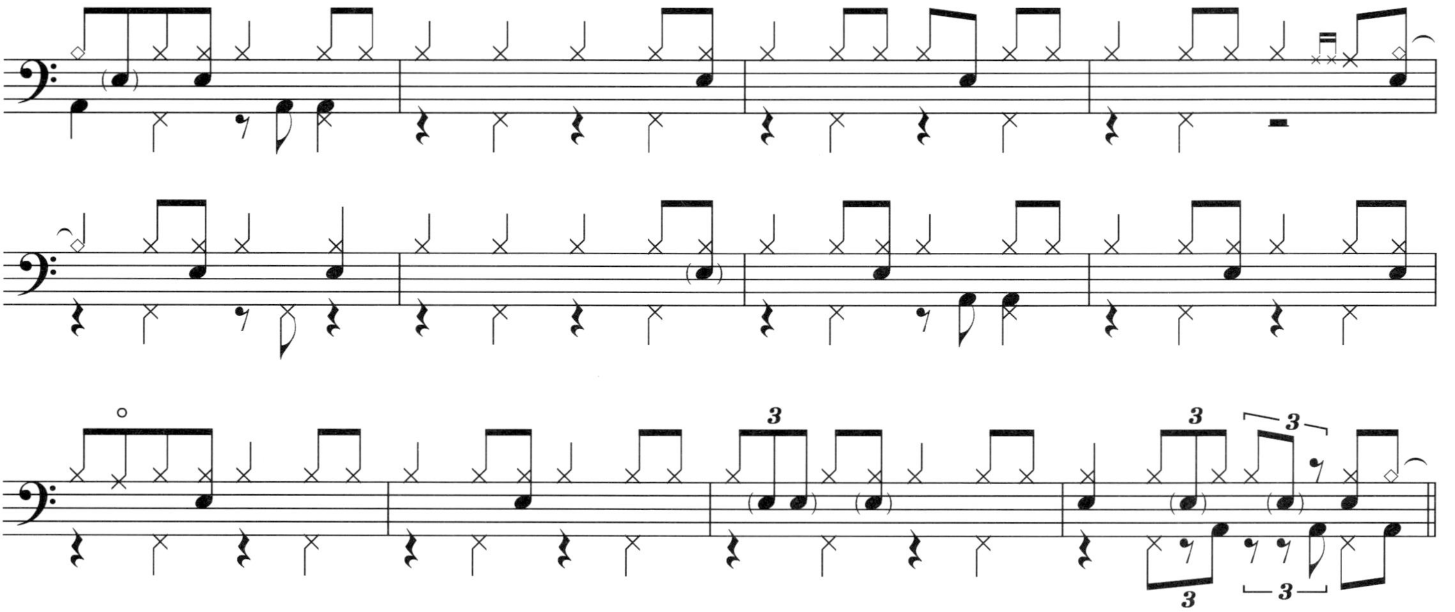

Drum Solo

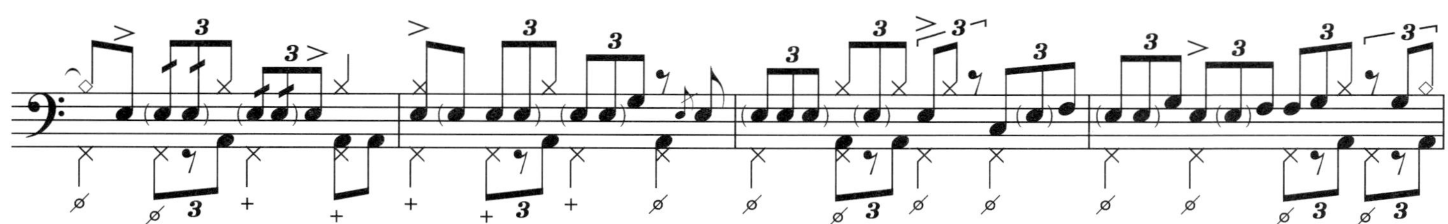

Bass Solo
Drum Solo
205

Bass Solo

Drum Solo Part

Solo 1

207

Solo 2

Wickid

Akira Jimbo(Yamaha DTX Sample Version) Album:Get Up

Intro 1

lR L R L
L R
L
R
L
R L LL
B
RRLL R L R L R LL
Intro 2
211

212

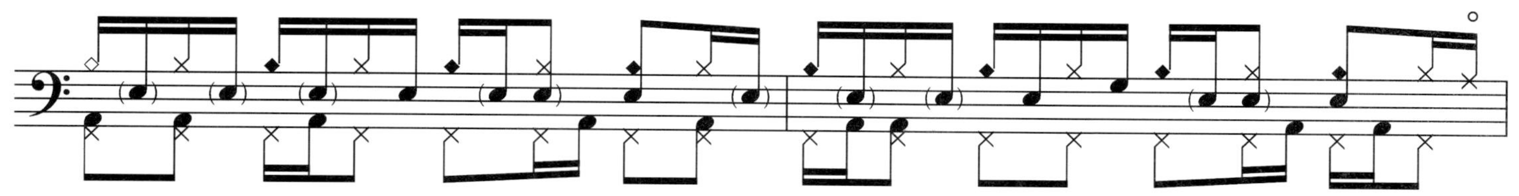

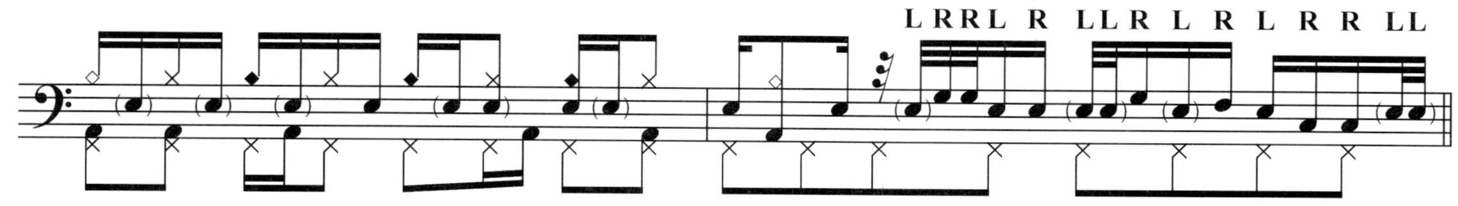

Out-Ro

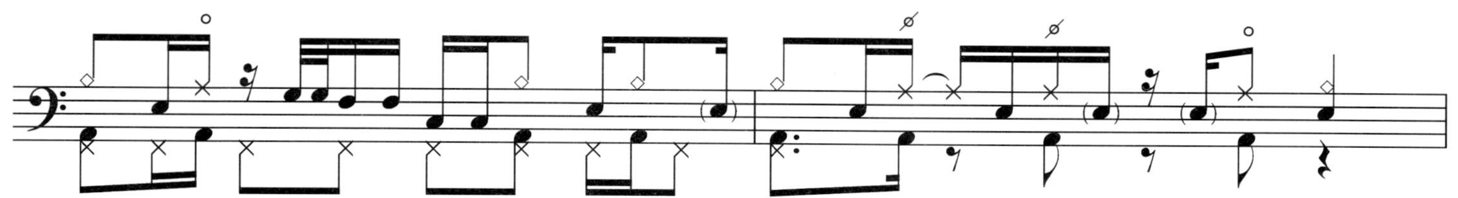

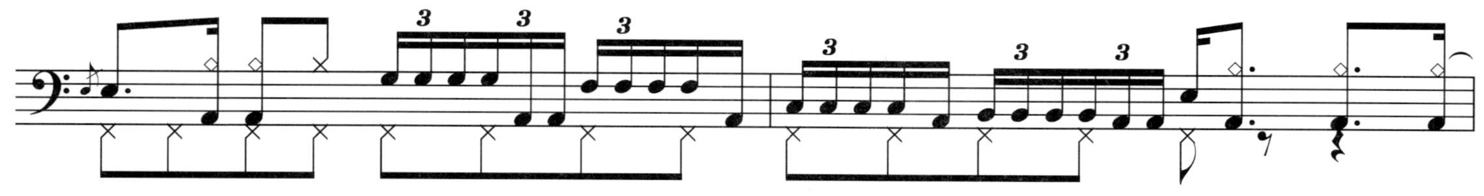

Interwoven Rhythms : Synchronus

Rhythm Section Part

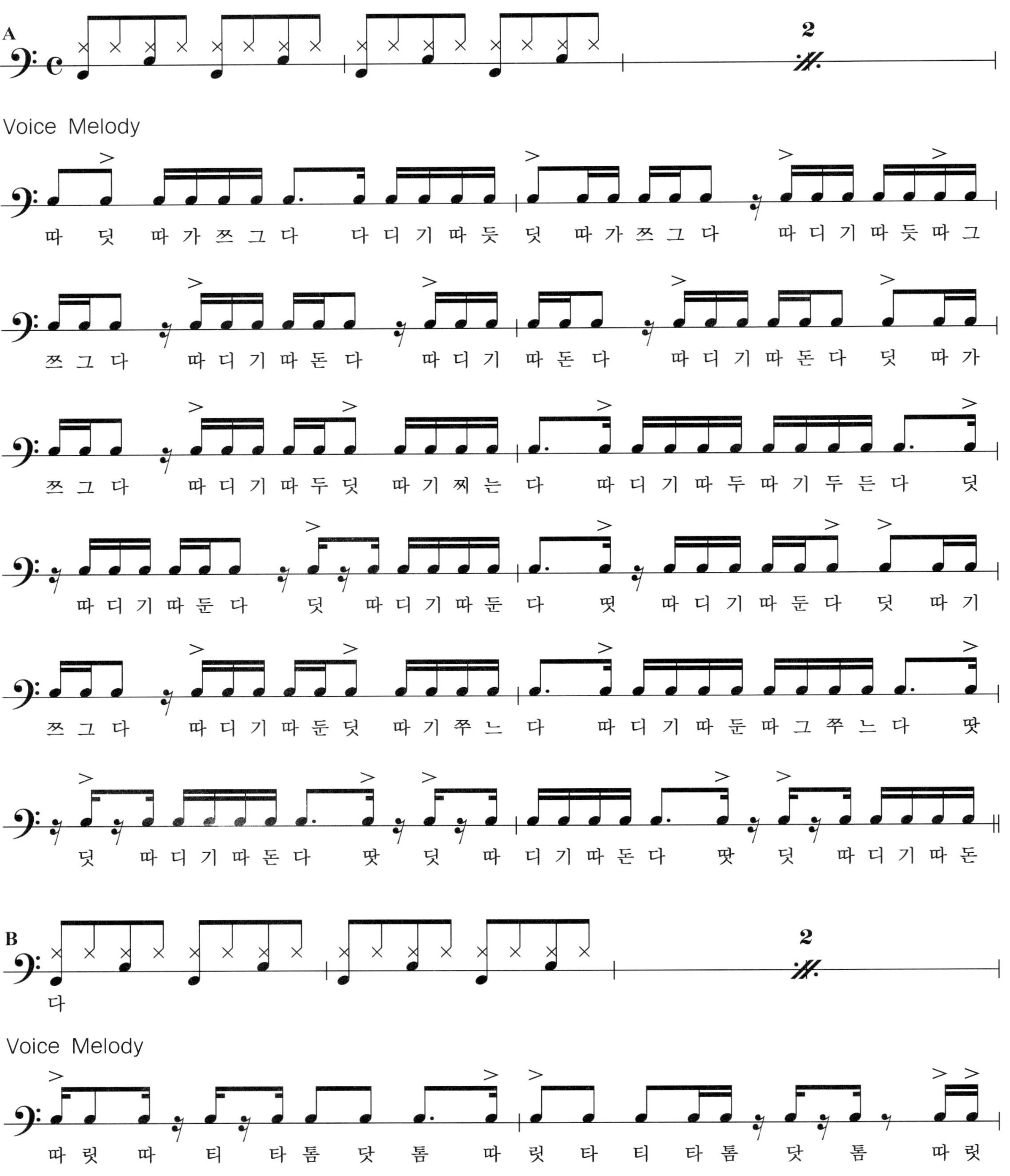

타 티 타 톰 닷 톰 따 디 기 따 톰 다 따 리 기 따 톰 다 따 리 기 따 톰
따 릿 타 티 타 톰 닷 톰 따 릿 타 티 타 톰 닷 톰 따 릿
타 티 타 톰 닷 톰 따 리 기 따 돔 다 따 리 기 따 돔 다 따 리 기 따 돔
따 릿 타 티 타 톰 닷 톰 따 릿 타 딧 타 톰 닷 톰 따 릿
2nd. Voice Melody
따 리 기 롬 다 따 리 기 롬 다 따 리 기 롬
타 티 타 톰 닷 톰 따 리 기 따 리 롬 다 따 리 기 따 리 롬 다 따 리 기 따 리 롬
C
다
Voice Melody
타 기 드 타 기 떠 르 타 기 따 기 떠 타 돔 따 기 따 기 기 따 기 기 따 기 기 따 기 따
기 기 따 돔 따 기 따 기 기 따 돔 따 기 따 기 기 따 기 기 따 기 기 따 기 따
기 기 따 돔 따 기 따 기 기 따 돔 따 기 따 기 기 따 기 따 돔 따 기 따 기 기

Voice Melody
따
따 가 똠 따 가 따 가 똠 따 가 띠 기 다 가 똠 다 띠 기
따 똠 다 띠 기 따 똠 따 릿 기 따 똠 다 릿 기 따 똠 다 릿 기 따 똠
다 릿 기 따 똠 다 릿 기 따 똠 다 릿 기 따 똠 따 릿 기 따 똠 따 릿 기 따 똠 따
디 릿 기 따 똠 따 릿 따 릿 기 따 똠 따 릿 따 릿 기 따 똠 따 릿
따 똠 따 똠 따 릿 기 따 돔 따 톰 따 릿 기 따 돔 따 톰 따 릿 기 따 돔
Voice Melody
따 기 디 비 따 기 디 다 따 디 기 따 기 디 다 따 기 따 기 따 다 따 기 비 디 다 따 기
디 닷 따 따 닷 따 따 따 기 디 비 따 기 따 따 따 기 드 따 기 드 따 따 기 따

216

217

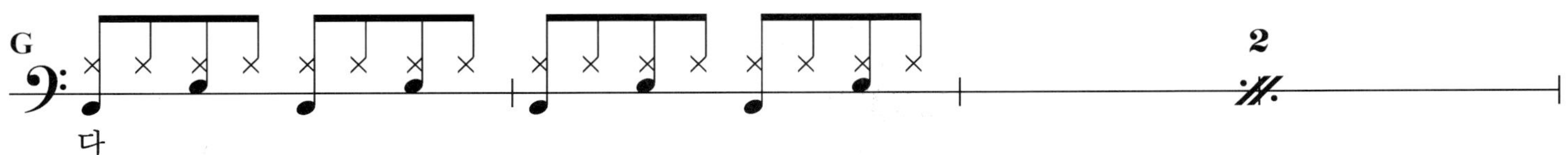

Voice Melody

Interwoven Rhythms : Synchronus

Drum Part

Groove

Voice Melody

Groove

Voice Melody

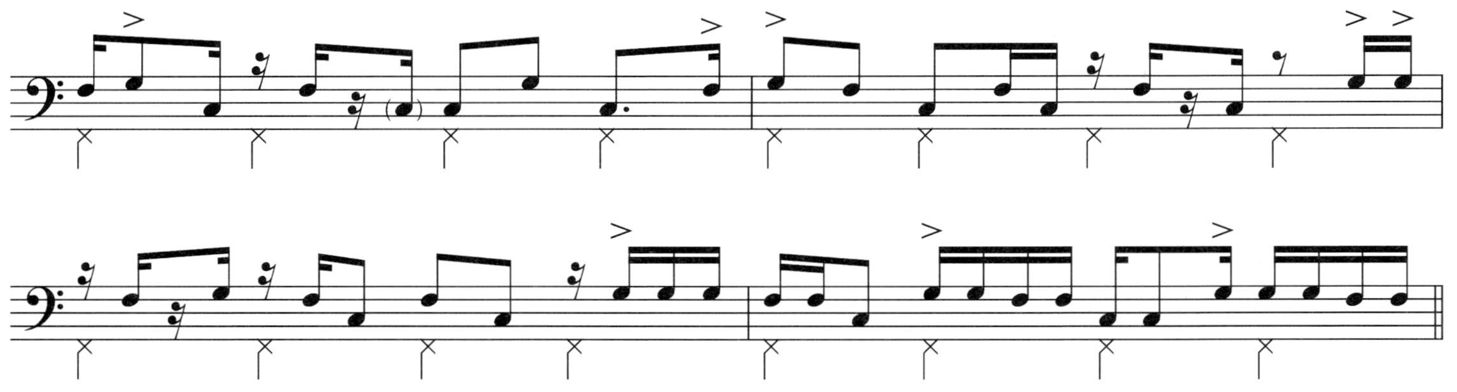

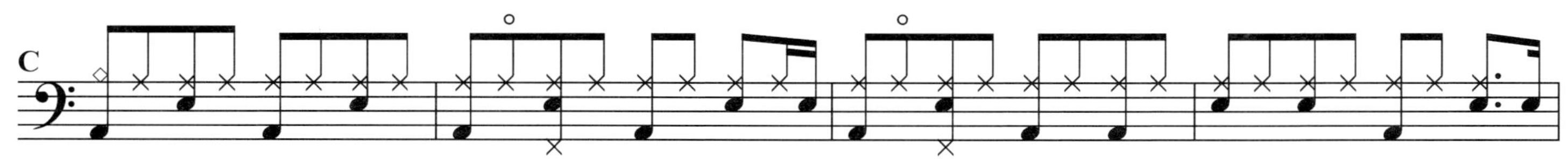

Groove

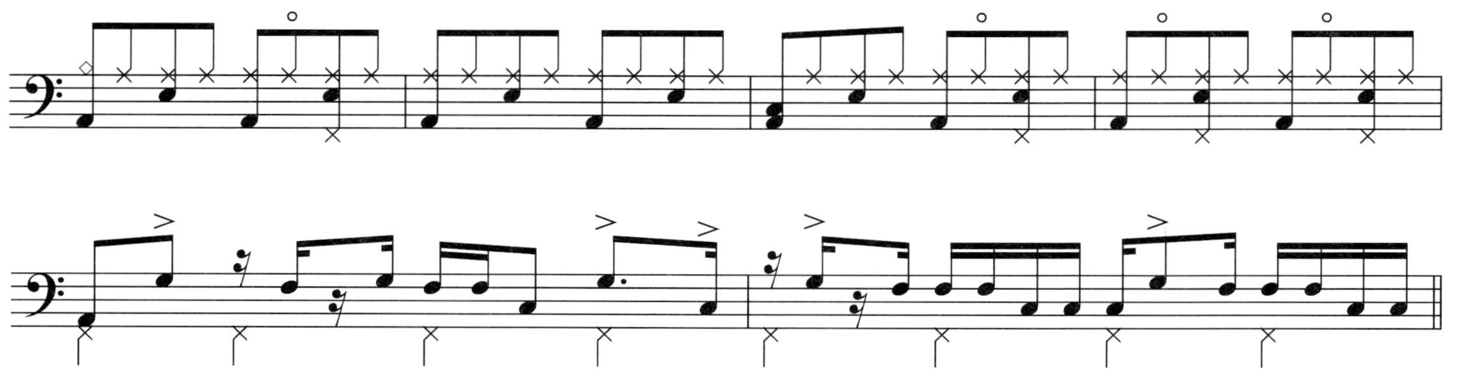

Voice Melody

Groove

Voice Melody

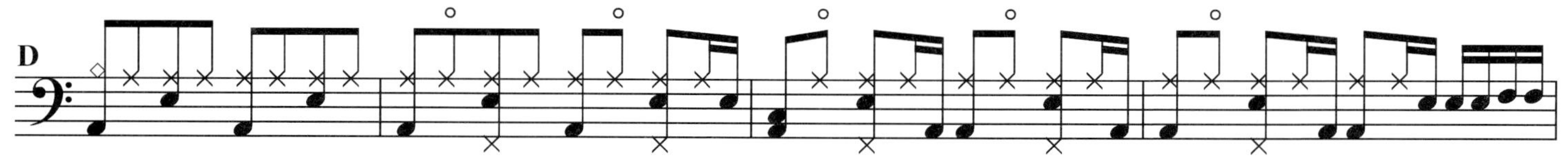

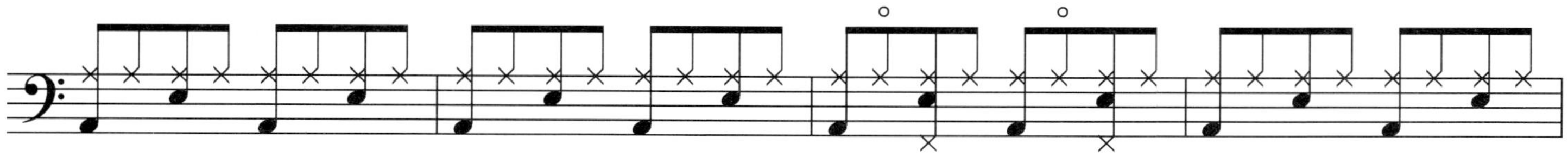

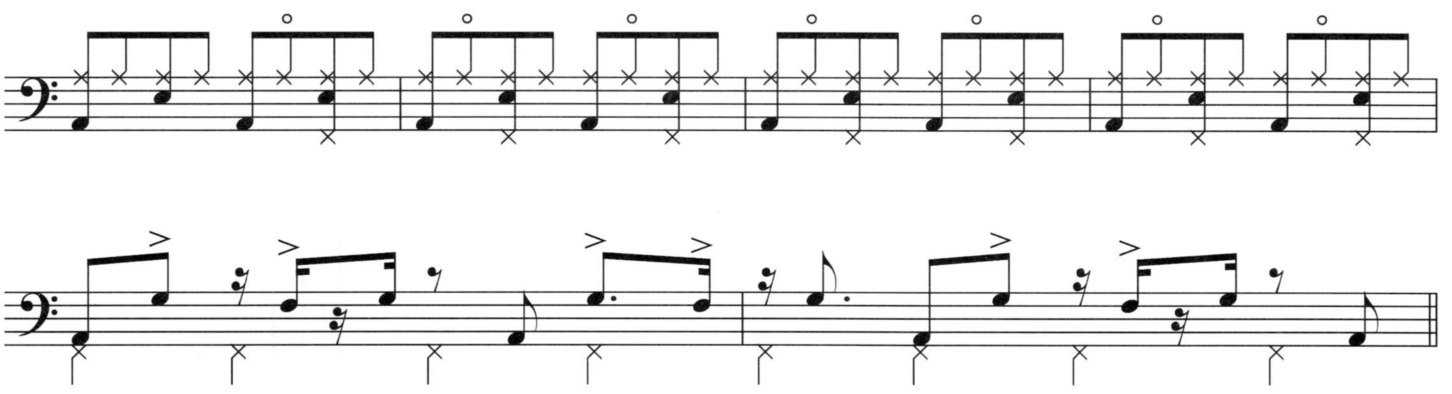

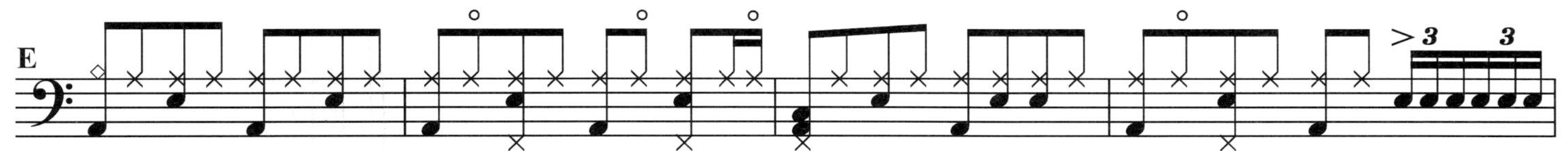

Groove

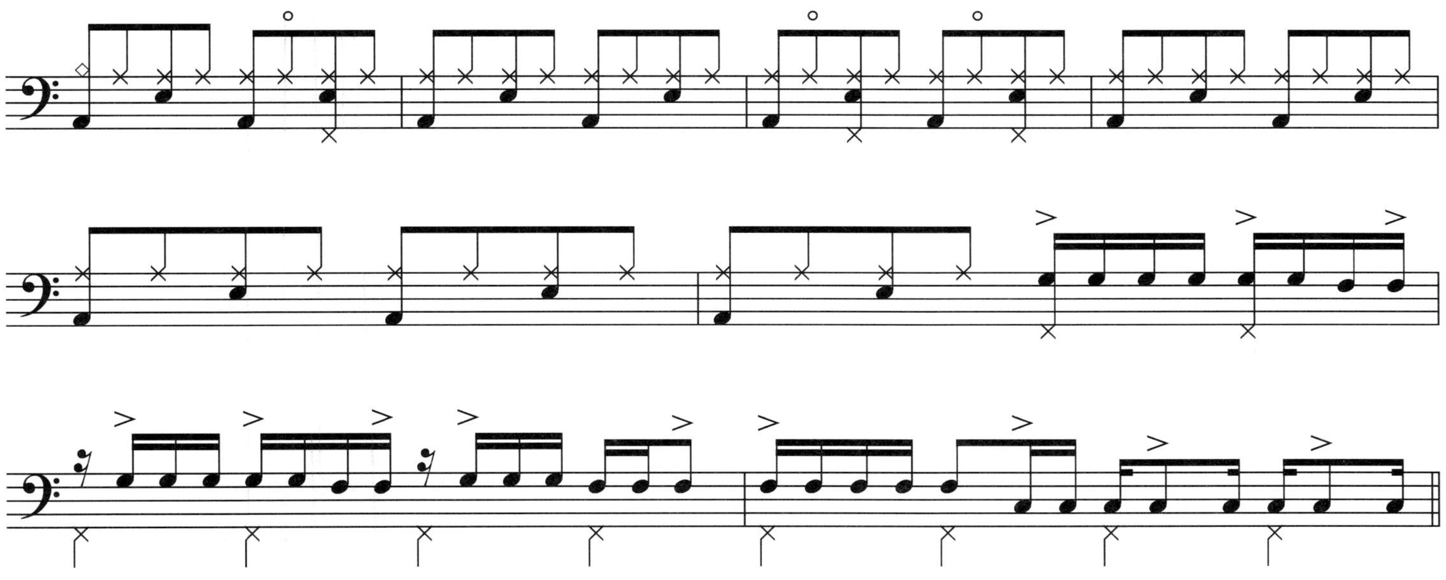

Voice Melody

Groove

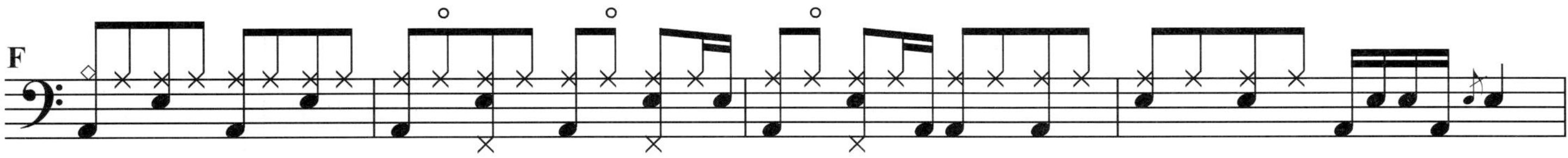

Voice Melody

Voice Melody

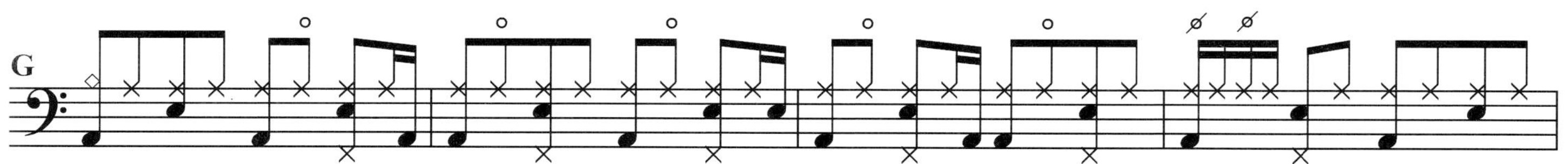
Groove
G

Voice Melody

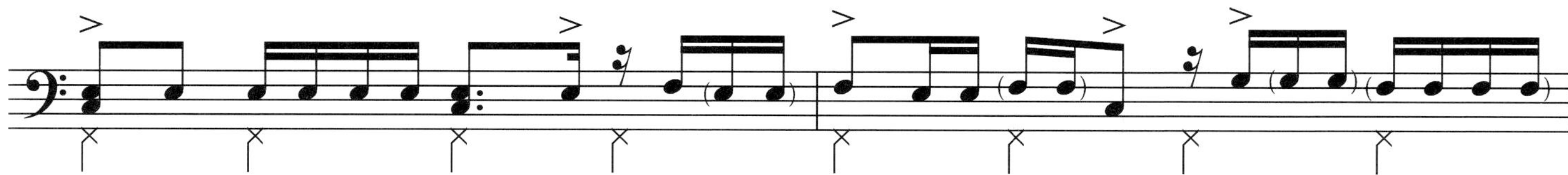

추천자료

Dave Weckl	Back to Basics The Next Step Contemporary Drummer + One
David Garibaldi	The Funky Beat
Gavin Harrison	Rhythmic Illusions Rhythmic Perspectives
John Riley	The Art of Bop Drumming Beyound Bop Drumming Advanced Concepts for Musical Development
Marco Minnemann	Drum Trax Extreme Interdependence
Marc Atkinson	The Unreel Drum Book (Vinnie Colaiuta)
Anthony J. Cirone	Portraits in Rhythm (Park Kwang-Seo)
박 철 우	박철우 드럼 마스터 박철우 스네어 드럼 마스터 박철우 드럼 세트 마스터

드럼 마스터 고급편

발 행 일 2014년 4월 1일
발 행 처 아름출판사
주　　소 경기도 고양시 일산동구 탄중로 417번길 7-11
　　　　　http://www.armusic.co.kr
전　　화 1588-1743(대표)
　　　　　(031)977-1881~2(영업부)
　　　　　(031)977-1883~4(편집부)
팩　　스 (031)977-1885
등　　록 1987년 12월 9일 제2001-7호

발 행 인 성강환
저　　자 박철우
편 집 인 편집부
표지사진 오주연

판 권
AR
소 유

본 도서는 무단 복사, 전재할 수 없음(파본은 교환해 드립니다)

ISBN 978-89-8377-746-1　　13670

값 20,000원